圆明园西洋楼景区的园林建筑与精致文化

孙若怡　著

商务印书馆
2009年·北京

图书在版编目(CIP)数据

圆明园西洋楼景区的园林建筑与精致文化/孙若怡著.—北京:商务印书馆,2009
ISBN 978-7-100-05491-1

I.圆… II.孙… III.圆明园－古建筑－研究
IV.K928.71

中国版本图书馆 CIP 数据核字(2009)第 030666 号

所有权利保留。
未经许可,不得以任何方式使用。

圆明园西洋楼景区的
园林建筑与精致文化

孙若怡 著

商 务 印 书 馆 出 版
(北京王府井大街36号 邮政编码 100710)
商 务 印 书 馆 发 行
北京瑞古冠中印刷厂印刷
ISBN 978-7-100-05491-1

2009 年 7 月第 1 版　　　　开本 880×1230　1/32
2009 年 7 月北京第 1 次印刷　印张 9⅝　插页 24
定价:38.00 元

西洋楼景区铜版画作

图一　线法山门正面

图二　海晏堂西面

图三 远瀛观正面

图四 谐奇趣北面

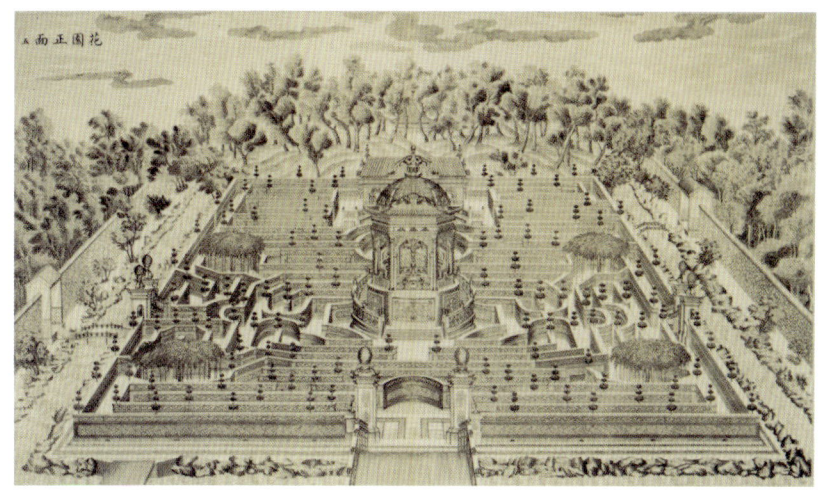

图五 花园正面

图六 养雀笼东面

西洋楼宫殿残迹图

（图 1-13 为奥莱尔先生摄影，1870-1880 年代）

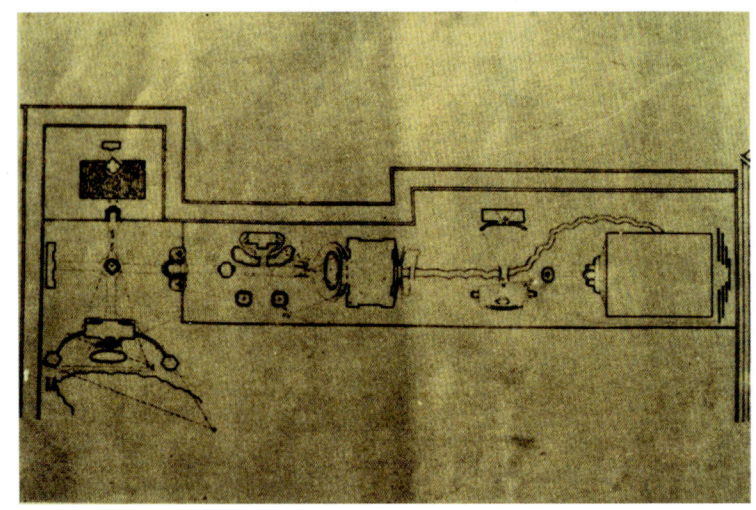

图一　圆明园欧式宫殿残积

图二　谐奇趣南面

图三 谐奇趣南面远眺

图四 谐奇趣东翼之八角楼

图五 谐奇趣南面二楼及平台

图六 谐奇趣北面

图七 万花阵花园门北面

图八 从东南方向看方外观

图九　海宴堂西面

图十　海宴堂东北一角

图十一　远瀛观正门（南面）

图十二　大水法正面（南面）

图十三　大水法正面（南面）

图十四　观水法正面（北面）
由法维哀书中翻拍而来，1897

图十五　观水法侧门（北面），为周缵武先生摄影，1930年

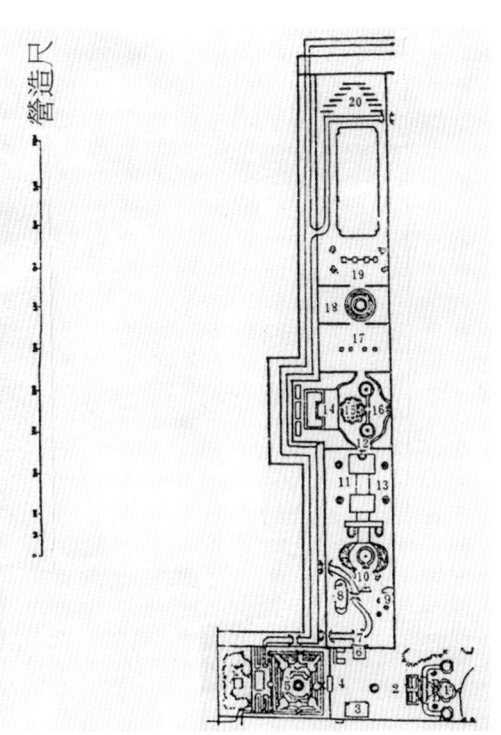

1. 谐奇趣
2. 谐奇趣北面
3. 蓄水楼
4. 花园门
5. 花园
6. 养雀笼
7. 养雀笼东门
8. 方外观
9. 竹亭
10. 海晏堂
11. 海晏堂北面
12. 海晏堂东面
13. 海晏堂南面
14. 远瀛观
15. 大水法
16. 观水法
17. 线法山正门
18. 线法山
19. 线法山东门
20. 线法墙

图十六　长春园欧式建筑平面图（据全勋原绘复制）

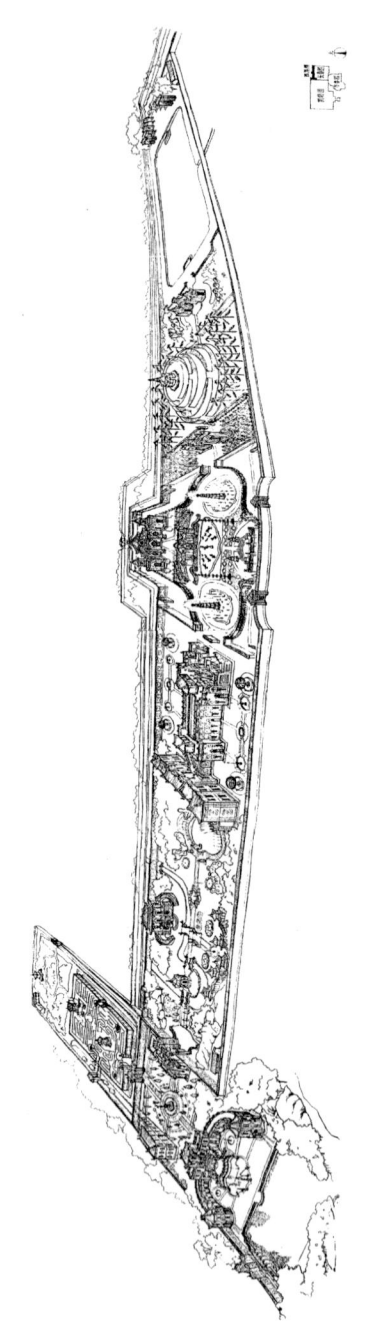

图十七 法国复合使命团绘制之西洋楼景区立体平面图

图十八-1 十二生肖——狗

图十八-2 十二生肖——马

图十八-3 十二生肖——牛

图十八-4 十二生肖——猴与猪

图十九-1　万花阵中新建白玉圆顶八角亭

图十九-2　观水法后的石雕围屏

图二十-1 西洋楼景区遗迹之一角——石雕

图二十-2 西洋楼景区遗迹之一角——动物雕像

图二十-3　西洋楼景区遗迹之一角——石雕

图二十-4　西洋楼景区遗迹之一角——石雕

图二十-5　西洋楼景区遗迹之一角——石雕

图二十-6　西洋楼景区遗迹之一角——石雕

图二十-7　西洋楼景区遗迹之一角——石雕

图二十-8　西洋楼景区遗迹之一角——石雕

中西建筑园林比对图例

图一 坎塞莱里亚宫立面

图二 阿特拉斯女神柱

图三　拉斐特堡

图四-1　罗浮宫立面及其廊柱

图四-2 罗浮宫立面及其廊柱

图四-3 凡尔赛镜厅

图四-4 凡尔赛花园景区

图五-1　盖苏教堂立面

图五-2　盖苏教堂立面

图六　圣苏珊娜教堂立面

图七　圣卡洛教堂侧面

图八　圣安格内斯教堂立面

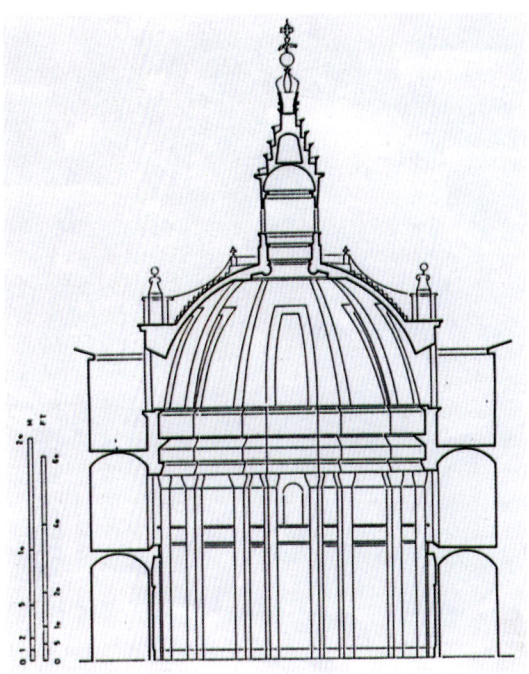

图九 圣伊沃教堂。所呈现的水平凸出切面

图十 八角形造型设计

图十一　以金属铸造物为装饰的庞大建筑

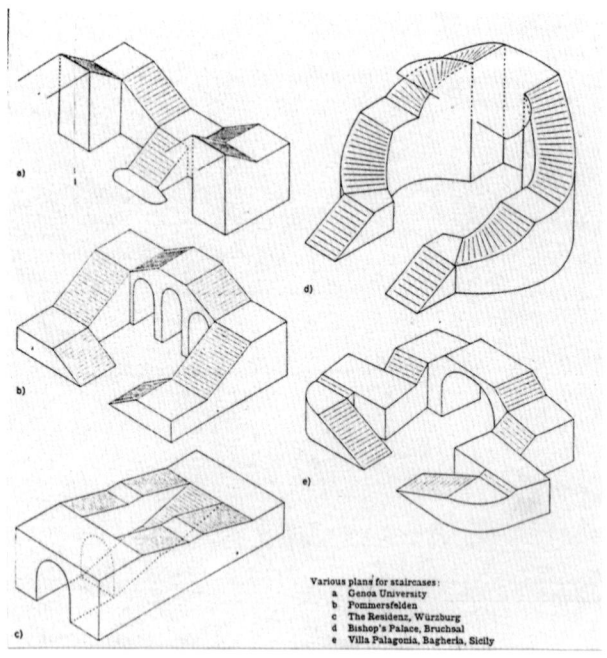

图十二-1　罗浮宫立面及其廊柱

图十二-2　布鲁尔宫楼梯

图十三-1　朝圣者教堂之内面彩绘

图十三-2 奥图布伦教堂——
德国境内洛可可建筑的巅峰之作

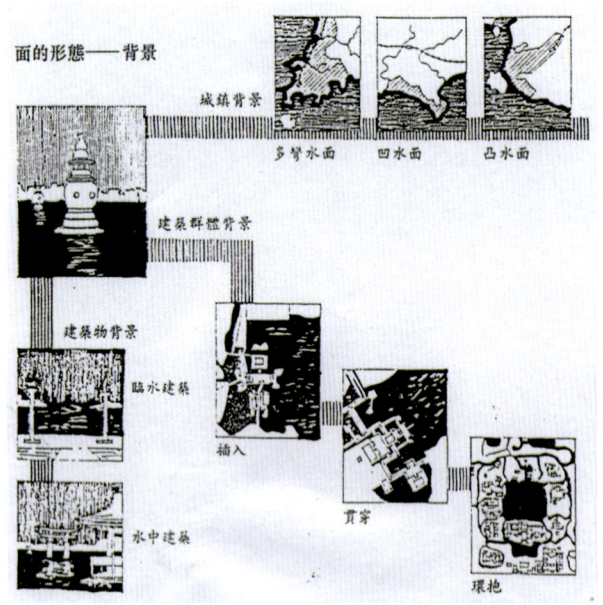

图十四 面的型态背景

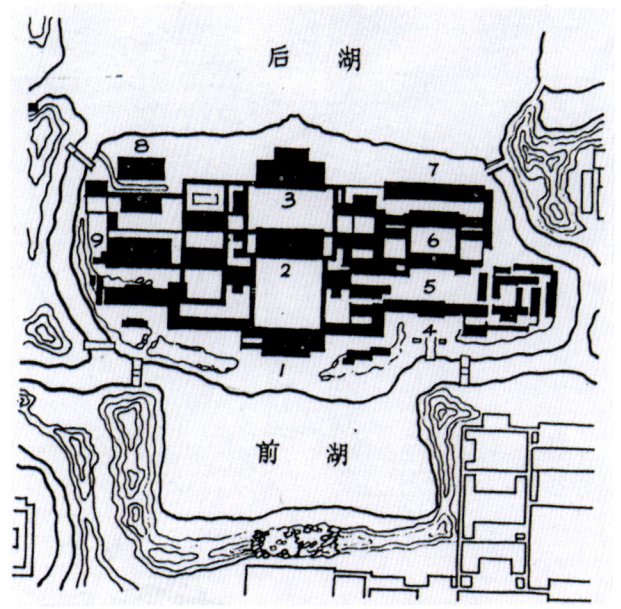

1.圆明园殿 2.奉三无私 3.九洲清晏 4.宫门 5.天地一家春
6.承恩堂 7.泉石自娱 8.鱼跃鸢飞 9.清晖阁

图十五-1　九洲清晏

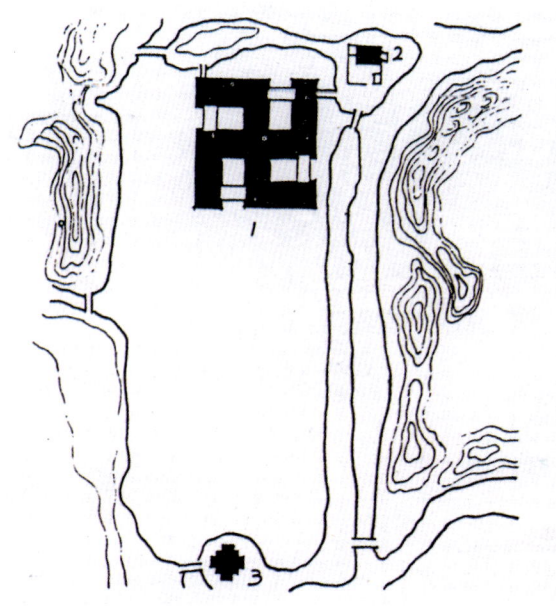

1.万方安和 2.平安院 3.文昌阁

图十五-2　万方安和

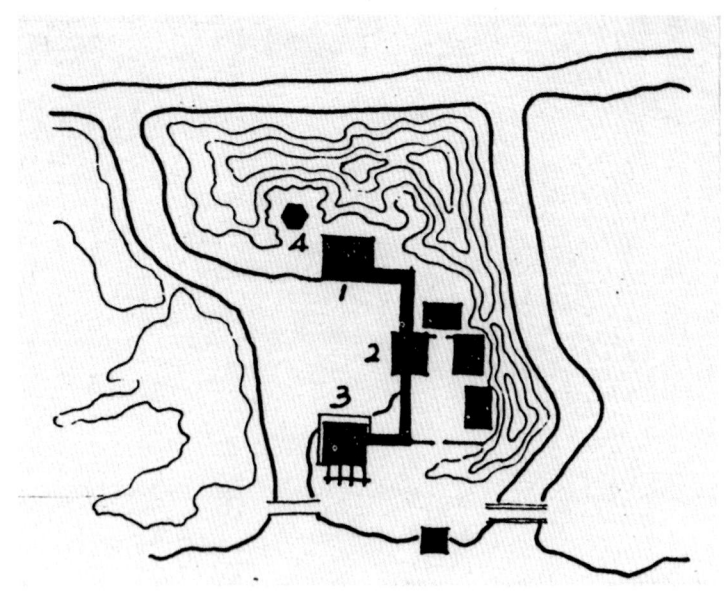

图十五-3 慈云普护

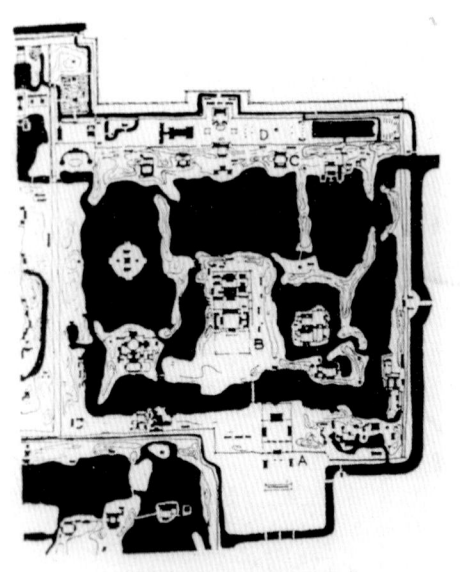

A. 宫门区
B. 中心湖区
C. 外环景区
D. 西洋楼区

长春园建于清乾隆年间(1751),是占地七十公顷的大型水景园,引福海的水流,构成大小七、八个相贯的水面,展开水体序列的四个水景分区。其中中心湖区与外环区水体潆洄,相互穿插,展现诸多的水景空间变化,是古典水景园中贯通手法的范例。

图十六 长春园

图十七-1　大水法正面

图十七-2　海晏堂西面扇形水池

图十八　玻玻里园内的圆剧场喷泉

图十九-1　中世纪的园亭

图十九-2　中世纪的园亭

图二十-1　线法山门正面的树植排列

图二十-2　线法山正面

图二十一-1　远瀛观正面

图二十一-2　海晏堂北面

图二十一-3　谐奇趣正面

图二十一-4　竹亭北面

图二十二　圣安德烈·阿尔·奎利纳教堂的门口设计

图二十三　养雀笼东面

图二十四　线法山东门

图二十五　卡里尼亚诺府邸

图二十六　远瀛观南面正门

图二十七　圣彼得大教堂的华盖

图二十八　观水法正面

图二十九　海晏堂南面

图三十　凡尔赛宫正面

图三十一　罗马的圣菲利浦·内里教堂

图三十二-1　万花阵花园门北面

图三十二-2　万花阵花园全景

图三十三　勒诺特式的刺绣花坛、间隔花坛、英国式花坛

图三十四 〔玄烨写字像〕(轴) 佚名作

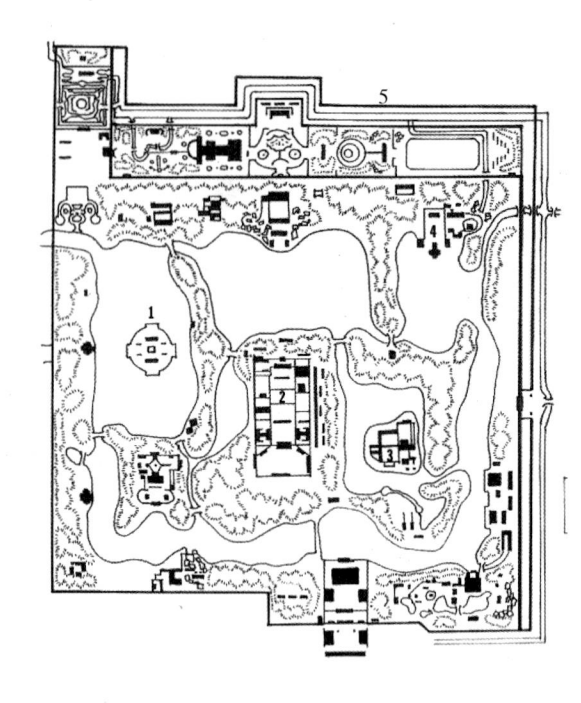

西洋楼建筑景区
⇐位置图

1. 海岳开襟
2. 淳化轩
3. 玉琅朗馆
4. 狮子林
5. 西洋楼建筑景区

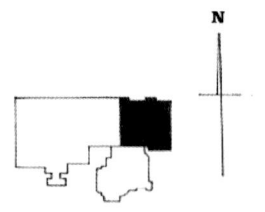

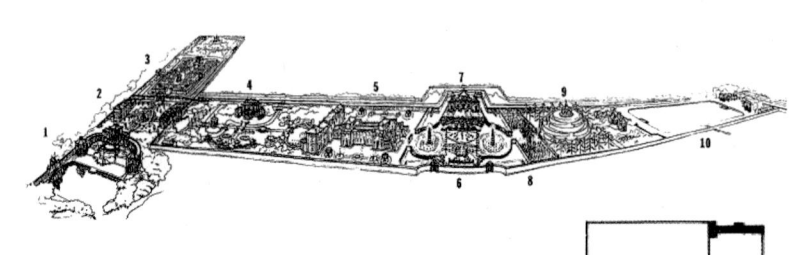

西洋楼景区建筑
1. 谐奇趣　　2. 花园门　　3. 迷宫
4. 方外观　　5. 海晏堂　　6. 大水法
7. 远瀛观　　8. 凯旋门　　9. 线法山　　10. 方河

目　　录

张海鹏先生序 …………………………………………… 1
王尔敏先生序 …………………………………………… 9
陈三井先生序 …………………………………………… 11
汪荣祖先生序 …………………………………………… 13

绪　论 …………………………………………………… 1
　　一、问题与思考 ………………………………………… 1
　　二、研究与方法 ………………………………………… 7
　　三、感谢的话语 ………………………………………… 13

第一章　西洋楼景区之建置 ……………………………… 16

第一节　缘起与分布 ……………………………………… 16
　　一、兴筑长春园与西洋楼景区筹建之动机 …………… 16
　　二、景区内西洋楼起建时间之争议与看待 …………… 22
　　三、西洋楼景区内各个景点的设计与布局 …………… 23

第二节　建筑与配置 ……………………………………… 25
　　一、各幢宫殿建筑素描及其相关作用 ………………… 26
　　二、再建海晏堂与大水法的原因 ……………………… 30
　　三、景区内别致的水法及其相关配置 ………………… 33

第三节　装饰与摆设 ……………………………………… 40

一、数量种类及来源 ………………………………………… 40
　　二、如画廊般的宫殿 ………………………………………… 42
　　三、色彩缤纷的建筑 ………………………………………… 43

第二章　西洋楼景区之毁损与整修 ……………………… 59

第一节　毁损与残迹 ……………………………………… 60
　　一、毁损的四个阶段与修葺复建 …………………………… 60
　　二、西洋楼景区毁损情况与特性 …………………………… 72
　　三、土劫与西洋楼区残迹的保留 …………………………… 78

第二节　规划与整修 ……………………………………… 81
　　一、规划与整修之倡议及方案订定之经过 ………………… 82
　　二、"夏宫使命"对西洋楼景区整建之贡献 ……………… 86
　　三、借老照片对西洋楼风貌所进行的研究 ………………… 88

第三节　遗珠与现状 ……………………………………… 93
　　一、楼景区内遗物的再现 …………………………………… 94
　　二、中西装饰想象的呈现 …………………………………… 96
　　三、实况报道与历史教育 …………………………………… 97

第三章　中西文化交流的范例 …………………………… 111

第一节　西洋楼景区西式建筑风格之厘清 …………… 112
　　一、文艺复兴、巴洛克及洛可可风格兴起的脉络 ………… 113
　　二、三种风格特征的分析及其相互关联性的探讨 ………… 117
　　三、法国与日耳曼地区在建筑风格上的变与不变 ………… 124
　　四、意大利和法国为巴洛克与洛可可风格的原乡 ………… 128

第二节　西洋楼景区园林景观的设计 ………………… 134

一、圆明园景观意境与水体形态之呈现……………… 135
　　二、西洋楼景区内园林景观的主体特性……………… 141
　　三、理水认知及其对造园所产生的影响……………… 146
　　四、西洋楼景区绿化设计与异国风味………………… 147
第三节　中西建筑园林融合的范例…………………………… 151
　　一、郎世宁技艺上的训练与自文艺复兴以降欧洲的教育理想
　　　………………………………………………………… 151
　　二、西洋楼景区内个别建筑与意大利巴洛克风格之比较分析
　　　………………………………………………………… 156
　　三、西洋楼景区园林风格属性之探讨、比较及其特质分析… 159
　　四、中西建筑园林艺术融合的范例及其在文化交流上之意义
　　　………………………………………………………… 167

第四章　精致文化与乾隆时期………………………………… 174

第一节　雄伟气象与国力顶峰………………………………… 175
　　一、几项呈现雄伟气象作为的举证…………………… 176
　　二、无法精确估算的庞大财物支出…………………… 187
　　三、自整体财经政策上看乾隆盛世…………………… 192
第二节　帝王品味与审美意识………………………………… 199
　　一、帝王品味在创作上的两面性……………………… 200
　　二、审美意识养成的主客观条件……………………… 202
　　三、民族文化终极价值的守护者……………………… 212
第三节　精致文化与文化反省………………………………… 222
　　一、18世纪中国文化之归趋…………………………… 223
　　二、18世纪西方文化之态势…………………………… 230

三、近现代文化之变迁与流弊 …………………… 240

结　论 ……………………………………………… 264
参考书目 …………………………………………… 273
后　记 ……………………………………………… 286

张海鹏先生序

孙若怡教授的著作：《圆明园西洋楼景区的园林建筑与精致文化》，是一部从圆明园西洋楼景区园林建筑着手，研究18世纪中西文化交流的著作，立意新颖，值得向读者推荐。

1995年，孙若怡女士以此为题作博士论文，前来北京问学，并承中央研究院近代史研究所所长陈三井教授的介绍，与我有过接触，我曾给予她力所能及的帮助。

中国大陆和台湾学者对圆明园西洋楼景区以及西洋楼景区园林建筑与西方文化的关系，无论是史实复原还是建筑美学，都曾做过不少研究。本书作者在此基础上，从更宽阔的视域，研究圆明园西洋楼景区的形成历史以及中西文化的交流与融合，颇多心得。本书第一章至第三章在既有史料的基础上，重建了"西洋楼景区"的建筑原貌及其历史变迁，并在个案研究的视角下，藉由比较研究、文化形态学、建筑及景观设计学等方面的理论方法，对"西洋楼景区"的风格加以阐明并定位，进而，对它在中西文化交流上所代表的融合意义，给予了恰当的评价。一方面，作者指出西洋楼景区以大水法为代表的水体形态设计，与传统中国园林理水原则不同，论证景区的主体建筑乃以西式园林为核心，以意大利式巴洛克风格为主导；另一方面则指出，庭园中园门、园路、园亭及绿化等设施，均显示中西融合的痕迹，以及乾隆题刻的诸多匾额，都不影响在西式主体风格中中式风味的表达与创意。作者得出这样的结论:不管自中西文化交流史或造型艺术的创意性与融合性而言,西洋楼景区中的建筑园林,都具有承先启后的历史意义和示范作用。我认为,这样的认识,是恰中肯綮的。

本书第四章,作者自"西洋楼景区"的个案研究成果出发,对乾隆时代中国的物质建设水准,乾隆的文化修养及其时代特点,从历史事实的角度,建构了体现西洋楼景区建筑园林风格特点的"精致文化"概念;同时,对西洋楼景区的主要设计者郎世宁的宗教文化背景及其时代性,做了论证,对18世纪的中西文化作了概括式的比较,从文化反省的角度讨论了大众文化问题,提出了个人的见解。

作者在讨论"精致文化"与"大众文化",在讨论形而上的思与形而下的物,在讨论现代化、工业化与当代文化危机,在讨论中西文化的交流与影响的时候,都不乏思辨能力和想象力,读来颇多兴味。

孙教授在台中的中兴大学讲授西洋近古史与西洋近代史凡二十余年,对西洋近代史事知之甚详。早期致力于中外关系史研究,近年又开设"文化史及其比较研究"课程,对文化艺术理论,建筑美学多有理解。本书即在这种知识背景下建构而成,它将西方园林建筑风格,自文艺复兴式、巴洛克式及洛可可式,作出完整清晰的说明,更进一步藉比较文化的方式,厘清长期以来对西洋楼建筑的异说。本书研究范围涵跨中西历史和建筑园林,除了遵循史学研究方法"根据史料说话"外,更以比较文化形态学方式,论证建筑风格的变迁与发展,态度严谨。

我在这里说一点与本题略有关系的题外话。本书第一章第二节说到为什么要再建大水法时,引用了乾隆六十年(1795)乾隆皇帝《题泽兰堂》诗的附注:"泽兰堂北为西洋水法处。盖缘乾隆十八年,西洋博尔都噶里雅国来京朝贡,闻彼处以水法为奇观。因念中国地大物博,水法不过工巧之一端,遂命住京之西洋人郎世宁,造为此法,俾来使至此瞻仰。"博尔都噶里雅国使臣来京,我在这里举一个旁证。

我在1995年10月曾应邀访问葡萄牙首都里斯本,在那里参观考察了葡萄牙的一些学术和档案单位。在葡国阿儒达王家图书馆(Bibliotéca da Ajuda)参观时,发现了一件乾隆十八年乾隆皇帝致葡萄牙国王的国书,显然是一件中葡两国友好交往的证据。馆长Francisco G. Cunha Leao先生亲手为客人展开一长385厘米、高86厘米的卷轴,周边为金黄色的彩饰云龙图纹,极为华贵,它是乾隆十八年(1753)四月二十五日乾隆皇帝给葡萄牙国王唐·若泽一世的复函。兹录原函如下(格式仍旧,原件无标点):

  奉
   天承运
  皇帝敕谕:博尔都噶里雅国王:览王奏,并进方物,具见悃忱。洪惟我
  圣祖仁皇帝、
  世宗宪皇帝恩覃九有,光被万方。因该国王慕义抒诚,夙昭恭顺,是以叠沛
  温纶,并加宠赐。今王载遴使命,远涉重瀛,感列祖之垂慈,踵阙庭而致祝,敬恭式著,礼数弥虔。披阅奏章,朕心嘉悦。既召见
  使臣,遂其瞻仰之愿,复亲御帐殿,优以宴赏之荣。西洋国人

官京师者晋加显秩,慰王远念!兹以使臣归国,特颁斯敕。其锡赉珍绮具如常仪,加赐彩缎、罗绮、珍玩、器具等物,王其祗受,悉朕睠怀。故兹敕谕。

以下附赏赐及加赐珍绮等礼单,计开礼品112种,1411件,均极珍贵。

这件乾隆敕谕,回顾了康熙皇帝以来约一百年(跨17—18世纪)的中葡友好交往历史,对葡王的来函和礼物,深表欣慰,并召见、宴赏来使,对在京师做官的葡人连连晋级,加赐珍玩,以慰葡王远念,并示乾隆帝怀柔远人之意。中葡间友好情谊跃然纸上。

这件国书规格之大,恐世无出其右。我在北京中国第一历史档案馆和台北故宫博物院所见晚清皇帝国书,比在这里所见要小得多多了。尤为称奇的是,国书用三种文字书成,右手为葡萄牙文,正中为汉字,左手为满文。在三种文字的年号上,都盖有乾隆御宝。国书用三种文字写成,也是在别处所未见的。此件确是稀世珍品。《明史·佛郎机传》记载嘉靖四十四年(1565)葡人伪称满刺加入贡,改称蒲都丽家,为守臣所拒。上引文书,既称"博尔都噶里雅",又称"大西洋国人",显已接受葡萄牙的本名。盖蒲都丽家、博尔都噶里雅、葡萄牙,都是 Portugal 的不同汉译。但有清一代,佛郎机这一名称已放弃,官方文书称葡国为西洋国,尊称国名前加大字。光绪二十八年(1903)中葡所签《分关章程条款》,官文书中始见葡国之称呼。光绪三十年(1904)所签《办理新约第三款合订章程》和《广澳铁路合同》,则西洋国和葡国混称。清宣统元年,廷命云南交涉使高而谦为办理澳门勘界事宜大臣,皇帝敕谕中第一次称西洋国为葡国。1917年中葡签《邮资条件》合同,第一次放弃了西洋国称呼,而直称葡萄牙国。此国名沿用至今。近世葡国与中国交通最早,而中国人对葡国国名的称呼,四百年而数变。中西认识之难,于兹可见。

这件乾隆皇帝的敕谕,当然没有说到"彼处以水法为奇观"的故事,但是乾隆皇帝在乾隆六十年写的诗以及所作的附注,还记得乾隆十八年葡萄牙使臣来朝的事,这件国书是一个旁证。

还是这一节,作者对于景区中的远瀛观是否在乾隆三十二年挂过法王路易十六所赠的挂毯及织锦画,有所辩正。我这里也提供一个旁证,但对于作者的辩正无所助益。

2000年10月,我曾应邀参观访问了法国外交部档案馆和法国国家档案馆。在法国国家档案馆,该馆文化处处长、巴黎第三大学历史系教授向我介绍了10世纪以来法国皇家档案的保管情况,介绍了18世纪以前涉及中法关系的历史档案和法国大革命时期的历史档案,增加了我们对法国历史的了解。那位文化处处长特别介绍我看一件10世纪时法国国王的上谕,文件上带有丝带纽,丝带纽上加上火漆印记。处长说,10世纪时,法国和中国尚无往来,但是王室从何处得到来自中国的丝,还得不到解释。这座法国国家档案馆正是当年法国国王路易十六的弟弟的府第,是一座亲王府。法国大革命,1793年把路易十六送上了断头台,这座亲王的府第也被没收了。此后,亲王府被当作了法国国家档案馆。处长特别带我去参观了当年亲王的住处。亲王的卧房和客厅,十分宽敞、高大,大墙上挂满了类似毛毯的织锦画。巨大的画幅上,表现的是中国的社会生活,包括中国的爱情和垂钓。画中人物有的戴着斗笠,穿着宽大的花衣,还有男女接吻的景象。据说,这位法国亲王十分崇拜中国的文化,这些织锦画充分表明了这一点。但是,据说画家没有到过中国,画中中国人的形象都是想象的。我看了人物形象和表情后,不禁哑然失笑。

这个故事不说明什么问题,对于本书无所帮助。但是与书中提到的法王路易十六送织锦画,可以相互映照。也可算是中法文化交流的点滴吧。

本书第二章第三节说到台湾"寒舍"从纽约苏富比拍卖场,竞拍购得圆明园海晏堂坡道旁十二生肖中的猴头、虎头、牛头和马头铜像。作者在注释里说:"十二生肖喷水时钟原先均为身首相连的完整动物造型,但目前出现于拍卖会场者,却都只剩下头部而已。有一种说法是,乾隆晚年命人将喷水时钟的铜铸十二生肖,拆开并收藏在圆明园库房中。因此,当英法联军劫掠圆明园时,十二生肖就已身首分隔,故而时至今日皆以铜头造型出现。自乾隆四十五年(1750)起,大水法及海晏堂各地,在蒋友仁去世后,即不再喷水,故上述说法颇言之有理。"我想在这里做一点讨论。我们知道,北京保利公司在2000年4月在香港佳士得拍卖场,以重金购得虎头、牛头和猴头铜像。我个人作为中国近代史学者曾应北京市文物局邀请,与多位著名文物专家前往保利大厦参与这批文物的鉴定。我们发现,这几个铜像,有不同程度的损伤,尤其是颈部与身体连接的部位,有一圈不规则锯齿形。我判断,这显然是强力破坏所致。因为有亲眼目睹的经历,我对上文所说在英法联军劫掠前,铜像就已身首分隔的说法,表示存疑。

本书第二章第一节说到西洋楼景区的毁损。从1860年英法联军的劫掠焚毁,到1900年八国联军的再次劫掠焚毁,造成了这座"万园之园"的悲惨结局。这一结局,确实是中国人的痛心之处。

本人自1964年居京,始终未到圆明园一次,是不忍心也。三十多年后,我曾因缘独自进入圆明园,回家后曾作小诗一首。小诗题名游圆明园:

> 景自楼成号西洋,水法奇趣海晏堂。
> 最是落泪伤心处,残柱断垣蒲苇凉!

我为这首小诗写了一篇短序,序文如下:1999年5月8日,在达园宾馆参加中华世纪坛组委会组织的五千年文明史大事记稿审稿会,偷闲往圆明园一游。盖圆明园与达园宾馆仅一墙之隔也。又因游京三十余年,尚未至此一观之故。此日,正余花甲之寿,初未觉此,回家后,接女儿自美京华盛顿电话,表示生日祝贺之意,忽自觉人生短促,真如驹过隙也。方打开电视,见中华人民共和国政府发表声明,对美国为首的北约,用三枚导弹轰炸了我国驻南斯拉夫联盟共和国大使馆,致使三名记者死亡、二十余名人员受伤、馆舍严重毁坏一事,提出最强烈抗议。盖北约行为,直百年前八国联军之故技也。

这是中国人的心结,动不动就提到伤疤。但是回想圆明园,回想西洋楼景区的建造,的确是那个时代中外文化交融的杰作。可惜,西洋楼景区的毁损,却也是中外文化碰撞的杰作。今天读孙若怡教授的大著,还是令人难掩复杂的心情。现在距离圆明园建造的那个年代,差不多有三个世纪了。现在的中国,现在的世界,现在中外各国的人们,与三个世纪前相较,已有太多的不同。人们是不是都已经学得聪明一些呢?近日报载,北京天安门广场西侧新落成了类似巨蛋的国家大剧院。大剧院种种伟奇之处,传媒已作描绘。这座现代化的具有高科技内容的大剧院，正好是一位法国设计师的杰作。中国大地上已经有许多由外国设计师设计的巨型建筑物，今后还会出现更多。我衷心希望，这种中外的文化交流继续下去，希望这种交流不要出现圆明园似的结局。

孙若怡教授大作最后说道：科学因标榜客观理性，而轻忽人对自身生命整体意义与道德价值的认识；工业社会进一步加深了人的冷漠疏离感，益之以大众文化的庸俗口味，林林总总使人类社会面临了前所未有的文化危机。

呜呼！诚哉斯言！

2007 年 8 月于北京近代史所

王尔敏先生序

门人孙若怡教授坦直爽朗,素喜论学;待人诚恳,尤敬重师长。吾在台湾师大为博班讲授近代重大问题,若怡倾心治学,乃于清帝经营之园林池沼、楼台庙宇,极尽山水草木之幽致。商询于余,志在研究圆明园经营之史。我代为参考提出意见,是不要涉谈全面史乘,因其头绪纷繁不易掌握。宜只就长春园中西洋楼作研究,领域有特色,提旨亦单纯;且以若怡之西文根柢较强,吾固愿其举重若轻,有所成就。此皆十多年前之事,亦知若怡已剑及履及,完成大著。

吾来加拿大已定居六年,与若怡时有通信,吾实盼其自辟蹊径,仍可就中西文化关系方面多所著力。近日得若怡来信,相告其大著:《圆明园西洋楼景区的园林建筑与精致文化》一书,即将于北京商务印书馆出版,令人欢喜故欣然为之序。若怡撰著此书,前后致力润色修订,已十余年之久,曾数度到北京亲历圆明园废墟,考察遗物、文献,谘访名家,专志用心,十分辛勤。巨著完成而出版问世,实为一大贡献,余特于此表示嘉慰之忱。

此书就圆明园西洋楼之创始经营、建筑规模、设计特点、西洋技术表现与融合中国之跃鱼、奔鹿、狝猴以及十二生肖图形,以至泰西水法之突出喷泉特点,包括门阙华表、各样雕凿花饰,无不详加描述比证,并多附插图,自是令人印象深刻。若怡之书,条畅且赏心悦目,可读之,值得向学界推荐。

吾于圆明园之专门知识,学养不足,认识殊浅,于若怡之用心力作推崇之外,并无评断之能。唯稍以鄙陋之见为题外陪衬之余绪者,尚可借机敷叙,真不免狗尾续貂。

向来读圆明园者,无不投注于园中四十景及西洋楼,绝对无人提及园中有一不为景点之附属建筑,即钟房是也。本来不占主体,世人少知,而此钟房则是专门用来储藏钟表及天球仪、地球仪、日晷、八音盒等西洋玩意儿之仓储。单是钟表即有四千余座,这就关系到中国收藏钟表的常识。自西洋耶稣会士利玛窦在1581年来到中国,其时伽利略才10余岁,西洋自然也尚无钟表;1655年,荷兰向中国进贡自鸣钟。算来1600年明末之际,中国澳门及上海,应该已见到自鸣钟,可惜已无证据;因是1655年就被定为一个明确的年代。

这里要问,圆明园钟房这4000座钟表,加上行宫别馆也摆放的自鸣钟,难道这些钟表都是外国进贡的吗?虽然,欧洲来贡之物品多有钟表,但其实总量仍是极少。这4000钟也绝非皇家买来,部分乃地方大吏进贡而来,这又有了货源的问题。这些大吏是从外国订购买来的吗?答案也不是。很明显,除钟房这4000钟之外,富贵之家房里也有摆设,不只皇家才有;因此,这些钟表十之八九出自中国仿造。有三地仿造中心:即澳门、广州、上海,但只有上海留下了中国人造钟表的记录。1795年,徐光启五世孙徐朝俊曾出书并有附图,介绍造自鸣钟方法。这就说明中国之能工巧匠,仿造洋货是早有经验,请国人不要以为圆明园中的钟表,俱是外国洋货;这个想法不符合事实。写此就教若怡,并祈高明指教。

王　尔　敏
序于2007年12月24日于多伦多市

陈三井先生序

汪荣祖教授在《追寻失落的圆明园》一书中,对圆明园在中国历史上的地位,有这样一段精辟的话:"圆明园级明清园林建筑艺术之大城,更包含了西洋建筑艺术,成为大清帝国的一颗璀璨明珠,也成为中国历史上最伟大、最有名的大型宫殿式御园,可说是中国有史以来最雄伟的大型宫苑。"

有关圆明园的中文学术性研究和专著并不太多,孙若怡小姐在台湾师大历史研究所博士班攻读期间,以《从圆明园西洋楼景区的建筑园林看中西文化交流与乾隆时期的精致文化》为题,由目前旅居美国的邓元忠教授和笔者共同担任指导,1988年5月通过博士学位,距今倏忽将近十年光阴矣!

本书的出版是孙若怡博士根据她的论文改写和增订而成,在结构与内容方面大致变动不大,始终一贯是若怡流畅的文笔,字里行间充满感性,略带一股淡淡的哀愁,并具备反思的力度。经过十年的沉淀,她的思想无疑更加的成熟,更形超脱!

论本书,各章均有可观,但数精华当推第四章,请读者细细品尝。从帝王品味到审美意识以至所延伸出来的精致文化,在在显示从路易十四到乾隆中西两大盛世的雄伟气象与国力顶峰,而圆明园在欧式建筑(西洋楼,早期参与景区监造的和彩绘壁画的专家多为法籍耶稣会士),不仅象征中法两国之间的文化交流,更代表着中西建筑园林艺术融合的范例,其在中西文化交流史上更具有承先启后的重大意义。

　　值此圆明园的十二生肖铜像国宝陆续"回归"大陆之际,当圆明园的修复工程经历不断争议将于明年重新启动之下,本书的出版,无疑的对读者是一大福音,更富有它特别的时代意义。故乐为之序。

　　陈三井　谨识

2007年11月20日于台北南港

汪荣祖先生序

孙若怡教授著《圆明园西洋楼景区的园林建筑与精致文化》，聚焦于圆明园西洋楼的建筑与规划，并以中西文化交流为主题，提出"精致文化"的议题。今北京商务印书馆就要将之正式出版成书，孙教授此书内容丰富，行文流畅，乐为之序。

圆明园焚毁至今，遗址所见唯有西洋楼的残迹，难怪若干外国学者如艾当（Maurice Adam）与史景迁（Jonathan Spence）均误以为西洋楼就是圆明园，西洋楼既然是耶稣会士所设计建造，于是也有人误以为圆明园为外国教士所建；其实，西洋楼仅是圆明园中长春园的一小部分。外国人也误圆明园为夏宫，中国作者有时也以讹传讹，如刘阳近著《昔日夏宫圆明园》（北京：学苑出版社，2005）；其实，清朝五位皇帝从未视之为夏宫，而是他们一年之中最主要的住所，承德避暑山庄才是夏宫。

圆明三园极大部分是中式庭园设计，为吾华两千年建筑文化的精华。当园之盛时，不愧是"万园之园"，今残留的图片与记录犹可唤起昔日荣华的记忆。孙教授所研究的西洋楼位于乾隆皇帝扩建的长春园北端，这一长条西洋式建筑坐落于整个圆明园之中，相当特别。中国受到外国建筑的影响固非新鲜事，如唐朝时的中亚影响以及蒙元时期北京的基督教堂，近代中国的通商口岸更多见洋楼。然而，大型西洋建筑群出现在中国皇家御园，却是前所未见的。

乾隆兴建西洋楼主要由于对西洋大喷水池的兴趣,喷水装置在中国并不陌生,圆明园四十景之一的"水木明瑟"就是为了享受喷水的乐趣,但是中国在之前从未见过如此庞大的欧式喷水池结构,而西洋楼的兴建,若没有西洋传教士主导,无以完成。意大利教士郎世宁(Father Giuseppe Castiglione,1688—1766)设计欧式喷泉以及搭配的巴洛克建筑群,是兴建西洋楼最主要的人物。他生长于北意大利,虽受到文艺复兴时代巴洛克文化的影响,但毕竟是一个画家而不是建筑师,所以除依赖书本上的模型外,尚须找水动力专家蒋友仁(Father Michel Benoit,1715—1774)以及其他具有专业知识的教士们相助,当然更有许许多多中国设计师、工程师与工匠参与其事。西洋楼建筑群自西向东包括谐奇趣、养雀笼、花园门、迷宫、方外观、竹亭、海晏堂、大水法、远瀛观、线法山、线法墙、方河,先后完成。据蒋友仁说,当乾隆皇帝见到第一座西洋楼出现眼前,甚为喜悦。

西洋楼建筑群,特别是谐奇趣、方外观、海晏堂三大建筑,高大的建筑、雄伟的大理石巨柱以及富丽的雕塑,凸显出明显的巴洛克的影响;不过,巴洛克不是唯一的影响,如海晏堂的主建筑固然是巴洛克,但其周围的长方形建筑文艺复兴多于巴洛克。方外观的柱子分明是法国式的,许多室内装潢颇与凡尔赛宫相似,然而有些建筑的明亮窗户又像洛可可(Rococo)风格。耶稣会士在圆明园中所建立的显然是一群大杂烩式的欧洲建筑。除了欧式设计与建材之外,也增添不少东方格调,如太湖石与竹亭等。最值得注意的是由红色砖墙所围绕的西洋楼楼顶,呈现耀眼的琉璃瓦,与隐藏在墙外树后的西洋楼,好像故意要与中国风格的圆明园切割,以免有不协调之感。西洋楼室内装潢诸如玻璃窗、地板、时钟、吊灯、花坛、油画等都很西式,特别引人瞩目的是法皇路易十五赠送的高布林织品,上面有法国美女图像。然而仍不免迁就中国品味,如伴随欧式喷水池的巨型裸体像,就不可能出现。

孙教授对西洋楼的建筑备致赞扬,西洋楼确有足以称道之处,如宫殿式的大楼对称得很好,没有单调乏味之感。多姿的中式飞檐增添了动感,而屋檐上彩色雕画更具美感。各个小区庄重宁静,来往各区的通道无论是桥梁还是环廊,使整区融为一体。庞大的巴洛克主楼及其美妙的雕塑令人惊叹,对于水池、花草、树木、堆石等处理也很协调,赏心悦目。当巨型喷水池喷水时,既可悦目,又能悦耳。所有的建筑在一狭长的空间里,洋溢着美感。

不过,若从较为严格的眼光来观察,耶稣会教士业余的想象力多少缺乏专业训练。职业建筑师不太可能认为是欧式建筑的精品,著名建筑学专家刘敦桢就不认为西洋楼应该出现在圆明园内。纯从设计的角度来看,庞大雄伟的巴洛克建筑显然与精巧玲珑的中国庭院并不搭调。这也许是为什么西洋楼被安置于长春园北边的"边缘地带",并隐藏于林木之中。就此而言,西洋楼与圆明园其他景观并不是和谐的整体,而是有点像人面狮身的结合。欧式大楼配上唐式彩色琉璃瓦,有点像洋人戴瓜皮帽,很不协调。此类不雅观可见之于今日珠海的圆明新园,新建的若干西洋楼建筑使人想起迪斯尼乐园(Disneyland),看起来有趣,但俗不可耐。圆明园西洋楼可说是中西合璧,但合璧得如何,还值得商榷。

不论如何评价西洋楼,不能全由耶稣教士们负责。郎世宁是最主要的设计者,他具有一定的文化背景和艺术技巧来设计西洋楼。他虽是画家,却是一个通才。他的艺术才能也有助于庭园设计,在中国的园林设计传统中,画家往往是很好的设计家。欧式巴洛克建筑的柱子、门窗、走廊等等，特别有赖于绘画与雕塑技能。但是郎世宁的艺术才具不得不受制于乾隆皇帝的品味，传教士们投皇上所好甚于设计的完美，使皇上高兴甚于展示自己的才能。乾隆皇帝亲自查看每一张蓝图，并提出改动意见。为了满足皇上的需求，必定会扭曲欧洲风格。乾隆皇帝具有文化素养，留下大量的歌诗与书法。他又有极大的造园热情，他在位时是圆明园最光辉的时期。但他对西洋建筑并无真正的兴趣，仅仅是爱好庞大的欧式喷水池，而喷水池对他而言，主要是为了娱乐而非美感。中西间概念之异并不那么容易沟通，乾隆为了维护中国价值，绝对会牺牲中国品味。如果我们说这是在中国土地上兴建西洋建筑，不如说试图将西洋建筑纳入中国文化与美感环境之中。

圆明园西洋楼景区，不管如何评价，都值得永久保留。但不幸为外国侵略军所毁，孙教授在书中对此也有详细的论述。至于英法联军统帅额尔金（Lord Elgin）为何在焚掠圆明园之余，也不放过西洋楼？其心态与动机仍然难以解释。他为什么不留下西方文化的一点实物？难道他不喜欢有点中西合璧的楼群？事实是他将西洋楼与圆明园一起烧了。由于西洋楼的石料建材不像中国木质结构那样容易被烧光，残破的西洋楼群屹立在原址上为时颇久，然而经过八国联军的再度摧残以及清政府垮台后失于保护，经不起时光的侵蚀，逐渐消逝，至今只剩下一些断石残砖，供人凭吊。

圆明园遗址上的残迹，以西洋楼景区最为显著，成为既往沧桑的"象征"。象征的存在令人难以忘怀历史的遗恨，启发后世的深思。我曾于春雨里或秋风中多次徘徊于遗址之上，在微尘间念古思今，眼前呈现悲剧式的美感，涌现强烈的历史意识。我觉得在遗址上重建圆明园是不必要的，不仅重建后的圆明园是假的，如果手艺难以符合过去,反而难堪。至于为了重建而抹去刻骨铭心的象征与记忆,更不值得。

汪 荣 祖
2008年元月岁次戊子序于台北南港

绪　论

中国对法(外)关系的变化与发展,本就是我学术生命终生关怀的范畴之一。本书即试图以中国有史以来,最宏伟、最完善的一组西式建筑群——"西洋楼"及其园林景观之筹建、焚毁、整修与残迹保留之沧桑历史为楔子,铺陈文化交流和精致文化的相关问题。

一、问题与思考

近世自鸦片战争以还,我国族运势日趋衰颓,在各个的历史阶段中,仁人志士虽曾从不同方向模仿西法、鉴借西学,以求富国强兵之道,再造华夏光辉文明。然而,都在政治不安、财力匮乏、战乱频仍及存亡灭种的危机感下,使维新变革不是流于缓不济急,就是失之零碎肤浅;难以一窥大格局,也无法形成大气候。若说到要将西方文化去其糟糠、存其菁华、吸收致用,甚至与中华传统相融相合,肇造一种更具包容性、原创性、主体性与理想性的文化,岂不就犹如镜花水月遥不可及? 历史文明起起落落,但兴亡继绝的最大启示和吊诡,正在于任何一个新而优势文明的产生,总得在历经挑战冲突后,奠基于传统且又超越传统的革命性重建上。当然,这绝对是一个缓慢而长久的工程。

文化交流意味着两种或两种以上的文化,在不同的层面、性质或能量下,致力于技术、制度、观念和价值的互通互动。交流的目的诚然在于加深彼此间的认识与互信,但一般而言,学习的热情和国与国间的文化互动,总不是在等量而平衡的状况下进行。特定时期的文化交流,在历史文明的发展中,代表了一定空间上的横向坐标,同时也蕴涵着文明的总体张力。近百余年来中华民族因前所未有之变局,故于西学与思潮的引进、认知和实践上,都或多或少地带有不小的误解与扭曲。这种较为欠缺深刻反省和被迫性选择的交流现象,在回归到特殊的历史情境中时,也唯有予以同情的了解而已。不过,鸦片战争前中西交流的景况,却远远并非如此。

近代中西方的文化交流源自明末耶稣会教士之东来,至清初而达于高峰。其中乾隆时期因国富民安、文物典章灿然大备,益之以乾隆帝本身所具有之特质,故对西方文化的吸收,展现出强烈的自主意识与独特品味。除保留原已有的绘画制作、图表测量和天文历算等科技外,其大异于康、雍两朝之处且尤其值得注意者,乃在一为儒化之进一步深化;二为全面引进了文艺复兴以来西方的美学观念和建筑工艺。"西洋楼"景区的建造正是在自主自觉的前提下,将西方的工艺美学,巧妙地与中国园林造景熔于一炉的结果,成为中西文化交流史上的重要里程碑。这座由意籍耶稣会士郎世宁所设计,法籍耶稣会士蒋友仁监工,30余位专家参与壁画装饰,建筑施工则全由中国工人所完成的建筑群及其园林规划,可以说是典型集体智慧的结晶,也充分地反映出当时中国工人的建造水平①。悲剧的发生始于1860年英法联军攻北京,火烧圆明园

---

① 郎世宁、蒋友仁及其他相关耶稣会士的背景和工作分工,请详见以下各章节及注释的叙述和补充。

拉开了劫掠的序幕。之后,随着政局的混乱迭遭破坏,终至荒烟蔓草瓦砾成堆。讽刺的是,其成也者,和平国富,其败也者,战乱民贫;但是,两者则都拜中西文化交流之赐。国力的明显对比与落差,固然是成败之间的关键,但强者又岂可对不同文明的文化财,妄加焚毁恣意破坏。站在全人类的立场,于这种野蛮的行径,自应给予必要的谴责。其次,除郎世宁以外,参与"西洋楼"景区监造和彩绘壁画的专家,大多属法籍耶稣会士。作为中法间文化交流的媒介,他们对深入古典中国文化精神的努力与中学西传的贡献,同样值得敬佩,而这一切,实有赖法国政府有计划的遴选、训练及派遣所致。中法两国的文化贸易往还,始于17世纪上半叶。由于国力的强盛,当时的法国除了要拓展远东地区的商业利益外,亦积极于提升其在传教事业中的地位,意图建立一个独立的传教区,以突破葡萄牙人对保教权的垄断;凡此种种乃奠定了耶稣会与法国政府合作的契机。经过长期而持续的努力②,康熙二十四年(1685)一月,法王路易十四(Louis XIV,1643—1715)首先派遣了一个由洪若翰(Jean de Fontaney)、刘应(Claude de Visdelou)、白晋(Joachim Bouvet)、张诚(Jean-François Gerbillon)及李明(Louis-Daniel le Comte)五位教士所组成的传教团,颁以"国王数学家"的委任书,前往中国传教。一行人于康熙二十七年(1688)二月一日,抵达北京。后经礼部奏请,白晋和张诚留任钦天监;洪若翰、李明

---

② 张芝联:〈中法文化交流〉,周一良主编:《中法文化交流史》,河南人民出版社 1987 年版,第 42 页。John W. Witek, *Controversial Ideas in China and in Europe: A Biography of Jean Francois Fouquet*, S. J., Roma: Institutum Historicum S. I., 1982, pp. 22—39.

与刘应,则获康熙帝恩准,分赴南京、山西传教③。法方使华者多为"大路易学院"(College Louis Le Grand)之教授,才学与忠谨兼俱,而康熙帝也对之极为曲赐优容。法国传教会应于1700年正式成立,至1775年11月北京耶稣会被撤销止,法籍耶稣会士共有83人先后抵达中国④。这些来华的教士深居幽静之地,孑然一身,传教既为其终身之志业,故以恒心问学、敬谨任事,为拓展布道之契机,对中国文化也以一种善意与尊重的态度相待。这和英法联军之役后的传教状况,判若云泥。往者已矣,来者可追!若说文化交流的目标在于互蒙其利,而文化的学习与融合,也不应只停留在"师夷之长技以制夷"的层面。那么,在善意与尊重的前提下,有计划且全面的统筹并推动相关活动,以建立了解与互信的基础,自是最佳的途径。清初法籍耶稣会士的使华,实在为中西文化交流提供了一个可以师法的模式,"西洋楼"景区的建造即为一良好的范例⑤。

21世纪悄然来临,随着工业化的普及、电脑资讯业的发达和金融财务全球化的趋势,一个使世界合为一体的新型文化,逐渐在形成之中。自财经体制的整合而言,这似乎已经成为一股不可逆转的潮流。当人们宣称这正是象征了"占有性个人主义"所形成的

---

③ 孙若怡:〈保教权的固守与教务的处理〉,外籍顾问与近代中国讨论会,《近代中国》第120期(台北:中国国民党党史会,1997年),第81—82页。张国刚:《明清传教士与欧洲汉学》,中国社会科学出版社2001年版,第148、158页。毕诺著、耿昇译:《中国对法国哲学思想形成的影响》,商务印书馆2002年版,第37—40页。

④ 荣振华著、耿昇译:《在华耶稣会士列传及书目补编》,中华书局1995年版,第957—997页。张国刚:《明清传教士与欧洲汉学》,第167页。据估计,自1685年至1775年,前后出发来华的耶稣会士共有126人,但其中只有83人抵达中国。

⑤ 孙若怡:〈清初中法文经关系:康雍乾三朝〉,《第二届中外关系史国际学术研讨会论文集》(台北:淡江大学历史系,1992年),第95页。

社会,最终被世界所接纳的同时,其实也代表了以资本主义为核心、以帝国主义为向外扩张的西方文明的全面胜利。⑥ 更进一层看,科学为近代西方文化的基础,其方法论自具有普遍性与历时性。自牛顿以降,四百年来以探讨自然、开发自然、驾驭自然为起始,从而转移到对人文世界的控制,故于文化认知上,形成了"西方文化中心观";若自历史的角度而言,即为褊狭傲慢的"西方史观"。对曾创造过灿烂文明、拥有优美文化传统的中国,遭逢挑战若是,该当何去何从?

诚如前面所言,任何一个新而优势文明的产生,乃奠基于传统且又超越传统的革命性重建上,那么,所谓革命性的重建,至少应包涵下述两种意义:

回归主体文化并进行根源性的反省,究其本质辨其不足。

在既有主体文化的原创性基础上,添加新的素质。

所以,一个新文化的构思、一个新文明的展开,必然建立在主体文化原创性基础的反省、了解与增补上。但是,这样的认识都须经由层层累积、周转、提升进而跨越时间的藩篱,上溯至文化始建之本源处,并对之做一全面性、整体性的统合与观照,方得真切。其所贯穿的,乃是时间的纵向坐标,一个历史与时间的无尽对话。若以哲学方法论而言,即是自形上本体论着眼,探讨的是原因之原

---

⑥ Stephen Gill, *American Hegemony and the Trilateral Commission* (New York: Cambridge University Press, 1990), p. 8. Alen Friedman, "Globalization Theory Vaults into Reality", *International Herald Tribune*, Friday September 26, 1997. 由于资讯金融及科技全球化的趋势,促使美国许多学者,持经济体制将凌驾政治体制之上,从而使世界合而为一的论调。此外,1997年9月世界银行与国际货币基金联合年会时,亦有学者提出财务全球化的主张,并声称这是"占有性个人主义"社会,终将为世界所接纳的见证。

因、思考之思考,也就是更深刻基础存在的可能性。于史者,终极之发问,求真而已!所求之真,乃文化原创性基础之真源。这也正是我在精致文化这一概念上,所要切入并引申讨论的焦点。周公制礼作乐,孔子以天仁为内涵而建构之形上道德哲学,奠定了我华夏文明二千余年之根基。天者,无限与大公也,人之之于天,其贵端在自强不息,去除私欲,仰天而已!仁者,人也,忠恕之道。汉代开国规制初立,董仲舒罢黜百家而独尊儒术,自此道德人文主义蔚为中华文化之基调。修齐治平之道与内圣外王之学,成为治事的最高准则。道德之大本乃参赞化育,以求人性最大之和谐,而政治实为一介于天人之间、具有宗教性理想之道德政治。中国传统文化在长期的发展中,从未形成毁灭性的中断,也未发生根本性的改变。虽说历朝历代的心态与实践,或因政治现实,或因人心局限,庶几距道德政治之理想远矣!唯文化的根基仍在、文化的架构仍全;天人合一的宇宙观始终提携着中国人精神价值的最高追求、唤醒与灵感,情理相依的伦理观落实于社会制度与行为规范历久而弥新,刚柔相济的审美观则成为美感展现的动力与制约……这一切岂可与西力东渐后的土崩瓦解之势相比?有清一代以"孝"治天下,文物典章与制度规范,咸以三代为师为法。乾隆熟读经书,好作史论,踵事前贤,尝以圣君明王自期。他在文治武功中,所流露出回归正统的意识;于庆典仪节中,对阶层秩序与规范习俗的严格坚持;在文化建设中,将大量、质精、体巨、时久的规模,浑雄、华贵、肃穆、婉约、优雅、别致的品味,巧妙地兼容并蓄。相对于后来历史的发展,他的作为与他的时代,犹如中国古典文化最后一抹霞光。邓师元忠提出"反省史学"初议,主张史事研究应致力于表层与里层间的关联方式;换言之,要追查文化深层的内容⑦。精致文化的讨论,即是以乾隆时代的文化表现为例举,而对文化现象及史学反省的呼应。

二、研究与方法

本书除绪论和结论外,共四章十二节。前两章旨在借既有的资料与研究成果,重建出"西洋楼"景区建筑园林的昔日风貌,综论其毁损、残迹、规划及整修的状况;因此,都是以硬体建设的素描为主,欲追寻并呈现者,历史岁月下的兴衰轨迹。

第一章,以究"西洋楼"起建之缘由与开始时时间,再述其面积、位置、宫殿配置与作用。整个"西洋楼"景区位于长春园北墙外,为一由西向东的纵轴平面。五大景点错落散布其间,六幢主要宫殿建筑:"谐奇趣"、"养雀笼"、"方外观"、"海晏堂"、"蓄水楼"、"远瀛观",三组大型水法(即喷泉)、若干水法池及园林小品,则成带状展开。"海晏堂"为景区内规模最大之建筑,内中扇形水池两侧,各按兽面人身红铜雕铸十二生肖六尊,益见造型之巧思⑧。宫殿内外各类题材的壁画彩绘,随处可见,中西样式的玩意儿或挂吊或摆设,杂然并陈,提供了我们一个不同色彩、线条、器物、绘图和材质的想象空间。

第二章,首先以整个圆明园毁损的四个阶段,旁引出"西洋楼"景区遭劫的特质;次述整修规划之倡议与方案订定之经过。法国

---

⑦ 邓元忠:〈反省史学初议:从中国史学发展的反省谈起〉,《国史馆馆刊》复刊第23期(台北:国史馆,1998年),第13页。

⑧ 一般大陆上现有的史料,都记载十二生肖为青铜铸制,唯笔者依亲眼所见,马头通体泛红,当为红铜精炼,手工打造而成。

"夏宫使命"团经由实地调查、测绘及摄影,以确切的统计资料,辅之以档案照片的参证比对,绘制出一份精密完整的"西洋楼"立体景观平面图。不但弥补了该景区缺乏立体模型图之遗憾,也为现代中法两民族间的文化交流,展示了一种新形式的互动互助。20世纪70年代后,景区内的遗物陆续出现在巴黎私人收藏家、纽约大都会博物馆及苏富比拍卖行,其中以红铜精制的十二生肖喷头,走价尤为看俏;亲眼目睹马头已为国内古董爱好者所收藏,百劫红颜堪称异数。又,由于"西洋楼"景区仅是整个"圆明园"中"长春园"的一个属园,因此,保留在相关档案中的资料,极为稀少且不周全。同时,整个景区内的建筑与园林,历经焚毁劫掠,故而在思考分析、研究表述的经验中,屡有捉襟见肘、屡生瓶颈之感。在方法上,一方面对肇建之动机、目的,毁损整修之过程、特质,以历史研究法探本溯源细说原委;另一方面在史料运用上,则不得不借助兴筑、重修或焚掠圆明园的花费及档案记录,作为呈现"西洋楼"景区光辉与伤痕历史的旁证。至于记录各异的史料或论述,则以档案为依据,进行内外考证和分析评比的工夫。

相对于前两章的硬体素描,后两章则以观念与理论的印证建构为主,并呼应中西文化交流及精致文化两问题的思考,故偏重软体建设的探讨。

在以"中西文化交流的范例"的第三章中,我主要处理两方面的问题:一是文化上的个案争议:"西洋楼"景区建筑园林的风格定位,属于微观面的研究;阐述景区的建立及其评价,在中西文化交流上所代表的意义,则着眼于宏观面的抒发。"西洋楼"景区内的建筑园林,为文艺复兴式、巴洛克式、洛可可式、意大利式、德国式抑或法国式,众说纷纭,莫衷一是。为了对这个历史问题彻底厘清,第一节乃自建筑的角度,将西方从文艺复兴、巴洛克及洛可可以来的建筑特质,以及各式风格在不同地区的蜕变形式,详加论述。第二节则自理水观念出发,凸显景区内西式园林设计的别致之处,益之以法国式与意大利式两种园林规划上的区别叙述。经由上述的分析、比较及论证过程,对"西洋楼"景区建筑园林的西式风格定位,已可觅得一个清楚的学理上的根据。又,因为整个景区的监工,多出于法籍耶稣会士之手,蒋友仁且身负水法设计及相关机械运转之责,故法式巴洛克风格的主张,是最普遍认知的错误之一。郎世宁以画技而深受廷宠,名重朝野,作为"西洋楼"建筑园林整体规划的设计者,其专业能力迭为后来者所质疑,这真是另一个美丽的错误。第三节除了对上述观念和缝隙,做纠正补实的工作外,旨在前两节的研究基础上,论证景区实为中西文化交流范例的真正原因。首先,以郎氏所受之教养及其时代背景为经,间接说明自文艺复兴讫18世纪,西方在所谓"通才"(universal man)人文传统的孕育下,对绘画、建筑和雕刻技艺养成之涵容性。进一步则借由个别建筑物的例举比对,例如"方外观"下方与"奎利纳教堂"门口、"养雀笼"东面大门处之壁凹与"卡里亚诺府邸"立面、"观水法"屏风上的石雕装饰与"圣彼得大教堂"的华盖等,实证出"西洋楼"景区内之建筑,为意大利巴洛克风格的理由。随之,再将西方18世纪园林发展的渊源、设计、规格与演变,作一完整的追叙,揭示所谓文艺复兴式园林和巴洛克式园林,根本上的不同之处。至此,以意大利巴洛克风格,作为"西洋楼"建筑园林之西式定位,已可确立。然而,无论自照片、遗迹或资料中观之,"西洋楼"景区到处都流泄着中国式建筑园林的风味。为了解释这一个不争的事实,故而自园林景观的空间布局、造景时的"虚隔手法"、"重檐庑殿"大屋顶的曲面设计、石雕铜铸的动物造型、彩绘装饰及器物纹样等,中国式素材与建筑元素的运用着手,呈现出中西并举的融合精神。最后,再从巴洛克风格的审美价值、建筑形体的构图与技术运用、景区空间设计的独特性思维、建筑与环境要素的考量等方面,综述"西洋楼"景区之建筑园林,实在是一勇于创新、迭有创意且融中西美感于一的艺术佳作。论其规模宏伟与风格完整,时至今日,依然唯一。由是,无论自中西文化交流史、造型艺术的创意性、建筑美学之启迪或工艺技术之引介的任何面相观之,都具有承先启后的历史意义和示范作用。

整体而论,我力图在研究方法上,一方面对建筑细部构造和景点设计,作微观查证、比对和归纳的工夫,以逐步建立风格定位的实证基础。另一方面,由于试图自各个角度,来说明"西洋楼"景区之所以为文化交流范例之因,故而参证了许多艺术史家、建筑及造园理论家的观点,以求历史解释的严谨性和说服力。

在"精致文化与文化反省"的第四章,则想从历史真源与意义探求的角度,提出一些相关文化问题的思考。由于"西洋楼"景区建于乾隆时期,代表了中西文化交流的一个模式;同时,乾隆时期无论于正统价值的回归、物质建设的风格、社会规范的恪守各方面,皆可视为传统中国道德政治一体数面之个别表现,故而以"乾隆时代",作为文化反省、建构"精致文化"意涵的焦距。

第一节借乾隆的巡幸活动、个人创作、文献整理和工程修建等作为举证,来呈现出雄伟气象的样态,表象地带出帝王品味的特质。进一步,再以庞大的财务支出为衬底,辅之以财经政策的推动,说明其所以能展现雄伟气象的物质基础。不同于前节以资料性的呈现为主,第二节则盼望能借审美意识的养成,讨论深层文化结构对人和时代创作与风格养成的制约性和互动性。首先,考虑到作为一个个人和帝王的乾隆,在创作时角色的两面性,以及他本身人格特质的倾向。故而从教育理念、才华气质及庆典仪节等方面夹叙夹议。欲彰显的是,古典文化在形上理想与形下实践、价值规范与生活行为间的一致性,个人品味与文化价值间的相关性,间接说明养成审美意识的主客观条件。因此,品味和审美意识的养成,应落实在民族文化的脉络中考察。在上述分析的基础上,第三节旨在诠释"精致文化"概念的内涵,并自形上观念、阶层社会和专制极权各方面,综论古典社会所具的特征。同时,并对近古时期18世纪的中西文化与社会,进行一统揽概括式的比较。科学既为现代文化的主要基础,拜科技进步、工业发展与资讯普及之赐,现代社会文化所表现的精确、分工与资源分享现象,史所未见,但也造成许多问题。因此,借传统与现代的对话,思考如何看待理想性文化再造的问题。

　　总而言之,本章试以特定时空的历史资料为奠基,重构当时社会文化的特质为目标;以个案详尽的历史考察为材料,以建立并区别古典社会的普遍性了解为蓝图;从而说明我所要讨论的"精致文化"的意义,以及由中国文化出发,在面对传统与现代社会的快速变迁下,所做的一些反省。此外,近代西方文化的发展波澜壮观,各个面相皆有可观处,个别国家也有精彩处。唯科学毕竟是最普遍性的影响;而继17世纪的优势地位,18世纪的法国依然是西方(欧洲)强大的国家,并在文化上具有重大的影响性和指标意义。故在叙述、比较西方文化的发展上,则是依循这两条线索而铺陈。

西洋楼景区的建置、焚毁与重修,犹如近代中国历经辉煌、沧桑而迈向再造的历史缩影。回顾整个四章的组织架构与思维理论,本书在西洋楼景区个案研究的基础上,同时试图开展两个观念性的思考与论述。

就文化交流而言,虽说食、衣、住、行皆文化,点滴互动亦交流。但若论及要将另一种具有原创性且完整的艺术风格或价值系统,彻底的融解、全面的调和,进而吸收并构成自身文化的底蕴,除了长时间的渐润渐浸之外,一个稳定自主的客观环境,应是充分且必要的条件。在两种或两种以上文化间的交流与互动时,趣味、嗜好与技术的模仿易,制度、价值与风格的建构、改易与再创难。苟若益之以战乱流离,则必然在学习与借鉴上,流于零星破碎或偏局一隅。西洋楼景区建筑之筹划与设置,乃是在乾隆帝有选择性和规划下完成。适时正值中国古典文化发展的最后高峰期,也是满清王朝汉化告一段落的时期,一个国力文物与典章制度皆臻鼎盛完备之际。因此,以中国文化为本位的基础上,在展现引进西方艺术风格之际,自然反映了一份中国式的审美品味;那是帝王的品味,也是文化主体的底蕴。另一方面,以郎世宁为首的耶稣会士,将西方文艺复兴以来人文教育的传统,透过对西洋楼建筑的设计、监造及景区内各地雕刻、绘画的制作,把巴洛克的艺术风格全面而完整的介绍到中国。无论就规模、体巨、质精、华美、优雅、瑰丽各方面而言,时至今日,仍无任何西式建筑能望其项背。烽火战乱诚然是交流吸收的致命伤;但在充分资金与物力的支持下,全面细微的规划与视野,何尝不是文化交流中成功的关键因素?

"文化研究"兴起于 1950 年代中期,60 年代后逐渐成为学院中的主要课程和研究领域。同时,随着资本运作、媒体的传播,都会发展、刺激消费等力量的深化与观念的堆砌,从而产生了一种以美国为中心的新形态大众文化。一般而言,这种大众文化关怀的是社会大众与文化产品的趋势走向、流行品味和消费层次,着眼的是商业利益。因此,批判者与捍卫者间的论述与对话,就成为西方文化研究的核心议题;法兰克福学派的批判理论、葛兰西(Antonio Gramsci)的文化霸权理论与后现代主义的文化理论,皆为其中重要的代表。

在全球化风潮的激荡中,西方文化研究议题与方法论的主导下,环顾国内学界对文化研究的视角,始终仍停留在对西方理论的翻译、引介、研读、讨论,或以西方理论模式来检视中国文化内涵与性质的阶段。然而,西方文化理论的发展乃渊源于其特定的社会文化环境,自然也存有一些与其历史发展相应的基本预设、取向及方法论。如果我们不能正视中国自身文化发展的特殊性,而盲目跟随西方的文化论述,则必然与中国的传统愈行愈远。况且,至少在清王朝灭亡之前的传统中国,知识分子仍是以"天下"作为人生理想奉献的目标;所谓"先天下之忧而忧,后天下之乐而乐"。基本上,那也还是一个以知识精英阶级为核心,深受形上道德理想提携与制约的社会。相对而言,广大的人民群众固然有属于自身的文化创作,但就知识道统与生命情怀的传承而言,知识分子才是主体。因此,本书试图在自己民族文化的根源上出发,以与形上理想与根源性基础的角度,剖析精致文化的含义。旨在抛砖引玉,让有心者能共同思考中国文化的走向问题于一二。

三、感谢的话语

走笔至此,心中满怀感激的人与事,在文稿初写的过程中,邓师元忠提纲挈领的指导、陈师三井巨细靡遗的审阅,两相参照使整个文章架构与内容,更为严谨缜密。王师尔敏以其博学多闻,益增我视野之开拓。尤其每当我心思彷徨、下笔无力、进度缓慢、疏于业勤并心生焦虑之时,老师总以"尽心而已"谆谆鼓励,减少我不少心理上的压力。若说本书代表我数十年来思考上的吉光片羽和心路历程的一个缩影,而它的完成得感谢三位人师兼经师的成全。1994年7月,笔者赴北京搜集相关资料,并至颐和园和西洋楼景区游览。感谢第一档案馆徐馆长艺圃先生的协助,得一睹20幅铜版画作的真面目,并自其中翻拍得6张原版照片,为论文增添了许多色彩及美丽(参见第一章之附图)。此铜版画作乃乾隆五十一年(1786)由郎世宁所绘,为西洋楼完成后的竣工透视图,历史意义自不在话下。中国社会科学院近代史研究所张所长海鹏先生,不但热心介绍所内典藏,并承蒙翻拍一套"欧式宫殿残迹图"相予。该图为德人奥尔茉(Ernst Ohlmer)于1870年左右旅居北京时所摄(参见第二章之讨论及附图),共计相片13张,取镜贴近写实,拍摄时间又离第一阶段毁损的时间不久,对西洋楼真实样貌的认识,具有辅助见证的作用。杭州大学的黄时鉴和远在加拿大魁北克大学的李晟文两位教授,适时提供不少有关"夏宫使命"团和家藏耶稣会士使华的资料。由于上述资料多未见诸中文史册,且为国内所无,不但可贵,更为论文瓶颈的突破,有临门一脚之助。铭感之情,岂能尽表。

本书中的许多图片,分别采用自以下书籍,谨此致谢:《中国造园史》、《圆明园》第四册、《建筑与水景》、《巴洛克艺术鉴赏》、《西洋造园变迁史》、*Baroque et Rococo* 及 *The Architecture of the Italian Renaissance*。

尤其要感谢商务印书馆常绍民主任的肯定与支持；不但为这本书付出了极大的心力，反复核对相关资料、订正错误，也使我终得出版的心愿。

最后，张海鹏所长、陈三井与王尔敏老师及汪荣祖先生，均于百忙中为我写序，铭感五内，难以言表。

张所长不但仔细地阅读我的文稿，指正了多处用字、文意与资料上的错误，还以其个人亲见亲闻之经历，证补了难得一见的档案资料。王师尔敏则提出了早在清初之际，于中西文化交流的过程中，中国就学会了制造西式钟表能力的看法；陈师三井更进一层的期许，实为对我最大的鞭策。汪先生于序文中特别提出了对"欧式大楼配上唐式彩色琉璃瓦，有点像洋人戴瓜皮帽，很不协调"，并以迪斯尼乐园为例，言西洋楼之中西合璧，"看起来有趣，但俗不可耐"的审美论点；令我思之再三，低回不已！凡此种种岂仅是一个谢字了得？

第一章　西洋楼景区之建置

　　西洋楼区位于圆明三园中长春园的北边,由于区内之建筑造型、材质用料、摆设配置、景观规划和情境意趣,多由人为且深受西方影响,在园林造景上,与传统中国园林崇尚自然、天人合一的理念,有着极大的差异,但因其风格独具而形成一个特殊的景区。区内的建筑与景观,都是在乾隆年间设计、画样、监造并完成,乾隆何以会在具"万园之园"之名,且有中国园林典范之誉的"圆明园"外围,筹划这处带有强烈西式建筑园林风格的景区?其动机、作用、分布、配置及相关装饰之表述,是本章主要探讨重建的主题。

第一节　缘起与分布

　　呈东西走向,占地宽70米、长750米的西洋楼区,虽位于长春园范围之内,然而严格地说,只能算是长春园中的一个分区。但因坐落在长春园本部北墙之外,且建筑风格与园林景观又与圆明园中其他各园景的特色迥然有别,相对地,又就可以视之为一个独立的景区。

一、兴筑长春园与西洋楼景区筹建之动机

　　长春园遗址用地计分五类:水面以种莲藕和水稻、果园、山

地、林地、西洋楼区以及民宅占地,共达71.4公顷;其中西洋楼区有8.2公顷,占全部的十分之一,仅为圆明园的五十分之一。① 乾隆十年(1745)十月,传旨:为长春园庙宇做欢门幡七堂;并于十二年五月初六,做成后持赴长春园悬挂讫。这是在相关档案中,首次出现"长春园"字样者。同年六月,随御笔白笺纸"长春园"本文一张,传旨:将长春园本文做"黑漆一块玉铜字"匾一面。九月十六日,将做得"长春园"匾额挂讫。② 又《清史稿·职官志》记载:"乾隆十六年长春园建成,置六品总领一人;副总领七品、八品各一人。"③

长春园建成于何时?各方论者不一;向达在其辑录的《圆明园大事年表》一文中言,长春园建于三十五年。由于文中所论多取自《日下旧闻考》,而该文献在谈及长春园时,首引了乾隆三十五年的一首御制长春园题句诗;或许因此而影响了判断。杨乃济则指出,

---

① 圆明园原是明代所遗留下来的故园,但具体的建设则自清代开始。圆明园的兴建大体可分成三大阶段:即康熙末年的始建,雍正年间的扩建以及乾隆年间的增建。康熙四十八年御题"圆明园"匾额,成为皇四子胤禛的赐园;作为单一园林的圆明园,当时占地约有1200亩。至雍正即帝位后乃不断向南扩建,面积已达3000亩。乾隆即位后,再合长春及绮春二园,时称"圆明三园",三园地已达5200余亩,相当于350公顷的土地。乾隆三十二年之后,圆明园又先后并入了另外二个附园:一为熙春园、一为春熙院,合称"五园",通称御园。《清史稿·职官志五》载:圆明园总管事务大臣属下,乾隆三十二年增熙春园六品苑丞一人。四十五年增春熙院八品苑副一人,翌年增七品苑丞一人;但至嘉庆七年俱省。《养吉斋丛录》卷十八中载:熙春园在长春园东南,有复道相属,俗称东园,隙地多种麦,康熙时已有。园中有松簧馆、德生轩、对云楼、藻德居、竹净室诸额匾,均为康熙御书。

② 内务府造办处各作成做活计档,《圆明园清代档案史料》下册,中国历史第一档案馆编,上海古籍出版社1991年版,第1305—1312页。

③ 《清史稿·职官志五》,中国近代史料汇编,第1043页。焦雄:《长春园园林建筑》,《圆明园》第三册,中国圆明园学会筹备委员会主编,中国建筑工业出版社1984年版,第12页。

长春园早在乾隆十一年即已建成主要景区,次年九月十六日又制成长春园御笔匾额,悬挂于长春园宫门。也有部分学者因乾隆十四年有夏日含经堂、澹怀堂等御制诗的出现,而认为长春园始建于是年。④ 长春园共有古典园林建筑群近 20 处,由于它并没有类似圆明园四十景那样的御制图咏,而相关的御制诗,则又陆续出现于乾隆十七年至二十四年,以及三十一年至三十七年之间。其中有的诗作与成景时间大致相仿,部分的诗作则可能晚于景成的时间,也有个别的成诗反早于建筑物的成建时间,"淳化轩"之建就是一个很好的例子。建"淳化轩"之目的,乃在藏重刻淳化阁帖,这一组建筑群是长春园的主要殿宇,其前殿"含经堂"早在十二年就已竣工。到了三十五年前后,又修建了不少的新宫殿,然而相关玻璃窗与玻璃镜之镶安工程,则要到三十七年方才完全告一段落;但其御制诗则早在此之前,即已笔就。因此,自然不能以诗作出现的时间,作为长春园成建的准则。整体而论清季园林之累建,至少有三个阶段:一、通过叠山理水的工程,规划出园林的基本格局;二、建造数处建筑群,以突显景点的特色;三、设置总领、实行管理。若依这个发展的流程来看,长春园至少在乾隆十年,即已开工兴筑,到了十六年,园内重要景点的设计与工程,皆已具体而微的完成,所以才会有置六品总领管理的定制。不过,另外值得一提并推敲的

---

④ 杨乃济:〈圆明园大事记〉,《圆明园》第四册,中国圆明园学会筹备委员会主编,北京中国建筑工业出版社 1986 年版,第 29 页。张恩荫:〈圆明园兴建史的几个问题〉,《圆明园》第 4 册,第 26 页。汪之力:〈有效保护圆明园遗址与积极开展科学研究〉,《圆明园》,第 1 册,"圆明园罹劫一百二十周年纪念专号",中国圆明园学会筹备委员会主编,北京:中国建筑工业出版社 1981 年版,第 16 页。汪之力把西洋楼与长春园分开对待,而不将之视为一整体。认为长春园始建于乾隆十四年,成于十六年(1749—1751);西洋楼则完成于乾隆二十五年(1760)。

是，长春园的许多景区不但完成于乾隆十六年之后，而且园中的狮子林、如园、小有天园，皆为仿江南名园而来。这除了足以说明乾隆南巡的具体反映外，也反证了长春园在 16 年之后，添建的工程并未中断。⑤ 即使不将西洋楼景区建筑群的筹划计算在内，仅以乾隆三十一年至三十七年间，长春园东路各景的增建，规模就已经十分可观。

康熙四十八年(1709)御赐明朝皇戚的废园予亲王胤祯，作为他私人的花园；雍正即位后自 1752 年起，就将此一"赐园"全面修建成一离宫御苑。除修整原有的亭台丘壑之外，又导泉浚池、增设亭榭，并在园南仿紫禁城格局，建筑宫殿和侍值大臣们办公的朝署，遂使该地渐成皇帝处理政务的中心。至此，作为一单一园林的圆明园，即已规模粗具且土地面积扩达 3000 多亩，号称二十八景，而他在位的大部分时间，也都住在这里。乾隆即位后终其一朝，土木兴修几未中止。将圆明园北向拓展之余，东面则以水磨村之地增筑了长春园，乾隆三十七年(1772)，再将长春园以南之王公私园合并，修成绮春园(道光时改称万春园)，时称"三园"。三园虽说各自独立，但紧相毗连，间有水系曲径可通，故整体而言其实就是一个大园子，之后习惯上就泛称之为圆明园了。乾隆即位后，仍按旧例，常居园内，并在原有的规模上添建景点。乾隆十年(1745)时，完成了四十景，乃命画家唐岱、沈源绘图，且亲自逐景题诗；其御制图咏流传至今，颇有助于吾人神入园林极盛时的状况。

---

⑤ "如园"仿江宁瞻园，建于乾隆三十二年，位于长春园宫门东侧。"狮子林"仿苏州园林，建于乾隆三十七年，位于长春园东山一部；一墙之隔，即为西洋楼景区中的"方河"。"小有天园"仿杭州之王氏园，建于乾隆二十三年，位于长春园西路。

长春园兴建于乾隆时期,其实可以看成是圆明园全面修建、扩增的一部分,却也是最能彰显出乾隆财力、品味与意向的园子。弘历年幼时曾赐居圆明园长春仙馆、长春园之名乃因此而生。《养吉斋丛录》述命名长春园之意义时,曰:

> 长春园屋为九州清宴别室。雍正年间,高宗尝赐居长春仙馆。嗣纂当今法会,记一时间答语,高宗盖赐号长春居士,和亲王号旭日居士,故乾隆年间,所御书屋,往往以长春命名。⑥

除了御赐长春仙馆的因缘外,长春园位于御园之东,其名长春,其实亦含有"归政息养"之地、"优游娱老"之意。试看乾隆六十岁时所赋之诗:

> 长春非敢畅春侔,即景名园也有由。
> 赐号当年例仙馆,倦勤他日拟菟裘。
> 培松拱把冀鳞老,留石平心待句酬。
> 廿五春秋仍劼瑟,耄期岁月合优游。⑦

---

⑥ 吴振棫:《养吉斋丛录》卷十五,北京古籍出版社1983年版。朱家晋、李艳琴辑:《清高宗御制诗三集》,清五朝《御制集》中的圆明园诗,卷92。刊于《圆明园》第三册,第85页。"长春仙馆"为圆明园四十八景之一;其中有长春仙馆、绿荫轩、雨景轩、含碧堂、林虚桂静、古香斋、墨池云及柳斋等建筑景点。

⑦ "九州清宴"为圆明园中四十八景之一;内建有十五组院落景点:圆明园殿、奉三元私殿、九州清宴殿、露香斋、乐安和、怡情书史、茹古堂、清晖阁、鱼跃鸢飞、碧澜亭、佛堂、宫门、天地一家春、承恩堂、泉石自娱、皇后殿。

显见他想在 85 岁退位后,好在此寻其长生不老之乐、度其优游之日。此外,若进一步自园中建筑物的命名来考量,尤其能印证兴建长春园的作用、乾隆的心境及其用心。例如淳化轩的"理心楼"、宝相寺的"观大圆镜"、法慧寺的"福祐大千"和茜园的"太虚室",在彰显了乾隆对佛道的向往、认识与传布之心;玉玲珑馆的"益思堂"、映清斋的"益寿轩",如园的"静虚室"和鉴园的"桐荫书屋",则是为自己百岁增寿而作的安排;至于鉴园的"退省斋"、海岳开襟的"乘六龙",也分别是为乾隆于归政后颐养天年、百年后飞向极乐世界而取的名称。以上无论是景点居所之命名,皆可谓与政事无甚相关,也就益发地衬托出长春园娱老之旨趣。⑧

长春园兴建的目的既寄情于游赏,故在使用与要求方面,自然没有圆明园之行政、大典、朝觐等的复杂内容及限制,规划设计上也就有更多自由挥洒的空间。究竟是由于乾隆猎奇奢欲之念、雅从传教士之美言建议,抑或是其他各种不同的原因,终而导致兴辟大规模的西洋楼群?证之史料已无法得出一明确的结论。唯依据《郎世宁传考略》所言:

> 1747 年(乾隆十二年),某月某日,帝于殿上阅西洋图画,适见绘水法图样,帝顾郎世宁(Giuseppe Castiglione,1688—1766)命说明之,复问在西人中,有能善此者否?世宁固答有其人。乃退而谋诸教士,遂上言蒋友仁(Michel Benoist,1715—1774)最适于此。帝即召之,命其造于圆明园洋馆之附近,并云费用

---

⑧ 焦雄:《长春园园林建筑》,《圆明园》第三册,第 14 页。

劳力,皆不限制。蒋友仁奉命,刻苦精励,日夜弗措。是年秋,第一水法工程竣事。⑨

水法为何?喷泉是也!西洋水法即西式喷泉之谓,故圆明园西洋水法之建,乃因乾隆阅西洋图画后之灵感所致。

二、景区内西洋楼起建时间之争议与看待

然而,水法既"造于圆明园洋馆之附近",此洋馆是否即为西洋楼之(部分)建筑?换言之,这牵涉了西洋楼与水法承造先后与关系的问题。到底是先有了西洋式宫殿的规划,再配置水法于其间,借以点缀园中景色;或因先兴味于水法之奇巧,极思仿制故而筹建西式宫殿,集凡人所能之幻想于一处,以为玩赏之用?在《教士书札》与《郎世宁传考略》两文中都曾强调,圆明园中之西洋建筑,"早在1747年以前即以成矣!"⑩今论者均公论"谐奇趣"及其附属楼群,是长春园中第一幢西洋式建筑,虽其起造的确切时间不详。唯依《内务府造办处各作成做活计档》,乾隆十二年六月二十日,太监胡世杰传旨:长春园八角亭俟盖完时,着郎世宁起稿画通景连柱画。七月十八日,郎世宁画得八角亭西洋通景小稿一张,司库郎正

---

⑨ 石田干之助著、贺昌群译:〈郎世宁传考略〉,引自《国立北平图书馆馆刊》第七卷第三、第四合刊。舒牧、贺乃贤编:《圆明园资料集》,书目文献出版社1984年版,第107页。郎世宁,意大利籍耶稣会修士,1715年抵中国,以其画技而蒙康熙帝之嘉赏,乾隆时供奉于奉宸苑内廷行走,并负西洋楼区建筑的设计与监督之责。

⑩ 欧阳采薇译:〈中国一位教士陈述教士蒋友仁逝世之函〉,《教士书札》(Lettres Edifiantes et Curieuses),北京:《国立北平图书馆馆刊》第七卷第三、四号合刊。舒牧、贺乃贤编:《圆明园资料集》,第106页。

培等呈览。⑪ 按在"谐奇趣"宫殿两旁,确实左右各一座八角亭楼。若这八角亭西洋通景小稿,倘真为该亭楼之画稿,由此可推知,最早在乾隆十二年末,以"谐奇趣"为首的西洋式楼群,才开始兴建。乾隆十六年(1751)二月初二,颁御笔"谐奇趣"匾文一张,"思周、人在"对一副,象征该宫殿正式落成。两相参照,不要说整个西洋楼群不可能早在 1747 年以前完成,就是连第一座西洋式宫殿的完工,也得延至 1751 年。由于传教士记录的不全及相关资料的散佚,对于 1747 年前局部西洋楼宇竣工的可能性,我抱持保留的态度;只是即使有已建成的洋馆,亦不知其何所指也!不过,自西洋楼群各组宫殿之建筑设计、配置、作用等方面观之,可以肯定的是,安装新奇而大型的水法,才是西洋楼建立的主旨,楼群本身的结构反而只是为配合水法的需求而规划的结果。这一点尤其最能自第二水法工程的浩大,和以"远瀛观"及"海晏堂"为核心的第二幢西式宫殿的格局中,借由水法的设计而呈现出其本意。耶稣会教士皮卡德(Rend Picard)就在他所著 *Ces Peintres Jésuites à la Cour de Chine* 中指出,乾隆原先是想将西洋喷泉设于中国宫殿内,后因考虑其不协调而作罢;故而把西洋楼与喷泉建在一块儿。那么,早在 1747 年秋所完成者,自当为景区中的第一座水法,也就是"谐奇趣"殿内的水法了。⑫

三、西洋楼景区内各个景点的设计与布局

郎世宁(参见注⑨及第三章第三节)可以说是整个西洋楼区建

---

⑪ 《圆明园清代档案史料》下册,第 1316 页。
⑫ 同上注,第 1326—1327 页。Rend Picard, *Ces Peintres Jésuites à la Cour de Chine*, Grenoble, Editions des 4 Seigneus, 1973, p. 19.

筑与景点的设计者；自宫殿主体结构、门廊、篷顶、亭台，甚至栏杆的配置，他不仅构图作画，实际上也参与铸造。其间王致诚（Jean Denis Attiret, 1702—1768）、杨自新（Gilles Thebáult, 1703—1766）及艾启蒙（Ignaz Sichelbarth, 1708—1780）等，皆曾多方协助或负责监造。蒋友仁虽以经营水法为主要工作，但在第二幢宫殿的建造过程中，亦曾受命协助郎世宁设计并绘制建筑结构之草图。[13] 在西洋楼区的宫殿及水法群尚未建造之前，中国境内的西式建筑，只零星的分布于澳门、广州等地的商馆、住宅和内地少数的天主堂。至于早在雍正时，"西峰秀色"和"耕织轩"内就已经具备了水法的安装；圆明园中的"水木明瑟"，乃仿扬州园林中的"水竹居"而造，也是利用泰西水法技术以转动室内风扇。但上述之建筑与水法之设置，其意义规模自然和西洋楼区内的建造，不可同日而语。[14] 盖因于皇宫苑内，由欧洲人直接设计、构图并监造成群的西式建筑，且集新奇复杂又规模庞大的水法技术、绘画、雕塑及造景于一炉者，诚属首见。

　　鸟瞰整体的西洋楼景区，是分布在一个由西向东的纵轴线上。自"养雀笼"以东，依序有五大分区即：方外观、海晏堂、大水法、转马台及方河；其间配置了六幢主要建筑物，分别为"谐奇趣"、"养雀

---

[13] 舒牧、贺乃贤编：《圆明园资料集》，第109页。杨自新、王致诚、艾启蒙及蒋友仁，皆为法籍耶稣会修士。

[14] "西峰秀色"为圆明园四十八景之一；内有西峰秀色，含韵斋、一堂和气、自得轩、花港观鱼、岚镜舫、长青洲、三仙洞八处建筑景点。"耕织轩"应为"知耕轩"之误，是圆明园中"映水兰香"景中之一隅。在乾隆九年刊《御制圆明园图咏》，下卷中"水木明瑟"一景题云："用泰西水法，引入室中，以转风扇。冷冷瑟瑟，非丝非竹，天籁遥闻，林光逾生净绿。郦道元云：'竹柏之怀，与神心妙达，智仁之性，共山水效深。'兹境有焉。"该园亦为圆明园四十八景之一，其中有"水木明瑟"、"溪岚书屋"、"澄怀室"、"揽翠亭"及"风扇室"等建筑景点。

笼"、"方外观"、"海晏堂"、"蓄水楼"和"远瀛观"。而三组大型喷泉,若干小喷泉以及园林小品,则沿长春园北墙,由西向东成带状展开;它们又被上述建筑物有节奏地切作三段,分别包含在和主轴垂直的南北向三条次轴之中。由"谐奇趣"与"花园门"组成第一条次轴,并和靠西墙的"蓄水楼"面对"养雀笼",构成第一个四合院。第二条次轴,是由北面的"方外观"对南面的"竹亭",再与东西相对的"海晏堂"和"养雀笼",又构成另一个四合院。再向东,坐南朝北的"观水法"宝座加上靠壁,北对"大水法"和"远瀛观",与西面的"海晏堂"、东面的"线法山门",组成最后一个四合院。"线法山门"与"线法山东门"之间的线法山,则自成一院;再向东即为"方河",隔河望"线法墙",这里就到主轴线的东端尽头了。⑮

在西洋楼景区中,因范围狭小,建筑物又密集并列,所以整体的建筑空间显得较局促拥塞。不过,区内景点的中心端在喷泉池水,不但各主要建筑物外置有泉池水流,几组水法的设计尤其突显了焦点凝聚的目的。相对于此,其他园林小品之规划,不论手法如何,无形中都沦为配角的地位。

第二节 建筑与配置

西洋楼区中的建筑物主要有六幢,分别是"谐奇趣"、"养雀笼"、"方外观"、"海晏堂"、"蓄水楼"和"远瀛观";其他尚有大水法、线法山门、楼阁、观水法座、地下水道以及各式铜制兽形喷头

---

⑮ 童寯:〈北京长春园西洋楼建筑〉,《圆明园》第一册,第76页。

等,皆规模宏伟、雕镂精致且花样繁多。其主体结构所使用的材质,大部分为圆明园内其他建筑物未使用的白色大理石(又称汉白玉石);而门、亭、廊、榭、栏杆、水法及雕像,则分别采用铁、铜、银、石及锡等不同质材铸制。以下就各种建筑物及相关配置,详述如后。

一、各幢宫殿建筑素描及其相关作用

谐奇趣及其附属楼群,为长春园西洋楼区中第一幢西式建筑,于乾隆十六年二月落成。谐奇趣正楼上下两层,上层三楹,下层七楹,建于白色大理石高台上。楼前有月形台二层,楼南面为弧形石阶,北面为双跑石阶。月形台两旁有盘旋石磴各十余级,上覆以雕刻之玉石栏杆;上层平台正中楼门左右两侧,各有狮子一座。⑯ 整座谐奇趣楼宇的石柱,皆由白色大理石组成,上下楼窗卷口,则用砖石细刻花纹。楼墙覆嵌五色琉璃花砖,墙身涂抹粉红色灰泥。楼顶为庑殿式,紫圆光琉璃瓦;中脊与四垂脊皆用蓝色琉璃。⑰ 从南面左右两侧,各有镶嵌着玻璃的半圆形长廊,廊为平台式左右各五楹,其后伸出连接的是两座呈八角形的五彩亭楼;这在当时是演奏蒙、回及西域音乐的场所。⑱ 在"谐奇趣"楼前有一巨大海棠式

---

⑯ 赵光华:〈长春园建筑及园林花木之一些资料〉,《圆明园》第三册,第7页。赵文中言及石栏杆为西洋式雕刻、狮子则为西洋狮子造型,与中国石狮完全不同;笔者因尚未得到图片佐证,故暂且存疑。

⑰ 同上注,第7页。

⑱ 童寯:〈北京长春园西洋楼建筑〉,《圆明园》第一册,第72页。申国羡编译:〈长春园欧式建筑图释〉,《圆明园资料集》,第60页。同注⑯,第7页。童寯指其为六角楼厅;申国羡则称八角亭,但在文中另附金勋所绘谐奇趣之六角亭图一幅;赵光华则直指该亭楼为八角五色亭楼。

喷水池,这也正是西洋楼区内的第一个水法所在地,其中央有翻尾大石鱼一尾,嘴上翻水由口内喷出,高可达五丈余。环池有铜雁十八只,水由口出,沿池边有四个铜羊向池中喷水;此外,还安置了铜鸦、铜鹅及铜人等不同造型的喷头。⑲ 如今对当时设计的尺寸与数量,已无法确切掌握。池外东西二边各有小形喷水池一座,而楼下石券内亦有小喷水池两座。根据乾隆五十九年正月十八日,启祥宫交来旨意贴一件,太监鄂鲁里传旨:谐奇趣东楼下现设水银觔斗人著伊收拾。可知谐奇趣东楼下,早先有水银觔斗人之设置。⑳ 至于西楼下之配置为何,则未寻见记录。池南有湖,建以石栏;西有线法桥,凡五卷,每卷上口均刻有兽面,水由口内喷出注于湖内。桥上有西洋式钟形假门一座,上嵌巨大时晨表一具,门南北障以雕刻花墙。桥下有闸五道,水由方壶胜境而入长春园内,经过"谐奇趣"往南再折流分散。㉑ "蓄水楼"位于"谐奇趣"的西北方,楼高五楹,楼北连有平台三楹,其内为蓄水池。楼内上层安有轧水机,下达水井,可汲水灌于平台上的水池内。借着地下铜管的连接,能将水送至"谐奇趣"各处之喷水管中,提供喷泉所需的用水。

"养雀笼"位于"蓄水楼"的正对面,顾名思义乃是饲养珍奇鸟类之地;为一明面五间三卷式建筑,正中为券门。柱础为方形石墩,高三尺余,共有二十四柱。进深第一层两次间,各摆有石刻带

---

⑲ 《圆明园清代档案史料》下册,第 1323、1371 页。
⑳ 同上注,第 1630 页。
㉑ "方湖胜境"为圆明园中的胜景之一;内有方壶胜境、翡翠楼、锦绮楼、凝祥亭、集瑞亭、鸾殿、碧云楼、紫霞楼和琼华楼九个建筑景点。

座之海蜇形山子,高有六尺余。二次间用铜丝网挡遮,内畜孔雀。再往北为西式小院共有房屋九间,为饲禽人之住所。东出"养雀笼"券门,向西眺望,有一状似半环形西洋式牌坊三楹;明间石券门,精刻黄铜花门二扇。在二次间石券假窗中,嵌喷水塔三层;水喷至券顶落下塔盘,由石孔流入地面。上顶有石方礅八件,攒花顶九件,挟以石刻栏杆,其间且立一南北走向之花墙屏障。向东行则有一瓶形花石平桥,过桥再东行即为"方外观"。㉒

乾隆二十一年四月七日,太监胡世杰传旨:长春园谐奇趣东边,着郎世宁起西洋式花园地盘样稿呈览,准时交圆明园工程处承造。十一月,郎世宁起得西洋式花园小稿一张呈览,并奉旨:照样准造。㉓ 按西洋楼区的花园有二:一在本区最东端的线法山、方河一带,一在近"养雀笼"、"方外观"一带;今若依建筑的时序推之,应是指"养雀笼"附近的西洋式花园。此一花园和"谐奇趣"北面遥遥相对,彼此相隔70步左右。花园正前方有黄铜雕刻花纹大门两扇,门之两旁为花墙。自入口处起,复杂的曲径,划出无数道过往的夹道。道旁则以三尺高之矮墙界之,墙身为呈卍字形的镂空刻花纹,墙上植有剪树罗汉松;四角各有八方阵眼,各植龙爪槐一棵。由于行走其间势如迷阵,故又名"万花阵"。在花阵正中央台上,筑有圆顶双檐白色大理石八角亭一座。每当中秋月圆之时,乾隆与皇亲国戚、皇后嫔妃等座于其中,观看宫女们手持由黄绸子扎成的

㉒ 赵光华:《长春园建筑及园林花木之一些资料》,《圆明园》第三册,第8页。赵文中言二次间备用铜丝网遮挡,内畜孔雀各一对,查养雀笼既是西洋楼区内,饲养珍禽鸟类之地,就不应只畜孔雀四只而已。由于相关资料并未述及所饲珍禽之数量与类别,故存疑。

㉓ 《圆明园清代档案史料》下册,第1359页。

莲花灯,寻径嬉戏,因此,它又名"黄花阵"或称"黄花灯"。㉔ 阵有四门,皆安铁栅栏。"万花阵"之东、西、南三面均环河,故阵门外都铺有木桥以通往来。北门内建有洋楼三间,两侧有折梯可达于楼内。再往北之小山上,另建有方亭一座。

"方外观"是一座大理石贴面、加刻回纹装饰的小宫殿;楼高上下各三楹。下层明间带门罩子平台一间,上覆石栏杆;由楼梯可径达上层。楼梯扶手及栏杆,皆用白色大理石雕作;大门与楼梯的台阶,则以青铜铸制。楼顶为双檐庑殿顶,五色琉璃瓦覆盖于上。楼前有石桥,其西面有八角亭一座,东面则有花台一方。"方外观"建于乾隆二十四年(1759),次年,皇帝为了迎合香妃的习俗,而将之改为清真寺,成为她礼拜之地。此外,在宫内还按有两块伊斯兰教的碑文,于直径四尺的白色大理石上,刻有"奥斯兰爱上帝、上帝爱奥斯兰","阿利爱上帝、上帝爱阿利"等语句。㉕ 原碑文虽已被毁,但文字则被拓印保存下来。"竹亭"又称"竹园",共有五座;望其名即知与竹子相关,其中举凡亭、廊、瓦、窗,俱用湘妃竹编构成,不施寸木;上附五色珠石玻璃镶嵌,并饰以贝壳,烫蜡见光,十分艳丽别致。亭与亭之间,是由同样风格的长廊相连。平日全部用油布罩子罩之,帝临幸时去其罩,帝走后仍罩之。亭之正面前有圆形喷水池,再北面有荷花池。早先"竹亭"是建在"谐奇趣"正北面,但因其遮阻风景与视线,故在乾隆三十五年(1770),将之移至"方外观"对面。㉖

㉔ "万花阵"是目前西洋楼景区中,重建修复工作最完整的部分,且已开放游览。大门前的石碑上,载其修建之年代为乾隆十二年。
㉕ 申国羑编译:〈长春园欧化建筑图释〉,《圆明园资料集》,第68页。
㉖ 同上注,第70页。

至于"海晏堂"、"远瀛观"与"大水法",则是西洋楼景区中水法精华之所在了;就事实而论,也可以说是当时全国水法的中心。无论自宫殿的宏伟或水法的规模观之,较之"谐奇趣"者,尤为壮丽精致而无不及。

二、再建海晏堂与大水法的原因

在有以"谐奇趣"宫殿为中心的第一水法殿完成后,为何还要再另建一新的大水法及新宫殿?学者辄以乾隆帝视"谐奇趣"之"范围局促、久而生厌",故为"迎合奢望而在十余年后,再次东展"论之。[27] 是耶?非耶?《教士书札》中对乾隆思忖另建新水法殿的过程,略有陈述。原来在乾隆十二年秋末,当第一水法殿完成之后,以其奇巧别致,顷刻间不仅成"宫中之一奇闻",且"渐复传至满朝"。因此之故,乾隆乃命蒋友仁:

> 必须开始再制造别种水法,初欲在欧式宫殿附近……最后,遂计划另建一所巨大宏丽之新宫殿;其中花园集美景佳趣于一处,凡人所能幻想、宏伟奇特之喷泉,应有尽有。……不旋踵已发布命令绘制此宫苑之图样,地址已勘定,正将动手工作。[28]

乾隆的这个决定正可能因既坚决又紧迫之故,所以还一度使得蒋友仁"异常烦恼"。借由这项记录,我们可以推知,增修新水法及宫殿的计划,最晚在十二年秋末乾隆即已念兹在兹,并快速拟出

---

[27] 童隽:〈北京长春园西洋楼建筑〉,《圆明园》第一册,第79页。
[28] 《圆明园资料集》,第109页。

计划、勘定地址了,实在不只是十余年后才再次东展的结果。另一种假设性的推论,是此一欲新建的西式楼群,正是"谐奇趣"宫殿。假如这个答案是正确的,则"海晏堂"之建于十年之后的说法,就更能与档案中新殿完工的时间,若合符节;况且,"谐奇趣"的工程的确也是在乾隆十二年之后,才次第展开。不过,基于以下几项原因,我认为大水法与新宫殿之建,既非喜新厌旧后的移情之作,也绝非"谐奇趣"的代称。第一,由于直接史料的证据不足,根本就无法证明此大水法和新宫殿,即是"谐奇趣"及其附属楼群。况且,"谐奇趣"正式落成于乾隆十六年二月二日,已是史有明证。其次,即使该一欲新建的楼宇正是"谐奇趣"宫殿本身,但也缺乏旁证以说明第一水法建造完成之前的洋馆,所指为何?第三,当乾隆一心想要再造别种水法之时,最初考虑的地点是在欧式宫殿附近,那么,此欧式宫殿又是指的哪里呢?在西洋楼景区中,"谐奇趣"是当时规模最大的欧式宫殿,虽说乾隆十二年才着手兴建主要的结构,但至少设计草图必然已通过"呈览、准做"的程序,皇帝对未来将竣工的宫殿样貌及形式,不可能毫无知悉。正因为如此,才会是在几度思量之后,另计划建一所巨大宏丽的新宫殿。所以,我认为这一新计划的推动,应与"谐奇趣"及其附属楼群的构建,同时或交叠进行;唯其工程更为浩大,费时自然也就更久。虽然有如上述推测,但相关档案中,对其开始营造年代的记载,却付之阙如。直到乾隆二十二年七月十一日,方见"蒋友仁将水法仪器样一件呈览,奉旨:照样准做的记录"。㉙乾隆二十四年二月二十三日,太监胡世杰传旨:新建水法殿着做坐褥二件,木梳靠背二件,要新样锦成做。又,

---

㉙ 《圆明园清代档案史料》下册,第1369页。

闰六月,奏请长春园新建水法竣工,酌添园户20名,花匠10名。奉旨:园户准添十名,花儿匠准添四名。㉚ 由此应可推知,新水法的工程至少在乾隆二十二年七月前,已进入样张画稿的阶段,到了二十四年闰六月,新水法殿的工程业已完竣,则是可以确知之事。㉛ 又,乾隆六十年(1795)有"题泽兰堂"诗云:

> 芜情报诏意,水法列奇观,
> 洋使贺正至,远瀛合俾看。

其间所叙者,乃指荷兰使臣赴西洋楼区观看"远瀛观"水法之事。对于此一御制诗,弘历并曾有一附注,云:

> 泽兰堂北为西洋水法处;盖缘乾隆十八年,西洋博尔都噶里雅国(按指葡萄牙)来京朝贡,闻彼处以水法为奇观,因念中国地大物博,水法不过工巧之一端,遂命住京之西洋人郎世宁,造为此法。俾来使至此瞻仰。

依据"题诗"和"附注",既可为乾隆新建水法的动机,再添加一项有力的注脚。同时,新建水法和"谐奇趣"宫殿之水法,也为各自独立的两组建筑,已是极为清楚的事。而在乾隆二十二年七月到二十四年闰六月间,陆续承建完成的新水法殿及水法工程,正是

㉚ 《圆明园清代档案史料》下册,第1383、1658页。所做之作褥木梳靠背,可能是置于"观水法"处。

㉛ 这里所谓的新水法殿工程,应当就是指以"海晏堂"为中心,包括"远瀛观"、"观水法"及"大水法"等在内的整体建筑的重要部分。

"海晏堂"、"大水法"及其周边相关的建筑。缘此,大喷泉和新宫殿之正式启建,或可上推至乾隆十八年。㉜

三、景区内别致的水法及其相关配置

"海晏堂"乃为安装"大水法"及其相关机械设备而建。由于就个别而论,这幢建筑是西洋楼区中规模最大的一幢西式建筑,因此,本身又有"西洋楼"的俗称;同时它又与"远瀛观"、"观水法"和"大水法",构成了本区中最长的一组西式建筑群。"海晏堂"的主要立面西向,故自西面观之,乃一高两层、宽十一开间的殿宇。㉝正面上层明间建门罩子一座,上安冲天栏杆带花葫芦顶一堂,大殿中央设有大门。乾隆二十二年十月初十日,内务府奉宸苑卿郎世宁面奉旨:"新建水法西洋楼铁门纸样一张,着交造办处枪炮处照样成做,着西洋人杨自新指说。"㉞

由此可知大殿中央的大门当为铁门,门上且有镂空雕花设计。南北次稍各间石刻券口窗四座,又南北腋间各二间,为方亭式屋

㉜ 张恩荫:〈清五帝御制诗文中的圆明园史料〉,《圆明园》第五册,中国圆明园学会主编,中国建筑工业社出版1972年版,第169页。按张先生根据乾隆之附注,加上葡使乃于四月抵京,而论断建于泽兰堂北之"远瀛观"水法,乃完成于乾隆十八年春。对于此一定论,笔者质疑者有三。首先,虽然乾隆命郎世宁造水法之目的,乃俾来使至此瞻仰。但是,此一"来使"未必然就是四月抵京之葡使;换言之,而是为日后前来之使节所准备。其次,此首诗,清楚地说明了一个事实:该水法与"谐奇趣"宫殿之水法,实为不同的两组建筑。最后,有关建于泽兰堂北之水法,为远瀛观水法之论断,个人认为当是对"题诗"与"附注"的误解。盖"洋使贺正至,远迎合俾看"一诗,题于乾隆六十年;当时"远瀛观"固然业已完成,且赴西洋楼区观看者,乃荷兰使臣。而"附注"则可视为对建新水法殿及水法的补充明,但绝非指"远瀛观"水法,盖其完工当在乾隆四十六年。因此,该新水法殿及新水法,自应为"海晏堂"与"大水法"楼群中部分建筑的别称。

㉝ 童隽:上引文,第73页。但赵光华指为上下共36间。

㉞ 《圆明园清代档案史料》下册,第1370页。

顶。前后石券花窗口四座,下层平台各二间左右对称;上按露顶石栏杆各一堂,全部以精刻白色大理石为柱,墙隙处俱嵌五色琉璃番花,抹粉红色灰,其上顶为孔雀绿色琉璃瓦。垂脊四角各按翻尾石鱼一件,石刻假太湖押脊石各二件,脊顶用五色番花攒顶各一件。沿平台而下至楼前左右,设计了弧形石阶及水扶梯形式的扶手墙;㉟依石梯两旁有水管64条,导水台60个,水纹形泄水沟四道,使水流能因此而汇流至地面的水池中。㊱池正中央有喷水台一座,于石蛤蜊上有转轮水法,再上有二鱼喷水,左右双分流于池中。池两侧有八字石台各六,上安兽面人身红铜雕铸十二尊,分别是鼠、牛、虎、兔、龙、蛇;马、羊、猴、鸡、狗、猪。这12生肖代表12个时辰,每隔一个时辰相当于现今的两个小时,就依次按时喷水一次,故名水钟。每日正午,十二兽体则同时喷水,因此又称为十二星兽。在本区地下,还有巨大石块砌成的下水道,排水量极为可观。

从南北面看,和十一间楼以扶梯相连接的则是另一个十一间楼,这就是呈"工"字形的"蓄水楼"。所谓"蓄水楼"其实就是一座大型的蓄水池;池东西长八丈五尺五寸,南北宽一丈八尺五寸,深四尺九寸,据说蓄水量高达180吨,成为各类喷泉之水源。㊲ 为了防止渗漏,池内各处皆用锡板焊成,所以蓄水池又有"锡海"或"锡蜡海"之称。在整个"蓄水楼"的顶部,都以玻璃覆罩,并在周围伸出的铁条网上,架起由葡萄藤架搭起的绿色长廊。㊳ 位于工字楼

㉟ 水扶梯样本来自罗马庭园设计,水流经石阶侧面或扶手墙顶,分级下泻,形成折叠式瀑布。

㊱ 《圆明园》第三册,第9页。

㊲ 同上注。申国羹:上引文,第73页。童隽:上引文,第74页。申国羹指蓄水楼容积约180吨。赵光华则具体标示蓄水楼的长、宽、高度,容水量为7650立方公尺。

㊳ 申国羹:上引文,第74页。

之东、西两侧楼内,各有水井一座上安轧水机,可以吸水上升注满水池;附近地面上又铺设有便于向下冲流之水石槽,再借压力及地心引力,将水池中的水送至各喷水管内。楼下南北各有喷水池二座,呈八角形。南面水池中有二铜猴在树下捅马蜂窝、手中托印之造型雕塑;当水激树时,群蜂飞舞,二猴会作恐惧状。东池内则有一铜猴坐假山上,手执雨伞一把,水由伞顶上喷,复落伞上,下流如瀑雨,取名"猴儿打伞"。㉟"蓄水楼"内所安之主要铜管直径达三尺,最细者亦有寸许,各管彼此间连接如网;㊵以此为水源中心,向东供给"远瀛观"之"大水法",向西供给"海晏堂"以西之各水法和附近各喷水池之用水。每当各水法同时开启之际,巨响如山洪暴发,声闻达数里之遥。

"海晏堂"起造完成于何时?论者亦言各异殊,不过至少在乾隆二十二年就已动工,唯相关工程与装饰仍陆续进行。刘敦桢以乾隆五十一年、"采长春园欧式宫殿雕为铜版"为准,而认为应建于是年。但四十六年三月二十一日,乾隆曾颁御笔白纸"海晏堂"匾文一张。四月四日,奉旨:"准照绿底钩金漆花朵样成做。"另依《内务府造办处各作成做活计档》记载得知,在"海晏堂"大殿十一间楼下,挂有一绿底金漆二寸宽、玻璃心楠木花边匾横披一面。㊶因此,成建时间或许更早几年。

"远瀛观"算得上是西洋楼区内最后完成的建筑物;但若以"远瀛观"为中心,这一组建筑群则包含了两个部分,在由此而南的轴

㉟ 《圆明园》第三册,第9页。
㊵ 同上注,第9页。
㊶ 《圆明园清代档案史料》下册,第1560页。向达在《圆明园大事年表》中载:"乾隆五十一年,L. F. Detatour 将绘长春园欧式宫殿,雕为铜板。"

线上,可以划分北、中、南三段。主体建筑"远瀛观"坐北朝南,建于高台之上,位置最高;其东西角上还有两座小型的附属建筑。主楼有二十五楹,楼顶三层檐庑殿式,安五色琉璃瓦,垂脊桶嵌五色琉璃番草卷云花纹。楼顶正中为一体形硕大的琉璃宝顶,花纹色彩均极美艳;第二层檐瓦则用的是鱼鳞金瓦。明间门罩有白色大理石柱一对,刻下垂葡萄叶,深雕达三寸余。明间上顶正中有圆光百锦窗一座,东西稍间为四面钟形亭阁,楼四周建白色大理石券口窗,楼前左右列石狮子一对。楼台基座东西有弧形石梯各二十余级,环抱台基以下之喷水池。㊷ 乾隆四十六年五月二十九日,太监鄂鲁里传旨:"新建水法殿作西洋花边玻璃心匾一面,对一幅,先查玻璃呈览。"同年,闰五月初二日,交出御笔"远瀛观"白纸匾文。㊸ 可知主楼正殿完成于四十六年闰五月间,不过其他细部之装修与安置,例如上漆、安出水铜龙口、绘殿内明间棚顶之壁画、镶装槛窗上之玻璃等后续工程,却延迟至四十七年底方告一段落。㊹ 论者有乾隆帝曾以"远瀛观"为避暑视政之所,香妃也曾一度居于此。三十二年(1767)还为了要陈列法王路易十六(Louis XVI, 1754—1793)所赠的挂毯及织锦画,曾下令整修过内部。㊺ 对于上述说法,吾人并未能自清朝档案中,寻得佐证,同时,还存有如下疑点。首先,"远瀛观"主体建筑既建成于四十六年,则何来三十二年挂毛毯陈列之可能?其次,妃嫔们分居于承乾、永和、长春、储秀、景仁和延禧等东西六宫,乃是清之定制。若说香

㊷ 《圆明园》第三册,第9页。
㊸ 《圆明园清代档案史料》下册,第1566—1567页。
㊹ 同上注,第1571、1574、1578页。
㊺ 申国羡:上引文,第74页。童寯:上引文,第74页。同时并请阅注㊿。

妃一度居于"远瀛观",当为一时随侍游幸于此,绝非以之为寝宫。再说,乾隆避暑于此之际,间或批阅奏章,自有可能;但若以之为视政之所,相对于圆明园之勤政殿的作用与功能而言,立论就显得十分牵强。

"大水法"位于南北轴线上的中段部分,为一石龛式造型。承造完成的时间,较"远瀛观"要早,当与"海晏堂"同时。其北面有一紧临"远瀛观"台基之西式牌坊,牌坊正中央有一半圆七级水盘一座,层层喷水。南面则于东西方各有一座高十三级、锥形体之喷水高塔。"大水法"池作半圆海棠式造型,池内及左右岸边,皆各有翻尾石鱼一尾。岸上之水尽由"上鱼"之口内泄出,然后流入"下鱼"之口内。池正中央则有一组俗称"十狗逐鹿"的喷泉设计:一只角分八叉、南向似跑的铜鹿安置于池中,其东西两面各有铜狗五只,水由口中射向铜鹿,鹿角因水压关系,也向外喷出八道水柱,与此同时两侧锥形体的高塔,亦会同时喷出高达六尺的水柱;此情此景状似狗儿追鹿一般,故而得名。另在池中尚有大型番尾海猪两只,喷水几达三丈远。㊻池底有大喷管八根,锥形体塔有小喷水管八十根,塔顶有铜制蒺藜十六角。㊼

"观水法"坐南朝北,是一处面对"大水法",专门供皇帝欣赏喷泉的地方。地上有大理石铺盖平台,宝座位于半圆形平台的中央,左右列铜鹤各一、二口对衔铜横条;由宝座靠背拉黄绸顶棚至前方鹤嘴横条,形成一五尺长凉棚。座后有西洋麾盖一座;再后有半圆形石屏风一面,其间区隔成石刻屏心五件,上面浮雕了军旗、甲胄、

㊻ 《圆明园》第三册,第9页。
㊼ 同上注,第10页。

刀剑、火炮、兵书、盾牌及徽章等物,至今清晰可见。[48] 石屏东西两侧有方形小石塔各一座,并有角门可至"泽兰堂"。[49] 由"远瀛观"至石屏间之东西两旁,皆植松为墙;在石屏东西两侧旁,亦各有西式楼门一座,出门即与松墙相对。

"线法山"为一介于两座门楼之间的圆形小山,山上建有双檐八角四券石亭一座,并植有各种树木。山四面有盘旋蹬道,折叠上下三层,道宽五尺,道旁嵌黄绿色琉璃矮墙。这个地方由于是清帝环山跑马之地,所以又称"跑马台"。其西侧有西式牌坊一座,上檐成一平直线,下雕花石券拱形门三座,镶嵌珐琅瓷砖承造,柱呈方形,是为"线法山正门"。山之东侧为"线法山东门"有双檐六角亭拱门三座,明间正门圆形石券,券上口石刻蛤蜊及番草,另石刻军鼓、左右交叉军旗六面。左右门上檐俱有石刻花瓶,瓶上缠绕石雕长蛇,上顶俱安五色琉璃瓦。柱与墙皆为白色大理石筑,其上植有葡萄,绕柱攀墙枝藤叶蔓翻卷。东门正因为雕镂刻工精致,气势雄伟,故而有"螺丝牌楼"之称。

"方河"为一呈东西走向之长方形河面,其南北两边分砌有五列平行砖墙,可供挂划或悬挂布景,故名之为"线法墙"又称"线法画"。附近并蓄有房子五间,作为收藏布景或画作之用;此一工程

---

[48] 五块石屏平均每块长2.2米、厚0.63米、宽0.83米,最宽的也有1.14米;重量最重的达5.5吨,最轻的也达4吨。至于方形小石塔,一座则重达约3吨。

[49] "泽兰堂":俗称楠木殿,位于长春园中,傍山择险而筑,故此处叠石甚高,景观亦以怪石堆砌为胜。除正殿15间、套殿4间外,由怪石堆砌成深谷曲洞,上架石梁飞桥,山顶石隙间砌成水池,盖满清水后,缓缓流出,成飞泉细瀑。属于此地之匾额与刻石计有泽兰堂、爱山楼、熙春洞、翠交轩、山静云闲、天风海涛、平畴交远风、平皋绿静、琴清斋、理性、霞踪天想、环翠亭、浮玉、素德、松石闲意、转香帆、天阙、竹宝18个。

大约完成于乾隆三十五年。[50]"线法"就是时下所谓的透视学;在布置上借由绘画的技巧与原理,而使平行线都向中央集中,进而造成或突显立体与深度的幻觉及效果。线法墙正是利用这个原理,来呈现不同的情境,以达到增添或强化整个西洋楼区的景致。据说为了平抑香妃的思乡之情,乾隆乃命郎世宁、艾启蒙及沈源等人,绘制了她故乡阿克苏城的风光十景,排于线法墙上,从而使香妃对故乡产生了移情式的幻觉。[51]

对西洋楼区内建筑的认识,大部分是依据有限的档案、图片、地样、前辈学者的研究成果以及现存遗址,进一步再做的重建工作。由于烽火肆虐及劫掠盗洗的结果,几乎所有建筑的原貌、规格、装饰材质以及景观等,均已无法复原或完全知晓,致使在表述的过程中,若有任何的缺失,虽是一项极大的遗憾,但也已尽力而为了。

内地稍早发表的有关西洋楼建筑的文章,论其起造竣工之时间容或不一,但大体上对于乾隆十二年至二十四五年间之说,皆有共识。[52]今仔细比对清宫档案及相关史料,确知有些建筑物如"远瀛观"之陆续增建、装饰和粉刷的工程,要迟至四十七年底才告成完。另外,有些建筑如"谐奇趣"虽早已完工,但因长期使用而迭有

---

[50] 申国美:上引文,第83页。赵光华认为"方河"与"线法墙",均是在二十四年乾隆改造西洋楼时所建的,此一说法乃依循前辈学者金勋先生的主张而来。金先生自前清总管太监处闻及,乾隆二十四年有改造西洋楼之举:把方外观改为清真礼拜寺,远瀛观改为筵燕及浴所,谐奇趣改为音乐厅;其间还广置各类水晶明镜、草木花卉、琥珀象牙之透雕以及珍禽异兽等陈列,使西洋楼区建筑物之室内,豪华绮丽的程度远远超过室外。唯以乃口耳相传之言语,而这些大规模之改造,所为何来?档案中并无记载,故暂不予采信。

[51] 同上注,第82页。

[52] 童寯、申国美、赵光华、金勋等人皆持此一观点。

毁损,故修复更新的工作亦未中止。所以,事实上,自乾隆二十五年之后,在西洋楼景区内,土木兴修与造做之事,始终不断。因此,个人以为西洋楼区内建筑物的整体修建,可以概括为三个阶段。第一阶段(1747—1751):"谐奇趣"宫殿及其喷泉先后完成。第二阶段(1751—1770):相继进行了"养雀笼"、"方外观"、"万花阵"、"竹亭"和"方河"等建筑园林的工程;同时,"海晏堂"、"大水法"及"远瀛观"等楼群的主体结构,也开始画样承造。第三阶段(1770—1794):西洋楼区内建筑园林的设计与建造,全已就绪,但兴修更新之事未曾中止。唯自1774年蒋友仁去世后,因无人精擅水法机械的操作,所谓水法奇景难再;迨乾隆仙逝,相关设备也渐趋废驰矣!

第三节 装饰与摆设

西洋楼区内建筑物中的装饰,不但数量极多、品类杂陈、做工精致且色彩瑰丽,显现一派华贵气息;素材的使用更涵盖了玻璃、金、银、铜、铁、磁、绢、锦、丝、漆、木以及纸等,各种不同的材质。

一、数量种类及来源

玻璃的使用量极大、玻璃器皿的种类亦最繁多。几乎各处宫殿中的游廊间、楼下、墙旁、窗槛和桌案上,均安置着各种不同镶有紫檀木或楠木边的玻璃片、罩、插屏、吊屏、挂灯、座灯、靶碗、盖碗、蜡台、葫芦瓶以及照壁。这些玻璃制的摆设与器皿,不但造型特殊做工亦极精巧,有些灯上且着五彩颜色,一旦点亮,灯火通明十分绚丽。"远瀛观"及"海晏堂",还采取西洋式花边成做玻璃心匾,显示出装饰与建筑风格上的统一性,而有别于圆明园其他景点中中式區的设计格式。㊳ 玻璃块的使用十分可观,一般而言,玻璃有素面、双彩绘和五彩绘等不同种类;其中锡玻璃则专为摆设而用。由于资料的缺失,无法精确计算出整个西洋楼区建筑中玻璃的全部用量,但仅以"远瀛观"一处窗户安装之所需为例,总计就耗用了至少大小不等的1206块玻璃;每块高由六寸五分、六寸八分到八寸,宽由四寸二分、四寸六分、五寸一分、五寸二分到六寸二分不一。㊴ 见微知著,我们大略可推知整个西洋楼区建筑物的玻璃使用,必然是十分的惊人,更遑论整座圆明园的耗量。西洋式玩意儿是重要的摆饰,依既有资料的估算数量不下百余件,包括百层套盃、箱子、匣、剑、刀、盒、琴、镟床、天球、表仪、浑天仪、天体仪、显微镜、规矩套、黄蜡、洋蜡、绒狗、荷包、各类钟表、摆下棋人和鸡叫陈设等各种别类;其中大部分饰物并配做紫檀木或楠木香几及匣,以为安置或盛装。水法殿元亭内刷子顶上,且以绿色金花西洋窝子纸糊饰;另外在水法殿的内墙上,悬挂着卜绘仿自西洋挂毯画面、由苏州织造送达的白毯子。㊵ 一般而言,陈设或材料的来源有三:宫内承做、南边做成或西方传买;而有些物品特别是向粤海关或江苏地区购买,例如玻璃、钟表和锦缎。㊶ 至于画的配用,最能突显西洋楼区在整个圆明园建筑群中,造型与装饰上的独特风格及其受西洋影响的一面。虽然,在圆明园中的"玉玲珑馆","含经堂"西所涵光宝殿内,均有用西方技巧所绘的人物及花卉画作,但无可讳言,西洋

㊳ 《圆明园清代档案史料》下册,第1665页。
㊴ 同上注,第1571页。
㊵ 同上注,第1412页。
㊶ 同上注,第1366页。

楼区中的各建筑物内,是西洋画的集大成之处。⑤⑦

二、如画廊般的宫殿

画可分油画与绢画两大类;对象则人物、水法、器物、花卉、衣纹、鸟兽和虫鱼尽在其间,在各棚顶、围墙、游廊、挂屏、插屏及屏风上,几乎可说是无处不绘也无所不绘。如今于其实际面积,亦无法明确计算,但若以"远瀛观"殿内明间棚顶中心一处,就有270多平方公尺的平面绘画,加上其他殿内为数不赀的壁画或挂画,身处其中,诚如游走于画廊一般。⑤⑧油画系采西方技法渲染西洋色彩的画,位于"谐奇趣"东平台九屏峰背后之康熙、雍正、西洋使臣及传教士的肖像画,可做代表;⑤⑨各游廊间、棚顶、围墙上的通景画或壁画,亦多属于此一类型。绢画除传统中国式的水墨画外,亦有绢本水彩画,大多分布于水法殿及各殿中的挂屏和插屏上。

除此而外,于各厅、堂、亭、阁中,还安置着雕刻精美的槅扇、碧纱橱、宝贝格子及玻璃镜;地上和椅垫上,铺设了钦定"西洋草花样"的花毯和"皮花芽席"。墙上除巨幅的画作外,还装裱了各式锦缎;甚至在槅扇上也装裱了极为珍贵的"象牙席",并在席上饰以"两面透画"。有些墙面和棚顶,为求防湿与装饰的效果,甚至以高丽纸托裱。至于各种不同类型的钟表陈设,最能说明西洋文化的传入与影响。西洋钟表传入清宫的途径有三:一是经由贸易关系购进,二是借由贡礼致赠,三是地方官员进贡。乾隆时期所得钟表

---

⑤⑦ 《圆明园清代档案史料》下册,第1440页。
⑤⑧ 同上注,第1579页。
⑤⑨ 同上注,第1352页。乾隆十九年正月二十一日,传旨:着郎世宁配画西洋人脸像。

形制与质地之精致奇特,堪称巧夺天工。乾隆二十五年(1760),皇帝获得英使赠送八角绿珐琅镀金表和铜镀金象马大表;乾隆五十八年(1793),英王乔治三世进献天文地理表与八音表。乾隆三年(1738)广东海关监督郑伍赛自鸣奏乐钟一、玻璃罩立表一;乾隆三十六年(1771),两广总督李侍尧进洋珐琅钟表一对、洋镶钻石钟表一对、镶钻石花自行开合盆景乐钟一对;乾隆五十五年(1794),两广总督长麟进宫中的所藏,英、法两国的产品较多。一般而言,英国钟表以装饰华美、构思奇特著称;法国钟表在造型上,则以反映法国工业革命的样式为主。此外,皇帝还命宫中的传教士及广州、苏州和京城的工匠们,在清宫做钟处,仿西洋钟表的原理,装造宫中御用、具有纯粹中国风格的各式钟表。[60]

三、色彩缤纷的建筑

乾隆在位时,无论建筑、画作或摆饰的成做,都须经过三个基本程序。首先,"着画样稿";其次,奉旨:"照样准画";最后,奉旨:"照样准做"。其间耗费的时间,则由数日、数月甚至经年者不等,其中参与画样稿的多达20余人。[61] 由以上成做过程,正可反映出乾隆对景致的规划与设计,具有绝对重要且主导的地位。今日在西洋楼景区遗址上,举目眺望所仅留存者,皆为白色大理石刻纹之残迹。为此之故,有些学者对区内之建筑物及景观,是以持单色素

---

[60] 张荣:〈清宫的西洋钟表〉,《故宫文物月刊》(台北:"国立"故宫博物馆,1998年),第22页。

[61] 贺清泰、潘延章、袁瑛、于世烈、杨大章、王幼学、艾启蒙、方琮、李秉德、沈源、唐岱、姚文瀚、贾全、余廷标、伊泰兰、郎世宁、梁意、黎明、黄念、蒋友仁及金辉等人皆参与了样稿的绘画工作。

雅之论。1994年我专程赴西洋楼景区内探幽访胜；自圆明园文物陈列馆处，见到曾用于各项主体建筑上之零星砖瓦残块。上面除清晰的烙有"德顺记字"外，色彩与图案则遍及豆沙红、藏青、土黄、浅莲紫地上纹白花、宝蓝、青花及青绿等各种颜色。虽然我们无法自上述残块中，得悉其各自在建筑物中的位置与作用，但至少可以证明，西洋楼区内的建筑，当不只是一座座纯白色的大理石楼宇，而是色彩斑斓、五彩缤纷的景区。

"长春园"用地71.4公顷，西洋楼景区8.2公顷，面积所占全园的十分之一。话虽如此，却是中西文化交流以来，最有完整规划，并将西方建筑美学技术与园林设计，全面引介的唯一建筑园林景区。筹建的动机诚然仅为猎奇游赏，但园中水法机械的规模与设备，西式钟表的精巧与华丽，皆足堪为当代科技工艺的代表。至于各种西洋绘画，也承袭了文艺复兴以来的透视技法与风格，为中国绘画注入了新的生命活力。综观整个西洋楼景区，无论是园林的布局、景观的设计、建筑的配置以及装饰陈设，其寓意都有别于圆明园之规划。在西式风格的建筑、绘画和景点的设计中，饰以西方珍宝的摆设。回想当时，整个景区不但堪称西方精致文化的缩影，更充分反映了乾隆包容四方的气魄与个人鉴赏的品味。

以下我根据《内务府造办处各作成做活计档》的资料，将西洋楼区内之装饰依性质分成画、玩意儿、玻璃、钟表等类别，详列其摆设之地点、时间，成做单位或画样之人，以及相关物品之尺寸与件数于后。其中绘在墙面、棚顶各处的画作，由于有的无法详细计算其件数或尺寸，故只得以"不详"列之。

第一章 西洋楼景区之建置 45

类别	名称	时间	画师成做收拾	地点	尺寸数量	备注 资料引自(内务府造办处各作成做活计清档),圆明园,下册,同注②。
玻璃	玻璃挂屏	乾隆十六年十一月初六日	记事录	水法处	1幅	玻璃挂屏镶楠木边,随托挂钉三件,于十七年二月十四日收讫。第1337页
	玻璃九屏峰	乾隆十七年十月十六日	记事	水法殿	1座	于本月十九日,柏唐阿苏哲将九屏峰一座,随地平并毡子等,特赴水法殿郎世宁收讫。第1339页
	西洋玻璃挂灯	乾隆十七年十一月十四日	记事	水法殿	2支	于本月二十一日,库守福太将之持赴水法殿内安讫。第1349页
	西洋玻璃灯	乾隆十七年十一月十四日	记事	水法殿	1座	第1341页
	八仙灯	乾隆十七年十一月十九日	记事	水法殿	2支	于本月二十五日,由柏唐阿德韶持赴文讫。第1342页
	西洋玻璃灯	乾隆十七年十一月二十七日	记事	水法殿	1座	于十二日初二日,由柏唐阿强涌将之持赴水法殿安讫。第1343页
	西洋玻璃灯	乾隆十八年三月二十一日	绦儿作	水法殿	8支	是时原设于水法殿的八盏玻璃灯不稳,着用白绦六丈栓讫。第1344页

续表

玻璃	西洋玻璃灯	乾隆十五年八月十三日	郎世宁玉作	水法殿西平台桌案上	2支	其应用材料匠役,向造办处要。第1346页
	安玻璃吊屏	乾隆十八年十一月十六日	如意馆	谐奇趣游廊北进间东西墙	2件	十一月初三日,太监胡世杰传旨:着安玻璃吊屏二件于此。第1349页
	紫檀木玻璃罩	乾隆十九年二月二十九日	本作	水法殿	1只	乾隆十八年四月十四日,太监胡世杰交西洋绒狗一对,将座子拆去,配做玻璃罩,罩内铺蓝倭缎。第1345页
	嵌玻璃照壁	乾隆二十一年八月十七日	如玉馆	谐奇趣正座宝背后	1个	本月十六日,郎世宁起得照壁纸样一张,传览。奉旨:做楠木花纹贴金,空内俱嵌玻璃,其中玻璃计用六块。第1362页
	西洋玻璃五彩大吉灯	乾隆二十二年十二月二十二日	杂录	水法殿	1座	于本月二十三日,由催总杨杨明将之送往水法殿,交首领仿用收讫。第1372页

续表

类别	名称	时间	画师成做收拾	地点	尺寸数量	备注（资料出处，同前页）
玻璃	玻璃靶碗 玻璃蜡台 缠丝玻璃 玻璃提梁 玻璃盖碗 玻璃葫芦	乾隆二十五年正月二十五日	油木作	水法殿	1只 1只 1块 1只 1只 1只	就水法殿中现安格内之西洋陈设，着酌量格空高矮各配木座。第1385页
	西洋玻璃插屏	乾隆三十一年二月初三日	记事录	水法殿	2幅	附紫檀木边座。第1444页
	西洋画玻璃小挂屏	乾隆三十六年五月十六日	油木作	水法殿十一间楼南楼下第三间东西罩腿上	6幅	当日太监如意传旨：将六件小花瓶撤下，换作紫檀木边雕西洋式画人物玻璃大挂屏一对，并于十月十一日挂讫。第1498页
	西洋式紫檀木挂屏	乾隆三十六年十月十一日	艾启蒙	水法殿十一间楼	2幅	第1499页
玻璃	玻璃心匾	乾隆四十六年二月二十一日	油木作	水法殿十一间楼下	1幅	本日太监鄂鲁里传旨：水法殿十一间楼下着作摆锡玻璃心紫檀木边匾式横披一面。二月三十日，奉旨：照西洋式花纹用楠木成做彩漆金花。三月二十一日，御笔交出"海晏堂"匾文一张。四月初四日，奉旨：准照绿底钩金漆花朵样(玻璃心)匾。第1559—1560页

续表

玻璃	西洋花边玻璃心匾	乾隆四十六年五月二十九日	记事录	新建水法殿	1块	此即为"远瀛观"之匾;乾隆于闰五月初二日,交出御笔远瀛观白纸匾文一张,粉红束纸字对一副。第1566页
	镶嵌玻璃	乾隆四十七年四月十六日	金玉作	远瀛观窗户槛窗披上前面中券横披一槽	24块	每块各高八寸、宽六寸二分。
				二次门券扇二槽	138块	每块各高六寸八分、宽五寸四分。
				后面券间槿横披一槽	24块	每块各高六寸八分、宽五寸四分。
				槛窗六槽	396块	每块各高六寸八分、宽四寸六分。
				槛窗八槽	528块	每块各高六寸八分、宽四寸二分。
				扇门口四槽	96块	每块各高六寸五分、宽五寸一分。第1571页

类别	名称	时间	画师成做收拾	地点	尺寸数量	备注(资料出处,同前页)
画	油画	乾隆十八年五月十一日	不详 木作	水法殿	1幅	五月初八日,员外郎白世秀将油画一张,配得紫檀木边挂屏一件,随倒环托挂钉持进。第1345页
	油画西洋使臣	乾隆十八年六月十三日	不详 裱作	水法殿	1幅	第1347页

续表

画	仿西洋铜板手卷款式通景画	乾隆十八年十一月初八日	郎世宁 王致诚 如意馆	大东四间十西二间水法殿房三间西稍间游廊本西间八亭子棚顶连墙	不详	十五年六月初八日,太监胡世杰交西洋铜板手卷二卷。十七年四月初一日,传旨:着郎世宁仿卷内款式起通景画稿。十一月三十日,郎世宁起得画稿四小样张。奉旨:照样准画,着王致诚放大稿。第1348页
	西洋画	乾隆十八年十一月二十二日	郎世宁 等 如意馆	谐奇趣东西游廊两进间三面墙顶并吊屏九幅	11幅	十一月初三日,太监胡世杰传旨于上述各处画西洋画。第1349页
	脸像	乾隆十九年七月二十三日	不详 如意馆	谐奇趣东平台九屏峰背后	61幅	该处原已贴西洋来使把哲格脸像,二月十四日,奉旨:将现在内庭行走郎世宁等六十个画上。第1352页
	西洋画	乾隆二十年七月二十九日	郎世宁 如意馆	谐奇趣东西游廊八方亭进间棚顶	不详	为本年二月一十七日传旨:于该处着画,二十一年四月初二日,画完贴讫。第1358页

续表

画	通景大画	乾隆二十二年五月十八日	郎世宁等如意馆	水法西洋楼三间楼棚顶周围墙壁上	不详	本月十七日奉旨着画通景大画。第1367页
	通景画	乾隆二十四年十月二十四日	不详如意馆	新建水法三间楼下周围墙与棚顶	不详	本月二十二日奉旨:俱画通景画。第1383页
	西洋画	乾隆二十五年三月二十五日	郎世宁等如意馆	新建水法西洋门内八方亭棚顶	不详	于本月二十一日传旨:于棚顶着画。第1390页
	绢画	乾隆二十五年三月二十五日	王致诚如意馆	新建水法三间楼上东西墙挂屏四面	4幅	本月二十一日奉旨用绢画人物。第1390页
	通景画	乾隆二十五年八月十五日	郎世宁等如意馆	新建水法十一间数后殿西洋式棚顶三间连墙窗户顶门桶	不详	本月初八日奉旨着画通景画。第1399页
	油画挂屏	乾隆二十五年十一月初六日	油木作	水法殿十一间楼	1幅	当日传旨:将油画挂屏按门口尺寸收窄改做,本月初十日,改做得安讫。第1403页
	油画挂屏	乾隆二十五年十一月十七日	不详油木作	水法殿	1幅	原为金漆边油画挂屏一件。传旨:将金边熔化,另换紫檀木素边。二十六年正月初九日,副领催周公也将做得紫檀木边油画挂屏,持进水法殿挂讫。第1406页

续表

画	通景画	乾隆二十九年二月二十七日	不详如意馆	谐奇趣东西游廊东西进间	不详	颜色脱落,着如意馆收拾见新。第1431页
	油画	乾隆三十二年二月	王致诚如意馆	水法三间楼上插屏二面	2幅	本月十四日奉旨用绢画人物。第1450页
	绢画	乾隆三十二年二月三十日	于世烈如意馆	水法十一间楼后三间殿北间北墙宝座后中心	1幅	本月二十日奉旨画绢画一件。第1450页
	绢画	乾隆四十七年二月三十日	如意馆造办处	海晏堂南北平台下小屋二间周围墙并棚顶	不详	该处因雨渍槽烂,故先着造办处用高丽纸托裱,周围画边用绢另画,由如意馆收拾见新。第1584页
	西洋故事人物画	乾隆四十七年四月初九日	伊兰泰贺清泰潘廷璋等人带画匠人十外画十如意馆	远瀛观殿内顶棚周围以及棚顶虎座后顶	不详	这部分的画棚顶中心由潘廷璋、贺清泰带雇工二人负责,以人物衣纹及相关底景为主题,伊兰巷泰则率六名负责绘画周围花边。其征因乾隆责成务要在九月二十日回銮前赶画完竣,故追加画匠二人。第1578—1579页
	油画	乾隆四十七年五月十二日	不详	海晏堂南北平台二间棚顶周围墙谐奇趣殿后谐奇趣棚顶	数目不详但至少26幅	画片大小二十二块收拾见新。院墙四面画油画,受雨渍处收拾见新。第1577页

续表

类别	名称	时间	画师成做收拾	地点	尺寸数量	备注（资料出处,同前页）
画	西洋画	乾隆五十一年六月二十九日	潘廷璋如意馆	远瀛观后虎座东西对面门斗	2幅	五月二十七日着画西洋画。第1592页
陈设	一尺高绣孔雀翎刷	乾隆十七年九月二十三日	绣作	水法房元亭内盖边上	1支	于十一月二十一日,成作持赴水法殿安讫。第1338页
陈设	绿色金花糊西洋纸	乾隆十七年十月十四日	裱作	水法殿元亭内刷子顶上	1面	太监胡世杰传旨:水法殿之亭内刷子顶上,着糊西洋纸,钦此。同年,十一月二十八日,员外郎白世秀将工程处要来各色西洋窝子纸21样持进,交太监胡世杰呈览。奉旨:准用绿色金花纸糊饰,再着三将西洋纸内挑选数目多的伺候呈览,准时糊群肩用,钦此。第1339页
玩意儿	罗镜 西洋银油灯 显微镜 砂漏子 天体仪 浑天仪 表仪 文食仪 西洋蜡 西洋蜡 七政仪	乾隆十七年十一月十二日	记事	水法殿	2件 3件 1件 8件 1件 1件 1件 1件 3盘 10支 1件	太监胡世杰交上项陈设计13件。传旨:着郎世宁看将应用的留用,无用的交进。十一月十五日,柏唐阿盛德将罗镜、灯、仪及蜡等32件,送水法殿收讫。第1339页

续表

类别	名称	时间		地点	尺寸数量	备注
陈设玩意儿	西洋天球西洋黄蜡	乾隆十七年十一月十四日	记事	水法殿	4件350只	十月十四日,员外郎白世秀、乡达子将造办处库储之上项陈设俱持交太监胡世杰呈览。十一月二十一日,奉旨:交水法殿陈设。第1342页
	铜胎广珐琅缸	乾隆十七年十一月二十二日	记事录	水法殿	1个	于本月二十五日,柏唐阿德韶将之持赴水法殿交讫。第1342页
	西洋陈设	乾隆十七年十一月二十七日	记事	水法殿	2件	名称不详。于同日由柏唐阿盛德将之送往水法殿安讫。第1343页
	西洋花攒做得供花	乾隆十八年五月二十八日	木作	水法殿	4支	乾隆十八年四月十八日,太监胡世杰交西洋银线绒花23支,西洋银线花15支。传旨:将银花攒做供花,银线花攒做龙花树。五月二十八日,做得供花二对持进。第1344页
	西洋绒狗	乾隆十九年二月二十九日	木作	水法殿	2个	第1345页
	西洋人弹琵琶	乾隆二十一年五月十七日	木作	水法殿东游廊内	1样	八月十一日,配成做紫檀木香几一对,面宽进身比弹琵琶架子周围放宽一寸五分。第1359页

类别	名称	时间	画师成做收拾	地点	尺寸数量	备注(资料出处,同前页)
	鸡叫陈设	乾隆二十三年四月十八日	如意馆	谐奇趣殿内	1样	四月初十日,太监胡世杰传旨:着收拾见新。第1372页

续表

陈设玩意儿	西洋琴	乾隆二十三年十月十三日	如意馆	水法殿	1副	随附匣香几。第1377页
	四洋镟床	乾隆二十三年六月初五日	如意馆	水法殿	1座	本月初四太监胡世杰交西洋镟床一座。传旨：将镟床上铜铁活计炎木箱各收拾光亮，见新得时在水法殿摆。第1375页
	西洋银锁子荷包西洋套盃	乾隆二十三年九月二十日	匣裱作	水法殿	11件 12件	俱配楠木匣盛装。第1376—1377页
	摆下棋人子陈设	乾隆二十四年三月十八日	如意馆	水法殿	4样	三月十七日，太监胡世杰传旨：将陈设棋人法子不灵处收拾，人物见新。第1377页
	西洋百层套盃	乾隆二十四年五月二十九日	匣主作	水法殿	1件	随附目面玻璃糊锦匣一件。传旨：着照样另配作紫檀木匣一件，四面仍安原玻璃，上下环无玻璃处，添安玻璃。十月二十一日，领催永隆送水法殿交讫。第1379—1380页
	西洋刀式陈设	乾隆二十四年七月初一日	匣裱作	水法殿	2件	上各安珠子三颗，碧牙西一块及红上宝几一块。并传旨：配紫檀木匣盛装。十月十五日，副催长舒明阿交水法殿讫。第1381—1382页
	嵌玛瑙面西洋珐琅方盒	乾隆二十四年九月二十四日	金玉作	水法殿	2件	十月二十五日，将珐琅方盒盒内各配摆锡玻璃两块，于水法殿内安讫。第1382页
	坐褥靠背	乾隆二十四年十月二十三日	皮裁作	新建水法殿	2件 2件	十一月十二日，奉旨：用藕色锦成作。第1383页

续表

类别	名称	时间	画师成做收拾	地点	尺寸数量	备注（资料出处，同前页）
陈设、玩意儿	西洋箱子	乾隆二十五年七月初五日	油木作	水法殿	1个	着配二寸高座,初七日,员外郎金辉画得银花木箱座纸样一张持进,八月十二日成做安讫。第1394页
	镶磁插屏	乾隆二十五年十一月初七日	油木作	水法殿三间楼	2幅	将屏座下随形长高五寸,四面俱于宽一寸五分;十二月十七日安讫。第1403页

类别	名称	时间	画师成做收拾	地点	尺寸数量	备注（资料出处，同前页）
陈设、玩意儿	西洋规矩套 西洋盒 银线带边 天鹅绒匣	乾隆二十五年十一月初八日	匣裱作	水法殿	5件 6个 1件	规矩套内盛规矩全。传旨：将规矩套并西洋盒照银线带天鹅绒匣一样配匣盛装。十二月十七日,郎中白世秀员外郎金辉专配得银线带边天鹅绒西洋规矩匣一件持进。第1404页
	挂毯	乾隆二十六年四月初九日	如意馆	新建水法殿十一间楼下北明间二间南明间二间四同三间楼下西进间东墙一面	不详	上述建筑墙面原有西洋挂毯,本日奉旨：用苏州织来白毯子,照原来西洋挂毯仿画。第1412页
	穿金银线鞘 银靶西洋剑	乾隆三十一年十二月初四日	记事录	水法殿	1把	原剑上之金银线不齐全,本月初八将金银线收拾好,银鞘擦抹见新,持赴水法殿讫。第1444页

续表

	名称	日期	作	位置	数量	备注
陈设	西洋磁花瓶 西洋白磁胎狗 西洋磁花尊 西洋婴孩玩意儿	乾隆三十一年十二月十五日	记事录	新水法殿	2个 2只 1座 2件	花尊盖顶有缺,白瓷狗一件有磕;本月二十五日交新水法殿陈设。第1348页
	西洋山式陈设	乾隆三十二年二月十九日	油木作	水法殿西三间楼上	2件	三月十八日,催长四、笔帖式富呢呀汉将配做得紫檀木座两件持进,交太监胡世杰呈览。第1349页
玩意儿	西洋玛瑙靶小刀	乾隆三十二年十一月二十四日	画裱作	水法殿	1把	随外套,套内虫蛀处另糊饰。第1453页
	镶嵌蛤蜊	乾隆三十三年十二月初六日	如意馆	水法殿十一间楼后银锭牌楼内	1幅	十一月十七日,太监胡世杰传旨:镶嵌蛤蜊有破坏处,着如意馆粘补。第1458页
	铜鸭铜鹅	乾隆十五年三月十三日	錾金花作	水法池内	不详	第1323页
	火漆底花锓银槽	乾隆十六年二月二十日	造办处锓	水法殿	不详	因水法殿装修锓银槽活。同年闰五月三十日,员外郎白世秀将满镀银合扇半扇,火漆底花锓银合扇。俱持进交太监胡世杰。呈览。奉旨:准火漆底花锓,要五分锓五分罩。第1327页

续表

类别	名称	时间	画师成做收拾	地点	尺寸数量	备注
陈设、玩意儿	水法铜人铜管	乾隆二十三年二月十四年	造办处记事录	谐奇趣大楼前	不详	本月十三日,因见水法铜人衣襟缝内漏水,乃传旨着收拾妥协。第1371页
	出水铜龙口	乾隆四十七年三月二十二日	铸炉处	远瀛观	24只	第1574页
	水法铜人	乾隆四十八年五月初九日	如意馆	谐奇趣	4个	四月十二日,传旨将四个铜人数拾见新。第1587页
	水银舢斗人	乾隆五十九年正月十八日	行文	谐奇趣东楼下	1个	五十八年三月十一日,太监鄂鲁里传旨:将水银舢斗人著伊收拾。四月十六日,收拾完毕奉旨暂安摆谐奇趣东楼下,并着画样交苏州织造五德照样成做。五十九年十月二十七日,苏州送到水银舢斗人五件。其中绿色一件发回收拾,蓝色一件赏十公主,其余三件拨回不要。第1630页

类别	名称	时间	画师成做收拾	地点	尺寸数量	备注（资料出处,同前页）
	五更钟	乾隆十六年七月二十一日	自鸣钟	长春园西洋楼内	2件	六月二日,太监胡世杰传旨,著做五更钟一分。八月初二日,首领孙祥将画得钟瓢并时刻更钟纸样二张持进,呈览。奉旨:照样交铸炉处铸造。第1333页

续表

几、火炉	西洋式方火炉	乾隆十八年正月二十日	铸炉处大器作	水法大殿内	1只	另为方火炉添配一炉盖,依西洋式铔铍成做。第1344页
	漆香几	乾隆十八年六月十四日	如意馆	水法殿西洋台	4件	五月二十四日,太监胡世杰传旨:着郎世宁照此漆香几高矮另画西洋样款呈览。六月二十七日,郎世宁画得西洋式香几纸样一张。奉旨:照样做成四件。第1347页
	五更钟角字金漆大表盘	乾隆二十四年七月初三日	如意馆	长春园谐奇趣	1件	七月初一日,首领孙祥因大表盘糙旧拆下持进呈览。奉旨:照旧准收拾见新。第1382页
	楠木香几座	乾隆三十五年四月初一日	油木作	水法殿三间楼楼下东间	1件	为陈设在三间楼楼下东间之借光镜配楠木香几,并于四月二十六日安讫。第1468—1469页
钟表	风景钟	乾隆三十五年闰五月二十七日	如意馆汪达洪	谐奇趣西八方亭内	1件	闰五月二十二日传旨:收拾见新。第1475页
	时钟 时乐钟 风琴时钟 问乐时刻钟 时刻钟	乾隆五十三年三月十七日	记事录	水法殿	2件 2件 2件 2件 1件	总管内务府大臣舒文奉旨:将圆明园并宫内等处陈设钟表内有平常者查明呈览。三月十九日舒文谨奏查得圆明园、长春园各殿等级不同之钟表共25件。其中水法殿计有9件,皆属第四级;时钟一对重17斤,时乐乡钟一对重180斤,风琴时钟一对重360斤,问乐时刻钟一对重140斤,时刻钟一件重70斤。第1604页

第二章　西洋楼景区
之毁损与整修

　　一如圆明园的凋敝残破,作为长春园属园的西洋楼景区,也自1860年后,历经各种不同性质与程度的破坏,而丧失了昔日的光华。然而,由于景区中主体结构所用的材质,多为石料或金属铸制,故能在百余年来战火的摧残与人为的抢掠下,保留住较多的遗迹,其建筑基址、水系渠道和石雕装饰,大体上均有脉络可寻或巍然耸立。

　　在"圆明园遗址公园"规划方案底定之后,本区因遗址整修之可行性极高,加上法国政府表示了对参与此一构想的热诚,不但奠定中法双方有关圆明园艺术交流活动的基础,也确立了重建西洋楼景区样貌及整修工作的方针。在法国政府的支持下,特别成立了一个"夏宫使命"的团体,负责致力于西洋楼景区及其中建筑的复原工作,并开展了一系列景区研究的新方向。

　　1970年代以后,西洋楼景区内的一些铜铸饰品,陆续在世界闻名的博物馆及拍卖场出现,成为收藏家竞相搜集的对象。本章计分三节:第一节主要探讨西洋楼景区的毁坏过程,第二节兼论规划整修的变迁及法国方面的角色,第三节则述及相关遗迹构件的现状。

第一节 毁损与残迹

如要论述西洋楼景区的残迹,自然不能不先提及整个圆明园焚毁与抢掠的情形。

一、毁损的四个阶段与修葺复建

圆明园的消逝源自先后四次大规模的破坏,在时间与内容上,则可分属四个阶段与四种性质,即火劫、木劫、石劫及土劫。其中入侵的帝国主义者、散兵游勇、军阀拆匪以及屯垦农民,均于不同时期里,扮演了摧毁者的角色。① 而西洋楼区的损毁,则以第三阶段的石劫,最为彻底。

第一次有计划且具毁灭性的破坏,见于1860年的英法联军攻北京。大体上破坏的行动共有二波,第一波是在咸丰十年八月二十二日(1860年10月6日)至二十五日(10月9日),于联军进攻北京时发生,主要是以劫掠为主;第二波则在九月四日(1860年10月17日)至十一日(10月24日),是联军入北京城后的行动,主要是以焚园为目的。一般而言,洗劫在先,焚毁在后;不过,在这两波的行动中,劫焚之举多交替进行。

以报复欧洲使臣被杀,严惩清政府违反国际公法,欲借重大打击俾戢咸丰帝之骄逸、进而使其悚然而惊并留存永远印象为名,英

---

① 赵光华:〈圆明园及其属园的后期破坏举例〉,《圆明园》第四册,第12—16页。

法联军在清廷已同意支付赔款之后,仍然以烧园泄愤。② 不过,撇开上述那些堂而皇之的理由,事实上,早在火烧圆明园之前,联军的抢劫行动即已展开。咸丰十年八月二十三日(1860 年 10 月 7 日)上午,英法联军的骑兵进占圆明园。当日下午,据英国远征军司令格兰特(General Sir Hope Grant)的描述:"法军遍处抢劫";到了八月二十四日,"在行宫里四处都是匆匆忙忙大肆抢劫的人","抢劫的事也已经达到令人惧骇的极点"。③ 原来法军早在二十二日傍晚,即先进占了圆明园;英军因为迷路,屯驻城北,直到翌日上午十一时,才进至园内与法军会合。状况虽然如此,英军在二十三日下午也加入了抢劫掠夺的行列;格兰特甚至还组织了一个"战利品处理委员会",专事收集古玩珍品,作为联军部队公益金之用。④ 这一次抢掠,英、法双方的收获都十分丰富。据德里松伯爵(Count D'Herisson)的陈述,单是满载着战利品的法军车队,就足足地走上了一小时,英国人的行李车队,就更长得出奇;而这一支神话式的车队,有 2 里长,大车多达 300 余辆。中国在器皿、珍宝、

---

② Knollys, Henry, *Incidents of the China War of* 1860(Edinburgh and London, 1875), pp. 203—205. Loch, Henry Brogham, *Personal Narrtive of Occurrances during Lord Elgin's Embassy to China in* 1860 (London, 1909), p. 272.欧阳采薇译:〈西书中关于圆明园的记事〉,《圆明园》第一册,第 173、176、178 页。觉弥:〈圆明园罹劫七十年纪念述闻〉,《大公报》第 151、152 期,文学副刊版,1930 年 12 月。

③ Henry Knollys, *ibid.*, p. 127.

④ Cordier, Henri, *L'Expendition de Chine de* 1860 (Paris, 1906), pp. 349—362.若根据法国汉学家高第尔的记载,在英军尚未进园的这段期间,一切物件都未触动过。Swinhoe, Roberrt, *Narrative of the North China Campaign of* 1860 (London, 1861), p. 201. D. F. Rennie, *The British Arms in North China and Japan*: *Peking*, 1860; *Kagoshima*, 1862,1864, pp. 167—216. 德里松伯爵:《翻译官手记》,第 356 页。吕西·阿尔芒:《旅途随忆》,转译自樊国梁《北京:历史和描述》,第 260 页。均引自方裕谨:〈圆明园被焚资料择录〉,《圆明园》第一册,第 220—221 页。

丝绸、玉石、古玩、书籍、字画及御用服物等方面的损失,尤其无法估计。在抢掠的过程中,单以许多被踏坏、踩脏的绸缎织锦,就已至少值 2000 万元,更遑论其他。至于园内的建筑,则有大宫门、同乐园和慎德堂等 18 处遭到烧毁。⑤ 在第二波焚园之前,英、法双方曾对应如何给清政府严厉的惩罚,有相当大的歧见。英使额尔金(Lord Elgin)致恭亲王奕訢,声言将圆明园"毁于平地"。而法国公使葛罗将军(G. Glory),则以"其地并未设防,亦非敌战之区;焚而毁之,实系无益之报复",不愿参加。因此,所谓焚烧的行动,乃由英军独自进行。⑥ 烧毁之前英军先在园中破坏各项建筑及墙垣,迨主要宫殿全已毁尽,焚烧的工作则由马队分头进行;所以,在同一时间,园内各地到处起火。至于焚烧的次数及时间,各方指说不一。西文书中记载的是九月五日晨(1860 年 10 月 18 日),由米契尔(John Michel)所率领的骑兵团,以正大光明殿为临时发令之所,派兵四处纵火,开始了焚园的工作。九月六日下午三时,正大光明殿与大宫门俱遭焚毁;同时万寿山(清漪园)、玉泉山(静明园)、香山(静宜园)等地的近 50 个景区、寺庙、宫殿及相关建筑至少 3000 余间,亦遭焚毁。若依《宫中朱批奏折》所载,则是自咸丰十年八月二十三日起,经九月初五、初六及十一日,先后多次焚烧。⑦ 大火熊熊的燃烧,蜿蜒迤逦了二十余里的烟雾,使北京城的

---

⑤ 欧阳采薇译,上页注②,第 174 页。
⑥ 同上注,第 198 页。
⑦ 〈明善奏查得圆明园内外被据被焚情形折〉,咸丰十年十月初四日,《宫中朱批奏折》,《圆明园》上册,中国历史第一档案馆编,上海古籍出版社 1991 年版第 574 页。据详查得知:九州清晏各殿、长春仙馆、上下天光、山高水长、同乐园及大东门,均于八月二十三日焚烧;玉玲玉龙馆则于九月十一日焚烧。

上空,好似笼罩着一层厚厚的乌云,连日照都为之掩盖。⑧

最讽刺又可笑的事,莫过于在重新检视见证者所遗留的史料时,却赫然发现英法双方,对谁是劫掠的始作俑者,都诿过卸责不遗余力。其实先抢后抢不都是抢吗?英国人的著作无论明指或暗示,都会提及法军公然行抢的事实。然而若要追究焚园的祸首,英国公使额尔金则当之无愧。不知焚园之举,可也是为了掩饰劫掠后的疮痍与丑陋?这次的破坏行动虽然时间很短,但十分具有毁灭性与启示性,成为日后圆明园走向灭迹的序幕;又因为是以焚烧的方式为主,故有"火劫"之称。随着清廷国力的日趋衰微,尔后政治势力的轮替与社会经济条件的恶化,有"万园之园"称号的圆明园的衰败,不正是这一切世事的写照?

光绪二十六年,即公元1900年,八国联军攻北京,这一次的战乱进一步使圆明园受到更深的摧残,其中尤以对树木的砍伐、木质建材的毁坏,规模之大可谓空前。

在庚子之役发生前,清廷先后两次修园:一在同治时期,一在光绪时期。以大孝养志自期,又在幸臣逢迎劝进和慈禧太后热心参与的鼓动下,同治皇帝无视于帑藏支绌、水旱频仍、军务未蒇及群臣的诤谏⑨,断然地于十二年(1873)十月初八卯时,开启了修葺

---

⑧ D. F. Rennie, *op. cit.*, p. 165. Charles S. Leavenworth, *The Arrow War With China*, p. 198.

⑨ 《圆明园》上册,第629—748页。在同治决定重修圆明园前后,计有沈淮、游百川、李鸿藻、谢维藩、文祥、奕訢、鲍源深、杨浚、李文田、李宗义、王家壁和吴大澂等十余位大臣,上奏请停修圆明园;查其缘由包括帑藏支绌、天灾人祸、外力交侵、军务未蒇、盗臣聚敛及天文示警等项目。慈禧热心修园一事,除可见以下的记载外;尔后更将北洋舰队的军款,挪用于颐和园的兴修。李慈铭:《越缦堂日记》第19册,第57页。其中写道:"闻修理园苑出西朝(即慈禧太后)之意。"雷思起:《旨意档》载:"又十九日,天地一家春四卷殿装修样,并各座纸片画样均留中,皇太后自画,再听旨意。同年十二月二十

圆明园的工程。⑩ 经查所欲重修之地，依《奕誴等奏为择吉供梁折》中敬缮之清单：

  安佑宫：宫门、二宽门、大殿

  清夏堂：宫门、前殿、后殿

  万春园：二宫门、迎晖殿、中和殿、内宫门、集禧堂、天地一家春、问月楼

  圆明园：大宫门、出入贤良二宫门、正大光明殿、圆明园殿、奉三无私、九洲清宴殿、慎德堂殿、承恩堂、上下天光、勤政殿、三海⑪

日，天地一家春明间西缝碧纱橱单扇大样，皇太后亲画。"〈论修葺圆明园以备两宫太后颐养事〉，同治十二年八月二十一日，《大清穆宗毅皇帝实录》卷358，第3页。〈论择要典修圆明园〉，同治十二年九月二十八日，《晚清宫廷实记》，《圆明园》上册，第626—627页。同治修园的动机不一，但上谕两宫皇太后之圣心，以尽孝心之微忱，始终是一项重要的理由。

  ⑩ 刘敦桢：〈同治重修圆明园史料〉，《圆明园》第一册，第128页。文中指出圆明园自同治十二年八月，谕令内务府兴修后，首定修筑范围；由样式房、销算房进呈图样、烫样；估计工、料；同时拆除残毁墙垣，清运渣土，于是年十二月提前供梁，翌岁次第兴筑。〈总管内务府奏圆明园开工折〉，同治十二年十月初九日，《内务府档》，《圆明园》上册，第635页。〈总管内务府奏择期开工折〉，同治十三年正月十四日，《内务府档》，同上，第666页。同治十二年十月初七日，总管内务府派人往圆明园，初八日卯时分往安佑宫、天地一家春、清夏堂和正大光明殿等处，动土开工，清理地面出运渣土。后因天气严寒而暂行停工，故择于十三年正月十九日辰时再次开工。

  ⑪ 〈奕誴等奏为择吉供梁折〉，同治十二年十月十八日，《宫中朱批奏折》，《圆明园》上册，第641页。〈谕三海工程核实勘估〉，《上谕档》，同上注，第746页。同治十三年七月二十九日，因有鉴于物力维艰，经费支绌，军务未尽平定，各省时有灾荒，乃谕令停止圆明园一切工程，待库款充裕，再行兴修。又因念三海近在宫掖，谕量加修理，故着该管大臣查勘三海地方。刘敦桢：〈同治重修圆明园史料〉，同上注，第129—131页。一般而言，重修属于圆明园内之大宫门、出入贤良门、正大光明殿、勤政殿及其附近朝房、值所，乃供朝觐治事之用；而九洲清宴殿、慎德堂一带则为帝、后寝宫，均位于俗称圆明园中路的范围。属于万春园内之清夏堂、天地一家春等地，乃为备慈安、慈禧下各景点及殿宇亭榭，也曾酌量修理或清除渣土；万方安和、武陵春色、杏花春馆、同乐园、舍卫城、双鹤斋、西峰秀色、紫碧山房、北远山村、治明春门、万春园大宫门、蔚藻堂等处。

以上建筑虽然只占全园工程的一部分,且修复时间前后不到一年,但必然也会消耗大量的财富。⑫ 以安佑宫、清夏堂、天地一家春、正大光明殿、圆明园殿等处殿宇、楼座房间共1420余间计,仅拆去山檐墙垣、清理地面、起刨渣土并将之运至各处就近培堆土山等工程,估计就需工价实银21981两3厘。万春园右门内补盖值房三间,添盖灰棚三间,添砌掏墙凑长七丈六尺等工,估计工料实银978两七钱9分8厘。⑬ 根据同治十三年正月十四日,总管内务府具奏,仅运渣土、供梁即动用了银元29060余两。而若照呈准烫样估量,其应修之殿宇房间,更不下3000余间。这些都还不包括各殿宇、楼座所应用之砖、石、瓦料、大小木植及其运费,各处听事官员、一切杂项暨当差人应得之资以及各项建筑外,其围墙、门楼、值房、道路、桥梁、水闸、船坞、河泡、河桶、泊岸、码头、船只、画样、烫样和包工的花费。仅以呈准之画样、烫样为例,此二项之费工料银即已达5800余两。⑭

---

⑫ 〈论三海工程即行停止〉,《上谕档》:"同治十三年十二月初八日,钦奉慈安端裕康庆皇太后,慈禧端佑康颐皇太后懿旨:所有三海地方一切工程无论已修未修,均著行停止。钦此。"《圆明园》上册,第751页。复修之期若以十三年正月十九日辰时,作为开工动土之日计,前后不到一年;若自十二年十月初八卯时计,则有一年二个月。

⑬ 〈总管内务府勘估园工钱粮折〉,同治十二年十二月十九日,《内务府档》,《圆明园》上册,第652—653页。

⑭ 〈总管内务府奏择期开工折〉,同治十三年正月十四日,《内务府档》,《圆明园》上册,第666—667页。本折中提及,因运渣土和供梁等工程,共用银29060余两。〈总管内务府奏看园工木植折〉(附清单),同上注,第668页。依此折所记:"安佑宫、清夏堂、天地一家春、正大光明殿等处,按照呈准烫样,应修殿宇房间不下三千余间。"刘敦桢:〈同治重修圆明园史料〉,《圆明园》第一册,第167页。凡工程着手前,由内务校准五尺,命销算房丈量地面大小,交样式房拟具立样地盘样,签注尺寸,呈堂听候旨意取决。其内部装修花纹须雕琢者,另绘洋布大样,与实物等大,俾工作益臻精密。又依图制为模型,谓之烫样。待图、烫样决定后,发交销算房估计工、料,行文各主管部、院,领取应须物件,着手兴造。此次工程最早进呈者,为安佑宫、天地一家春、清夏堂之烫样、画样。盖一以奉祀祖先,一为太后寝宫,故提前办理。其次,有圆明园大宫门、正大光明殿以及圆明园中路各处殿宇。最后,再做勤政殿、上下天光、双鹤斋、万方安和、同乐园和武陵春色等各样。

要论在这一波的修葺行动中,究竟耗用了多少钱财?同治十三年五月十四日及六月二十二日,曾先后两次结算了修天地一家春、安佑宫大殿、正大光明殿、清夏堂、大宫门和圆明园中路等工程银钱,共得96200两。⑮加上圆明园殿旧木植、石料及瓦片所抵除的18715两5钱6分2厘,刨工、运渣、堆山及供梁耗用的29060

---

⑮ 《内务府档》,《圆明园》上册,第706—709、732—735页。
〈恭修天地一家春等工程暂领银两呈〉,同治十三年五月十四日:
　具领呈天和局商人王家瑞、王程远,今领到蒙派恭修万春园天地一家春殿宇、房间等处工程应备各项物料,以及清理地盘,第三次暂领银壹万伍千两。并无低潮短平,所具领呈是实。具领呈:天和局商人王家瑞、王程远。
〈恭修安佑宫大殿等工程暂领银两呈〉,同治十三年五月十四日:
　具领呈泰源局工头高凤源,今暂领到恭修安佑宫大殿宫门、碑亭、配殿、朝房等工备办青白石料、木植、灰觔、糙细砖块、绳觔、架木、各作工饭,暂领实银壹万两整。并无亏平短少,所领是实。具领呈:泰源局工头高凤源。
〈恭修正大光明殿等工程暂领银两呈〉,同治十三年五月十四日:
　具领呈永德厂工头卢煜,今暂领到恭修正大光明殿、贤良门、并勤政殿迤东等处工程应需木植、砖瓦、灰觔、青白石料、青砂石及绳觔、架木等项物料,暂领备料银壹万两。并无亏平短少,所领是实。具领呈:永德厂工头卢煜。
〈恭修圆明园中路工程具领银两呈〉,同治十三年五月十四日:
　具领呈天利木厂商人安鹏,今领到恭修圆明园内中路工银壹万五千两。并无短平成色等情,所领是实。具领人:安鹏。
〈认修清夏堂等工程暂领银两呈〉,同治十三年五月十四日:
　具领呈义成木厂商人田溥,今认修清夏堂等处工程,应备办石料、青白灰、本绳、架木、砖瓦等项,续行暂领备料银壹万两。所具领是实。商人:田溥。
〈恭修大宫门等工程领银两呈〉,同治十三年五月十四日:
　具领呈兴隆木厂商人刘长荣,今领到,蒙派恭修圆明园大宫门并朝房等项工程应备各项物料,以及清理地盘,第三次暂领银壹万两。并无低潮短平,所具领呈是实。具领呈:兴隆木厂商人刘长荣。
〈认修清夏堂工程暂领银两呈〉,同治十三年六月二十日:
　具领呈义成木厂商人田溥,今认修清夏堂等处工程,应需备办青白石料、木植、青白灰、本绳、架木、砖瓦等项,续行暂领备料银伍千两整,所具领呈是实。具领呈:义成木厂商人田溥。
〈认修正大光明殿等工程暂领银两呈〉,同治十三年六月二十日:
　具领呈永德木厂工头卢煜,今认修正大光明殿等处工程,应需备办青白石

两，总计达143975两5钱6分2厘。⑯唯细查上述具领银两之工程内容，皆以备办石料、绳觔、砖瓦、架木等项物料为主；而所具领之工程银两，少则为第一次，多则第三次。此外，如双鹤斋宫门、正殿、游廊及值房工程，尚且有由工头于得福自行垫办者。⑰因而借此吾人似可推知复修工程的实际支出，必然远远超过上述款项数倍，甚至数十倍而有余。倘依奕訢所言，则非"一二千万不办"。⑱

料、木植、青白灰、本绳、架木、砖瓦等项，续行暂领备料银伍千两整，所具领呈是实。具领呈：永德木厂工头卢煜。

〈认修安佑宫大殿等工程暂领银两呈〉，同治十三年六月二十日：

具领呈泰源局商人高凤源，今认修安佑宫大殿等处工程，应需备办青白石料、木植、青白灰、本绳、架木、砖瓦等项，续行暂领备料银伍千两整，所具领呈是实。具领呈：泰源局商人高凤源。

〈认修圆明园殿等工程暂领银两呈〉，同治十三年六月二十日：

具领呈天利木厂工头安鹏，今认修圆明园殿等处工程，应需备办青白石料、木植、青白灰、本绳、架木、砖瓦等项，续行暂领备料银陆仟贰佰两，所具领呈是实。具领呈：天利木厂工头安鹏。

〈认修大宫门等工程暂领银两呈〉，同治十三年六月二十日：

具领呈兴隆木厂工头刘长荣，今认修大宫门等处工程，应需备办青石、木植、青白灰、本绳、架木、砖瓦等项，续行暂领备料银伍千两整，所具领呈是实。具领呈：兴隆木厂工头刘长荣。

⑯〈总管内务府奏为续行报效园工银两各员请奖折〉，同治十三年五月二十日，《内务府档》，《圆明园》上册，第713—714页。查同治年间官员报效修理圆明园工程之银两，计有二次。自十二年十月至十一月，以恭亲王奕訢、明善、桂清、诚明、崇纶、魁龄、崇厚等大臣，先后报效园工银钱143000两。同治十三年五月，以崇实、铭安、宜振、俊达、英瑞、茂林、英绶、庆林、毓秀、文桂、载澂、奕谟及潘祖荫等大臣，再报效银钱69000两；两次合计共报效212000两。若依各项工程花费143975两5钱6分2厘计，恰好用完第一次捐输的款项。

⑰〈修理双鹤斋工程自行垫办工料银两呈〉，同治十三年二月十三日，《内务府档》，《圆明园》上册，第673—674页。

⑱〈奕訢等奏请停修圆明园折〉，同治十三年七月十八日，《圆明园》上册，第739—740页。此奏折为联衔奏折，具奏人除奕訢外，上有醇亲王奕譞、科尔沁亲王伯颜讷谟祜、郡王衔贝勒奕劻、大学士文祥和宝鋆、军机大臣沈桂芳与李鸿藻等人。

就整体状况来说,虽然在财政拮据、建材匮乏的情况下,像正大光明殿和安佑宫等较大的建筑工程,进度至为缓慢;但其余的设施与装修,到了同治十三年七月,大体上也都一一就绪,例如大宫门也只剩上瓦一事未作而已。不过,由于木植采办困难,又为必备之物,加上爆发"李光昭报效木植案"的弊端⑲,终致停止了修园之举。正因为如此,无可否认数量惊人、积体庞大的木植需求,是检视整个工程耗费的最好指标。同时,在相关的清册档案中,木植记录的使用也较其他物料的保存状况,更为完整。

木植来源有二:除了借用清漪园、静明园、静宜园及相关各地坍塌房间所存或拆堪用之木植,小件者则就近于京畿采办外,唯大件之松木柁、檩、柱及楠、柏、杉木等,皆因京中木植缺乏,无从购觅,须自外省采买。同治十二年九月至十三年七月期间,圆明园殿曾先后领用了为数不赀的旧木植、石料及瓦片,所能抵除之银两达18715两5钱6分2厘,其中又以木植所占的比重最大,有18332

---

⑲ 〈总管内务府奏李光昭报效木植折〉(附原禀二件),同治十三年六月初十日,《内务府档》,《圆明园》上册,第726—730页。〈论直隶总督李鸿章李光昭一案迅速切究按律严办〉,同治十三年七月初六日,《上谕档》,同上注,第736—737页。〈谕将候选知府李光昭革职交李鸿章审办〉,同治十三年七月初六日,《上谕档》,同上注,第737—738页。李光昭,系广东嘉应直隶州人,由监生于同治元年九月在安徽省报捐双月知府,但因未征免保举银两,故汇奏有案。后又再赴云南省报捐双月道,但未得回文。同治十二年末,因悉皇上为供奉列圣圣容,暨两宫皇太后驻跸之殿,欲修复圆明园。所谓孝以奉亲,诚以敬祖,懋昭盛德,大典维新,凡属臣工,欢欣鼓舞。李光昭乃上禀云:"欣逢嘉会,喜效芹诚,故而愿将数十年商贩各省购买之楠、樟、柏、椿、杉、梓、松等巨木,报效上用。"十三年五月二十七日,李氏自称曾亲自航海购洋木1050根,木板550块,价值三十万两。六月初十日,再续运至洋木1050余根,洋木板550余块,约共55500余英尺。惟其所呈捐之木植,不但于起运省份查验免税,且一五万元之木植捏报三十万两。而其所称之巨木仍向法商购买而来,木价既多浮开,银两且分毫未付,其中尚涉及美、法两国商人之互控结讼。最后,终昭革职,所有李光昭报效木植之案着即注销。

两2钱5分3厘;⑳今将领用各处旧料之根件、尺寸逐款表列如附表Ⅰ。同治三年正月十四日,总管内务府曾上一奏折,酌请采办大件木料:

> ……臣等公同商酌,一面行文两湖、两广、四川、闽、浙采办大件木料,每省各3000件,作正面开销,饬令能否采办何项木植若干件,先将丈尺根件务于今春三月内报明,讯即运京运用;一面由京内招商前往产木之区,赶紧设法采买,以期迅速而求实济,是否之处伏候命下遵办。
>
> 谨将应用大件木植缮写清单,恭呈御览……㉑

清单中明确记载自每省所欲取得之大件楠木、柏木和陈黄松木,由长一丈至六丈、径由一尺至二尺不一,共计3000根。另外所用板片、壁子、床张等应需之杉木,大径一尺五寸、小径七寸、长六丈桅木500根;大径一尺三寸、小径七寸、长三丈原截500根。倘以七省合而观之,至少需采办大型木植共28000根。㉒五月二十日,除浙江巡抚杨昌濬奏明"奉派楠柏木等项木植浙省无从采办,请饬下内务府另行设法办理"外,其余各省督抚均奏称"现已购买"。㉓此外,天地一家春和清夏堂殿内,安设大柜、桌张、椅、机等

---

⑳ 〈圆明园殿领用旧木植石料瓦片抵除银两数目清册〉,同治十二年九月至十三年七月,《圆明园》上册,第657—665页。

㉑ 〈总管内务府奏查看园工木植折〉(附清单),同治十三年正月十四日,《圆明园》上册,第668页。

㉒ 《圆明园》上册,第669—672页。

㉓ 〈总管内务府奏两广总管妥筹采办洋木折〉(附片一),同治十三年五月二十日,《内务府档》,《圆明园》上册,第712页。

各项木器,其长分别为一尺至一丈,高一尺至三尺、宽一尺至五尺、见方(圆)三尺至一丈、进深一尺至二尺不等,共计大大小小需 303 件。㉔ 这其中还不涵括正大光明殿、安佑宫、勤政殿、九洲清宴殿和其他楼宇亭榭内的木器陈设。

综合以上的资料且做最粗略的估计,同治年间重修圆明园所耗用的各类木植,统计其数量至少高达 68095 件、35090 根、107 块,其所占之材积与花费之银两实无法估计。

若论同治修园志在以愉太后之圣心,以尽孝心之微忱,那么,光绪年间的修园,就全因慈禧太后的贪婪与颟顸。其间两者最大的不同处,在于后期几无诤谏之人;且主要的记录不存于内务府各档,反见于雷氏档案中。㉕ 光绪十四年(1888)三月,她先将海军经费挪垫,别营"清漪园",后改名"颐和园",取其"颐养天和"之意。光绪二十年(1894)后,更开始有计划地修建圆明园的重要景点。㉖ 自二十二年至二十四年期间,曾动工修理、改做或重建之处,包括慎修思永北路、文源阁北路、春雨轩中路、观澜堂、天地一家春、课

㉔ 〈总管内务府奏遵旨酌拟天地一家春等殿内桌张尺寸折〉(附清单二件),同治十三年三月二十一日,《圆明园》上册,第 682 页。折中将天地一家春殿内桌张、宝座、柜子、椅、机等项木器,计 175 件;清夏堂殿内之木器计 128 件,就其大小尺寸酌拟,恭呈御览,以求定准。

㉕ "雷氏档案":为清代宫廷建筑世家——样式雷——保存的有关清代皇家工程的一些簿册,犹似日记账式的工程档案。样式雷世家的第一代人物为雷发达,他于康熙时期应征到北京修建太和殿,以技艺精湛,被敕授为工部营造所长班。尔后,其子雷金玉,投充内务府包衣旗,供职圆明园楠木作,任样式房掌案。金玉之后,传雷廷昌,自此世代相传,包揽了宫廷中的建筑设计,绘图与烫样的制作,直至清末。雷氏档案及有关之图样、烫样,于 1932 年由雷氏后裔卖出,今存于北京故宫博物院及图书馆。

㉖ 〈圆明园旨意堂司谕〉,光绪二十年,《圆明园》下册,〈雷氏档〉,中国历史第一档案馆编,上海古籍出版社 1991 年版,第 1144 页。

农轩、双鹤斋各殿、长春园中的海岳开襟以及藏舟坞找舱改做船只等工程;期间慈禧还六次亲至园中游览并监看画样。㉗ 所有的花费仅工料实银一项,起码就高达60091两6钱8分2厘,而这些还不包括修建颐和园的费用。㉘

　　前后两次圆明园的整修木植耗用量惊人,这当然和中国传统建筑以木材为主的特色有关,但这也正为该园的第二次浩劫,埋下了伏笔。当1900年八国联军攻北京之时,董福祥率内蒙骑兵逃出京城远走热河县境,德军追击至南口未逮而返,尔后一部分德军及英军,就驻扎在朗润园和颐和园中㉙,意军则盘踞在玉泉山上。除将园内尚存的珍宝大肆劫掠之外;迨至严冬,由于天寒地冻,乃用刀斧砍取门窗、家具、隔扇、梁柱及木桥等内外装修,充做燃料以为取暖之用。这时地方官署也早已逃避一空,痞子流氓乘势抢掠盗窃。而危害最大者,莫如化为拆匪的各旗营之散兵游勇,他们凭借着手上的快枪,公然聚众大拆圆明园的宫殿并砍伐拆售大片园林,

---

㉗ 〈旨意、堂谕、司谕档纪〉,光绪二十二年、二十三年、二十四年八月,〈雷氏档案七〉,《圆明园》上册,第1145—1155页。二十二年二月初二日,三月二十三日,八月二十三日,十月十七日;二十三年四月初九日和七月二十六日,共计六次。

㉘ 〈圆明园内观澜堂找补大墙平垫山道单〉,光绪二十四年四月二十二日,〈雷氏档案十〉;〈圆明园藏舟坞找船只做法单〉,光绪二十四年四月二十二日,〈雷氏档案十一〉;〈课农轩等工钱粮册〉,光绪朝,《圆明园》下册〈雷氏档案十四〉,第1157—1158、1162页。

㉙ 朗润园为圆明园的属园之一。宣统二年,徐世昌依仗兵权,要求"鸣鹤园"与"镜春园"为修养之所,并将二园中的建筑拆卸十之八九。隆裕太后有鉴于此,唯恐其他各园遭此同一下场,遂下懿旨,将各园赏给近支王公大臣为私产,朗润园乃赏载涛。至民国初年,朗润园又租给了燕京大学;目前则规划在北京大学校园内。

其砍伐的规模可谓空前。㉚ 据称当时清河镇上之木材堆积如山，园内炭厂林立，一切木料、树根、树枝全部烧成了木炭，故而称这次的破坏为"木劫"。

仅短短一个月的时间，同治光绪以来修葺复建的花费，顿成灰烟；整个圆明园内的树木、复建之建筑景点，即已荡然无存。其中园之西路多毁于精捷营，北路多毁于河北黄营，长春园多毁于白旗大小营；而拆园最烈者，则为镶白旗小营与精捷营之首领。㉛

二、西洋楼景区毁损情况与特性

西洋楼在这两波毁园的过程中，到底遭到了怎样的破坏？一般正史并无明确的记载。陈文波于《圆明园残毁考》中虽曾记云：

> 得老人曰陆纯元者于海源（晏字之误）堂之下，今年七十

㉚ 赵光华：〈长春园建筑及园林花木之一些资料〉，《圆明园》第三册，第2页。赵光华，第60页注①引文，第14页。例如绮春园之西南角，有称东庙、西庙者，在两廊之间及周围有黄柏林木数百株，均为庚申之役中，幸免于烽火者，故此后二月初九日与八月初四日之春秋大祭，都由圆明园总管或河工大臣在此致祭。但在这次庚子九月的灾难里，由于拆匪与拆匪之间为争利而发生冲突，双方进行枪战，后经调停，改为合作共同拆售，所售之价双方平均分配。至此，二庙与大片柏林均夷为平地。另外，长春园之"海岳开襟"，于庚申之役时虽船只尽焚，但因是处建于湖心，水深盈丈，故景点建筑乃能幸免于难。慈禧于光绪年间尚不时游幸于此，并修葺一新。由湖之西岸沿"榴香渚"方亭东起，至湖中海岳开襟西码头上，且筑修三十余丈木桥一座，其上并安有朱栏。庚子十月，原守该处的太监首领杨四及园户头目周德海，一鉴于寒天将至防守不易，二恐早先攻击不果之拆匪的报复，故而辞职。此一消息为镶白旗个营得知，便于十四日率众60名，将之占领。除将内存之珍宝抢净外，硬木桌椅、殿宇柱子和松柏大树，皆加以锯断拉倒，计十余日，方才清理完毕。至此，一组堪称"远望如海市蜃楼，近睹如临登仙界"，其楼阁建筑之美，以圆明三园比之，为世所推崇最为精彩之"海岳开襟"，就只剩下废墟而已。

㉛ 《圆明园》第三册，第14页。

七岁,老人在咸丰十年时,为园之清道夫而服役于海源(晏)堂。……追述其目击英法联军纵火焚园情形。㉜

不过,这一简单的陈述也没具体的标明毁坏的程度。但若根据德人奥尔茉(Ernst Ohlmer)于 1870 年前后所摄得的照片看来,不论"谐奇趣"、"远瀛观"、"观水法"、"海晏堂"及"大水法"建筑,都还极为完整地保留着㉝(附图 1—15)。光绪二十一年(1895)康有为游圆明园时,尚见西洋楼区内"有白石楼一座三层,玲珑门户",故而日后有"蔓草荒烟堆瓦砾,玲珑白阁犹奕奕;门户万千尽欧式,圣祖手做著象历"之叹。㉞ 1897 年,天主教北京主教樊国梁(A. Favier)所著《北京》一书出版,其中亦夹有西洋楼的照片。就以附

㉜ 陈文波:〈圆明园残毁考〉,《清华周刊》十五周年纪念增刊,北京,1926 年,第 22 页。

㉝ 滕固:《圆明园欧式宫殿残迹》,上海,商务印书馆 1932 年版,第 3—6 页。15 帧图片之 13 帧,系由德人奥尔茉所摄。清末之际,奥氏曾任天津海关监督,并于 1867 年至 1879 年间旅居北京,上述照片即在此一时期摄得。迨奥尔茉逝世,其夫人乃将该照片之底片,赠与专攻中国建筑之布尔希曼(Ernst Boerschmann,1874—1949)教授。此外,根据奥氏夫人致布尔希曼之信函得知,此一组照片摄于 1870 年左右,离圆明园之第一次焚毁,尚未及十年。1930 年滕固先生寓居于柏林,闻柏林大学之布尔希曼教授,藏有圆明园欧式宫殿照片若干,乃请使馆备函往访,布氏乃出示照片 12 帧、暨平面图一帧。尔后,经滕先生之固请,卒获借底片重印。附图中之第一张至第十三张即为奥氏之作品。第十四图由法维哀书中翻印而来,第十五图为周缵武先生摄于 1930 年代。Régine Thiriez, *Visual Resources*, Vol. VI (Gordon and Breach: Science Publishers, Inc., 1990), p. 211. 据作者的说法,奥尔茉在 1874 年左右摄得上述照片;1868 年至 1914 年间,任职中国海关。不过,此项说法可能有误,因为根据滕固的说法,1897 年是奥氏旅居北京的最后一年。

㉞ 康有为著〈法兰西游记〉一文中,载录光绪三十一年(1905)七月,康有为赴法旅游并参观博物馆。期间亲见因庚子及庚申之役,而流落异邦的无数中国内务府之珍物、图器和御玺。例如上刻"乾隆御笔"之白玉方玺,"保合太和"之碧玉玺,"烟火长春"之汉玉印,"园明春山"之绿白玉玺等。睹玺凄然,乃作"园明春山"玉玺思旧游感赋一首,并感怀其于光绪二十一年游圆明园时情景。

图十四这帧"观水法正面侧翼之一门"的照片而论,不仅建筑结构仍耸然而立,甚至雕刻花纹也清晰可见。显示在英法联军之役的这场灾难中,西洋楼的际遇可谓是不幸中的大幸。自慈禧驾崩后,颐和园非亲贵大臣不得擅入,实同禁闭。宣统初年,外国人之旅京者多要求入览,外务部乃于月之逢五日发给门照,以为之券。据〈北京游记汇钞〉载:

> 辛亥(按为1911年)七月初五日,刘君永之于外务部友人处乞得门照六张,……乃邀周伯钧、赵显九、王鼎三、何正元、来玉如诸君同往(按:颐和园),……至德和园,为孝钦后听剧之所。正殿为颐乐殿,……殿前数武为戏台,崇宏绚丽,烂彩夺目。台作长方形,宽三丈余,深倍之,楼三层,高出林际。登其上西望全园风景,历历在目。……南望洋楼鳞次,红白相间,为禁卫军屯住之营盘。㉟

又,谭延闿于其《圆明园附记》一文中,亦曾提及:

> 宣统三年夏,访陈凤光并相约同游圆明园,………仍入自福园门,即清华门,西俗谓新宫门,是麦陇弥望,如行田野中。访所谓双鹤斋者不可得,盖西湖轩亭亦不在矣!惟极西有楼阁,以白石为之,略如今泰西制,雕镂精美,壁立如故,玲峰一石,挺然孤秀,犹矗立榛莽中。㊱

㉟ 〈北京游记汇钞〉,《清代野史》第8辑,巴蜀书社1987年版,第343—348页。
㊱ 谭延闿:〈圆明园附记〉,引自刘凤翰:《圆明园兴亡史》,台北:文星书店1963年版,第204页。

由以上的记载,我们似乎可以推知,直至清末,西洋楼至少还存有相当部分的完整建筑群,但西洋楼区已沦为兵营驻扎之地,相关建筑是否变相作为营房之用,吾人无从得知。不过,正因为它白石阁楼雕镂精美,彩色依稀红白相间,矗立在一片麦陇田野之中,就更突显其挺拔孤秀之寂然了。但是,这一状况自民国元年至二十六年日本进占华北时止,反而演变成另一阶段的破坏特点。

民国元年二月十二日即宣统三年(1911)十二月二十五日,隆裕太后颁布宣统皇帝辞位懿旨,命袁世凯全权组织临时共和政府,并由外务部照会各公使,至此满清王朝遂告终结。但是,优待清室为袁与革命党间的既定方案;清帝位虽辞,尊号仍在,中华民国予以岁用 400 万元,且得暂居宫禁,清及蒙回藏之世爵照旧,形成了于国境内除自己的政府外,另有一个独立的朝廷存在的现象。在这种情况下,圆明园仍属清皇室的私产,且设圆明园档房,隶属内务府管辖,责由太监王和喜总管房间、树木、地亩及租税各事。虽则如此,但无论洋人、军阀、盗匪、窃贼或各界人士,在建学校、公园、医院、教堂及别墅,修城门、造假山、盖孤儿院时,都觊觎圆明园这座材料库与财源窝,往往以保存古物之名,将其中的石材据为己有或贩售牟利。清华大学由于比邻圆明园故址,有鉴于基址不敷扩建,校长曹云祥乃致函绍英,表达将"圆明园旧址拨给敝校,为将来扩充大学之地"的愿望。㊲ 民国十四年一月二十日,燕京大学未经照准,即擅自拉运安佑宫石柱,询其承办之洋籍牧师翟博,园内石柱究系何人所卖? 答称:"园内石柱系属古物,恐有人折毁,故运

㊲ 《曹云祥致绍英函》,1923 年 10 月 16 日,《溥仪档》,《圆明园》上册,第 803—804 页。绍英字千越,为溥仪清室之内务府事务大臣。

至本校保存。如中国用时,即可退还,并无人售卖。"㊳上述之需索与拉运,或循公文正轨希求所愿,或拉运数量极为有限,若与各类军阀窃贼与盗匪等,用大车军队连续数日、数星期、数月甚至经年的拉运挖掘,其破坏性之剧烈诚然无法相比(参见附表Ⅱ)。但终因清室衰微,对明要暗盗之举,都有使不上力的遗憾。圆明园司房总管处见此情形,在感慨"不成体统、令人难过"之余,除婉言拦阻外,唯有屡呈秉文,请示"上宪大人恩准若何办理"? 然而,内务府也只能致函步军统领衙门,吁其"随时保护,速为拦阻",以合"极应保存,以符优待"之原则而已。㊴

西洋楼的构造是以石制建筑为主,很自然地就与圆明园各景点所遗留下的石材,面临同样的命运,依《征收前圆明园房地租办事处禀文》载:

> 据园内值班官员等报称,本月初一日,职等照料涛贝勒爷拉运石块时,据朗润园德章京声称,西洋楼西有石柱四根,贴有朗润园存记字样,不知被何人偷去。……职等当即斟问承种西洋楼数亩之陆存元,据称十月二十八日夜内鲍统带拉去,运至海甸黄庄,当将陆存元所称情形告知德章京,请向贝勒爷前回明。再查鲍副将给王将军花园拉运砖石,业于十月二十

㊳ 〈吉堃禀溥仪内务府呈稿〉,1925 年 3 月 10 日,《圆明园》上册,第 807—808 页。吉堃为圆明园郎中。
㊴ 参见〈溥仪内务府致步军统领衙门函稿〉及〈圆明园司房总管处禀文〉,《圆明园》上册,第 770—799 页。查自 1919 年至 1923 年,此类出稿禀文之往还,不下十余次,主旨雷同,而实际状况并未改进。

八日停止。经本处呈回各堂大人,奉谕:着报堂等谕。⑩

此外,燕京大学建校时购得西洋式线法桥一座、喷水石座二具、"谐奇趣"前喷水石鱼;中山公园取走了西洋楼"远瀛观"之石雕栏杆;军阀王怀庆为建"达园",而拆了西洋楼的石刻门腿。⑪ 西洋楼各处毁损后遗下的情况,档案上虽无详细的誊录,但根据一份原件上无朝年之《基址砖石记载》,字里行间西洋楼景区中之房基、石柱、石块四散凌落,显而易见的至少在民国初年之际,该区已是残破不堪了:

> 李全禄旱地内:线法墙基砖块(按:数目不详),转马台门外太湖石数十块。
>
> 陆存元旱地内:转马台东太湖石(按:数目不详),转马台土山上房基石柱四根,远瀛观残破白石楼房基一座、石刻武器照壁一座,海晏堂残破白石楼房基一座、太湖石二块,方外观残破白石楼房基一座、门前银锭平石桥一座、西边瓶式平石桥一座、殿后太湖石一块,养雀笼残破白石楼房基一座,谐奇趣残破石楼基一座,西水房残破石楼基一座。⑫

---

⑩ 〈征收前圆明园房地租办事处禀文〉,十月初四日,《圆明园》上册,第821页。查此禀文无纪年,但当在1921年至1925年间。又,按王将军乃王怀庆,鲍统带为鲍维翰。

⑪ 第60页注①,第17页。文中所载之破坏实例,于《溥仪档案》中均未见翔实记录。此外有关喷水石鱼及石雕栏杆之数量尺寸,亦未明列。

⑫ 〈圆明园各处基址砖石记载〉,该原件无朝年,按编者所加之注解,言其依所记遗址状况看,当系光绪末年或宣统年所记。唯依个人所见,当在宣统下诏退位后之民初之际。

法国方面的研究认为："大水法"楼梯上的栏杆,约在1875年已几近毁灭;"远瀛观"于1901年已破坏;而"养雀笼"的建筑结构,则在1924年被彻底推倒。[43]

自民国初年至抗战前夕的这段期间,吾人可以确知,对圆明园的破坏,是从石刻、石雕、太湖石、砖瓦或相关的石料上拉运搜罗为主。中山公园、燕京大学、北京图书馆、协和医院,乃至各种私人宅园的建设,凡所有能做建筑材料的物件;地面上的方砖、瓦片、墙砖、石条,地下的木丁、木椿、紫铜管,遗址上汉白玉的明台、台阶、条石,以及各类石雕等,无不成为取用的对象,所以此时期才又有"石劫"之称。同时,其间的数量不但极为庞大,而且时间上也持续了近30年之久。西洋楼景区中的相关建筑与景点,其构造多以石材为主,且雕刻精美造型独特,假保护之名而行挪用之实,想必也不是什么新鲜事儿。以圆明园盗、窃、抢、搬之猖狂,实足以为西洋楼遭受损毁之旁证;西洋楼景区之快速毁灭迨自此矣!

三、土劫与西洋楼区残迹的保留

第四阶段的破坏则从抗战之后算起,直到1983年7月。此一

---

[43] Régine Thiriez, "Les Palais Européens du Yuanmingyuan à Travers La photographie: 1860—1940", *Arts Asiatiques*, Tome XLV (Paris: Cahiers publies par l'École Francaise d'Extreme orient avec le concours du C. N. R. S, 1990), pp. 91—93. 上述立论主要是根据149张摄于1945年以前的旧照片所作研究比对的结果。不过,并未详述毁坏的理由。

时期破坏的特点是平山填湖毁园还耕,因此,又有"土劫"之称。㊹

根据民国二十二年(1933)一项对圆明园遗址的"实测"得知,园中各水面合计约有1800亩(相当于120公顷),约为全园总面积的35%;大大小小的人造土山近250座;设计各异的景点建筑群一百多个,占地近900亩,建筑面积达16万平方米。㊺ 日本占领华北之后,基于战备与粮食需求增高,因而大行提倡垦荒,园内原居之太监及园户们,乃有平山填湖以辟田亩之举。不过,直到1949年之前,这里人口增加的幅度颇为缓慢,垦殖的面积亦极为有限,故而山水格局依然清晰如故。但在1949年后,随着各项政治运动的开展以及人民公社与集体农场制的出现,于是有大规模的平山、造地、填湖、砍树、盖房子和拆遗址的活动;而公社的马场、猪场、鸡场、鸭场、大型的面包厂、区供销社的土产部、印刷装订厂、机械修造厂与打靶厂等,都在这一块土地上发展起来。依圆明园管理处在1981年11月所公布的统计,圆明园中仍为水面的仅前湖全部和后湖的东半部,共70余亩,另有360余亩已成藕塘;其余均被填了半米多厚的土层,改植稻禾了。人造土山约有80条已挖成平地,另20条则几近挖平;全部被挖掘的土方达100万立方米。所有建筑的基址也都遭到严重的破坏,在中国古典园林中,柱梁和土基较完整的建筑群,只有长春园淳化轩一处;其他保留下部分灰

㊹ 早自1956年,北京市园林局就已在圆明园遗址内,从事植树绿化的工作。1959年底,北京市规划管理局正式将包括圆明园遗址其周围面积6000余亩的土地,划为公园用地。但此后随着各种不同的政治运动,遗址和林木又遭到很大的破坏。直到1976年底,成立圆明园管理处;1979年8月,正式将遗址列为市政重点文物保护单位。1983年7月,中共中央正式批准北京市的城市规划,明确规定圆明园遗址及其周围6676亩的范围,建成圆明园遗址公园。自1956年以来,各界期望保护圆明园遗址的心声,终于由政府正式明令确定下来。另参见注㊾。

㊺ 圆明园管理处:〈圆明园遗址的现状〉,《圆明园》第一册,第21—22页。

土基础的则仅 20 来处。多数建筑群,除个别搬不动的大石块外,仅留下渣土和坑穴,例如安佑宫、方壶胜境、文源阁及狮子林等。更有 30 处景群的建筑基址则根本消失,例如皇帝临朝听政的圆明园前朝区、长春园和万春园的宫前区、西峰秀色、长春仙馆、北远山村、茜园、洞天深处、含晖楼、清夏斋及竹林院等处;在这些景群的旧址,多数已建成房屋或辟为农田。[46] 为此,许多的景点若按图索

---

[46] 同注[45],第 22—24 页。
根据圆明园管理处的资料,圆明园占地总面积 5200 余亩,其土地在 1981 年时的使用状况如下:
1. 由圆明园管理处直接使用管理:绿地 1400 余亩,种树 15 万株,藕塘 360 亩,建筑群遗址 200 亩;约占该园总面积的五分之二。
2. 由圆明园内公社大队使用管理:水田 1200 亩(实际占地 1400 亩),水面 70 余亩,旱地近 400 亩(实际占地 800 亩),村落占地 360 亩,道路占地 150 亩,各单位占用 480 亩,共 3260 亩。
3. 在圆明园遗址内种地的是海淀公社二大队的七个生产队,其中四个队的耕地全在园内,三个队园内则有部分耕地。农业人口共计约 2000 人,劳动力 700 多个。遗址内住有农民 270 余户,住房 1000 余间,共形成大小近 20 个居住聚落,多数聚落分布在昔日著名的景群旧址上。
4. 圆明园遗址范围内,共有市区属工厂、学校、仓库、靶场等大小单位 10 个,公社企业 5 个,共占地 480 亩,建筑面积 3 万余平方米。其中较大单位有一○一中学、市化工研究院、区武装靶场和公社鸭场,合计共占地 350 亩。其中后三个单位,是在 1964 年以后,才迁入园内。
汪之力:〈开创圆明园遗址保护、整修与私用的新局面〉,《圆明园》第一册,第 8 页,指出:
1. 海淀公社二大队的七个生产队,在园内有耕地 1964 亩,劳动力 818 个。
2. 1981 年至 1983 年七月间,对遗址的管理保护虽不断加强,但遭受破坏的事,仍然经常发生:
1981 年一年内挖掉了三四座小山。
一户社员拆毁紫碧山假山石洞,并将山石砸碎使用。
1981—1982 年间,鸭场负责人私自占据"曲院风荷"景区的房屋 14 间,并毁坏树林 471 株。
1982 年西大生产队长用推土机,将"西峰秀色"景区之"花港观鱼"四处基地摧毁。

骥，连个遗址痕迹都找不到了。西洋楼景区在民国初年属于陆存元的旱地，1949年之后此处由于地势不平空间狭小，因此并未在平山造地运动中掘毁。其中七八个主要建筑物的灰土基础，都保留得十分完整，建筑遗迹与石雕残迹也最多。相较于圆明园中其他的景点或属园之灭迹，反而成了日后被重点保护整修的对象，真可谓奇迹与天命了。

自英法联军焚掠圆明园以来，西洋楼景区及圆明园先后虽然遭遇"火劫"、"木劫"、"石劫"及"土劫"四种不同性质的破坏；但就以区内的景点建筑而言，当以"石劫"的破坏最具毁灭性，但残迹的保留却也最多。时至今日，在经过稍加整修规划后，已然与颐和园一样开放成游客游览之胜地。笔者于1994年秋亲至该地探访三次，每每看见游客爬坐于遗址上嬉戏照相，以园区内旅游人次之众，及其逐年几成倍数增加的访客，实在令人担心会形成另一种性质的劫难。㊼

第二节 规划与整修

将西洋楼景区及其中相关之建筑残迹，划为"遗址保护区"，其整修规划就设计与发展而言，是"圆明园遗址公园"总体设计的一部分。由于要把圆明园朝向"遗址公园"的目标建设，性质上自然

㊼ 第79页注㊺，第21—22页。汪之力，同上注，第7页。根据圆明园管理处的资料，自1979年末在西洋楼旧址举办"圆明园园史展览"，至1981年5月，已接待了15万名观众。仅西洋楼遗址一区，平日就有游人数百，节假日常达二三千人。另外，汪之力则指出，展览接待参观的群众与日俱增；1979年0.7万人，1980年9.7万人，1981年13.4万人，1982年27万人，1983年33万人，1984年9月已达28万人，因此，在短短几年中，共已接待了111万人次。

就得在恢复、保持原有山水林木和风景格局的同时,兼顾文物遗址的保护,进而与公园的开放游览功能相结合。所以,西洋楼景区内景观布置之考量,即在这一构思下产生。

一、规划与整修之倡议及方案订定之经过

"圆明园遗址公园"规划方案之订定,从徒有空想、形塑、舆论、造成声势,到欲罢不能,终至水到渠成,一路下来可以分成规划、保护及整修三个阶段。早在1956年"圆明园遗址要保存,以后有条件时可以恢复"之声即起[48]。1959年,北京规划局将圆明园遗址及其周围共6000余亩的土地,列为规划用地,之后并做了一些绿化的工作。[49] 1960年3月,海淀区公布遗址区为文物保护单位;1964年更特别成立了一个绿化队,致力于植树造林。但这个基础性的工作,终因政治运动不断,加上70年代初的备战工事,不仅使原已培种的树木大量地被砍伐,更有公社群众擅自侵占规划用地,填湖、造田、挖山、平地,造成对遗址园林的巨大破坏。这种状况一直到1976年底,北京市建设委员会责成文化局、规划局、园林局和海

---

[48] 吴良镛〈圆明园过去、现在和未来的后记〉一文中曾提及,早在1956年,周恩来就指示"圆明园遗址要保存,以待有条件时可以恢复"。

[49] 汪之力:〈有效保护圆明园遗址与积极开展科学研究〉,《圆明园》第一册,第17页。〈圆明园遗址的现状〉,第21页。韩琍:〈圆明园遗址公园总体规划(提纲)〉,《圆明园》第五册,中国建筑工业出版社1992年版,第136—137页。汪之力在其文章中指出,1959年北京市政府将遗址及其周围共6352亩土地,划为规划用地。"圆明园管理处"在〈圆明园遗址的现状〉一文中指出,1959年底北京市管理局,正式将遗址划定为公园用地,面积6350余亩。韩琍则指出,1983年中共中央国务院批准的"北京城市建设总体规划方案"中,确定将圆明园遗址建成"遗址公园",并在总体规划中划定"圆明园绿地规划范围",包括圆明、长春、绮春三园5200亩遗址和遗址西南、东、东北三面相毗邻共1476亩,合计共6676亩(约445公顷)的土地。

淀区研究后,决定成立"圆明园管理处";1979年8月正式将遗址区列为市政重点文物保护单位,并于其间筹设"圆明园园史展览",才逐渐好转。但1980年到1985年的五年间,则是一个关键性发展的时期;中法合作推动西洋楼全景图的复制及楼区的整修、圆明园学会的成立、遗址的清理和相关工程的开挖,均次第展开。1985年后大体上只是依循既有的方针,逐步推动整修的工作而已。

1980年8月12日,一些建筑、文物、园林、历史学者及文学艺术家,发出了"保护整修利用圆明园遗址倡议书",向政府提出了"公布圆明园遗址为全国重点文物保护单位"等六项建议。㊿ 19日,"中国圆明园学会筹备委员会"正式成立,此后乃配合圆明园管理处陆续展开了不少的工作,包括收集整理圆明园的资料、出版《圆明园》专刊、举办圆明园被焚一百二十周年纪念的学术及史料展览活动、清理部分的遗址。这一切努力在少数人奔走呼吁、经费短绌的情况下,虽步履维艰,但却也因此而引发了各界对圆明园的关怀与重视。1981年10月18日,北京市人大常委会部分委员在

㊿ 倡议人签名自1980年8月12日起,至10月16日止,包括全国人大常委会副委员长宋庆龄以及教授、学术工作者、新闻出版等各界人士共1584人。
其所提六项建议如下:
1.政府重申保护法令,公布圆明园遗址为全国重点文物保护单位。
2.建立专门的领导机构,以组织科学研究与园址的经营管理。
3.尽早修筑围墙,有效地制止破坏。
4.妥善安排遗址内农民的生产活动,使其与遗址保护、整修工作统一起来。
5.有计划、有步骤地进行科学发掘遗址、研究史料及培训技术人员等有关整修的准备工作。
6.有条件时,应首先整理山形、水系,清理建筑基址,进行植物配置以及修复个别景区供人游览,并清理出若干遗址供游人凭吊。

《北京日报》上发表了"建议迅速建设圆明园遗址公园"的提议。1983年7月19日,北京市政府召开了一项研究圆明园遗址保护问题的会议;在这次会议中,同意了由圆明园管理处和圆明园学会筹备委员会所提,将圆明园遗址修建为遗址公园的意见。为了这项工作的开展,会议并决定成立"圆明园遗址公园筹建委员会"。随后国务院正式批准了"北京城市建设总体规划方案",其中明确规定要在公元2000年时,把圆明园遗址及其周围共6676亩范围的土地,建设成遗址公园。[51] 8月10日,圆明园整修奠基仪式在西洋楼区大水法遗址旁举行。为了贯彻执行总体规划方案,北京市政府又特别成立了"圆明园遗址整修委员会",全盘负责规划遗址的清理整修工作。少数有心人长期以来默默推动、造成舆论,固然是促使圆明园规划为遗址公园,并赋予她一新面貌的原动力。但是,不可否认时代大环境的改变,更加速了此一方案的得以实现,也是重要的因素之一。自1979年邓小平实行改革开放政策之后,为配合首都城市的现代化,乃提出"四点建议",要求"把北京市建设成文化、教育、科学、技术发达的城市,充分利用山水文物、古迹条件、环境优点的现代化都市"。[52] 至此,如何整修利用圆明园遗址及其周围之规划用地,便成为一个建设过程中的中心议题。1984年10月,中共召开十二届三中全会,会中对全国发出城市经济体制改革的号召,从而确立了圆明园遗址公园"民办公助"的经

---

[51] 《圆明园》第五册,第261页。1980年10月17日,在北京召开中国圆明园学会成立筹备会议;但直到1984年12月1日,圆明园学会才在北京正式成立并召开大会。

[52] 1980年,中共中央书记处对首都建设所提出的四点建议。

营方式。(53) 虽然如此，但在1984年之前的重要整修方案，却大都只从长春园和位于园北的西洋楼遗址着手，究其原因有以下两点。

原来要建设圆明园遗址公园，除了是一种向往之外，现实层面上还存在太多的障碍；其中最困难之处乃是人与钱的问题。自1970年代之后，圆明园内的人口与建房都快速增加，区和公社的一些单位，也都分别在该处设点据地。到了1980年代，园内由公社大队所耕种使用的水田、旱地及水面，已高达2270余亩。直接由“圆明园管理处”管理使用的藕塘360余亩，村落占地480亩；以圆明园占地总面积5200亩计，这些使用的土地，已占全面积的66%。在遗址范围内种地的是海淀公社二大队的七个生产队，农业人口数计2000人，劳动力700人，散户农民270余户，住屋1000余间；形成了大小不等的20个居住点，其中较大的村落有6个。另外，园内的工厂、学校、仓库和靶场等单位10个，公社企业5个，其所属职工人数尚未列入。(54) 尽管保护遗址的倡议，在随后的四年中逐渐已成为一种社会活动，政府也三令五申地提示说明，但因人员单位的聚居，遗址遭受破坏的事仍然层出不穷。(55) 若要

(53) 以开挖福海工程为例，在“民办公助”的经营方式下，资本的筹措是由振海农工商联合公司(即原来的海淀公社)投资50万元，区政府拨款50万元，政府提供附近劳动力安置费100余万元，加上市政府拨款50万元。利用这些资金，先把原来挖山填海造田的土方回归原位，待福海放水后，再适度地着手整修周围景区的山水原貌，设置一些服务性的措施，如此一来联合开发公司就可经营游览事业。而日后也以这种修一处开放一处的模式，借适当的收入，保证转业农户的经济利益。此外，由于是农民自己参与修建工程，身份上也已转化成园林工人，减少了土地征购的费用，无形中也节省了大笔的投资。

(54) 〈圆明园遗址的现状〉，《圆明园》第一册，第22页。汪之力：〈开创圆明园遗址保护、整修与利用的新局面〉，第8页。该文中指出海淀公社二大队的七个生产队，在圆明园内有耕地1964亩，从事农耕的劳动力有818人。

(55) 见第80页注(46)。

维护遗址公园的完整性,其治本之道端视如何筹集足够的资金,将园内相关单位搬迁安置、征收耕地、建地的同时并辅导农民转业,方得以致之。1983年北京市政府虽然先拨款40万元,作为修筑长春园围墙及扩建展览馆之用,但圆明园遗址何其辽阔,建设所需之经费和人力又何其庞大?无法通盘而有效的求一解决之道,遗址公园完成之期,真何其渺茫?西洋楼景区遗址正由于不牵涉或较少牵涉农民耕地的问题,所以其整修规划设计方案也就最早被提出讨论。随着城市经济改革方针的确定,圆明园遗址公园筹建委员会和圆明园管理处,乃开始与海淀公社及园内生产队协商,以组织联合开发公司的方式,来共同经营圆明园。"振海农工商联合公司"就在这样的构想下筹组起来,并确立了经营遗址公园"民办公助"的原则。这种运作方式的优点,在于利用地方政府和民间的资金,并让农民就地转业成园林工人,然后通过公司的形式来营运,借以保证农民基本收入,并累积一定的维护费用。其次,除了"以园养园"和发展旅游资源的经济因素外,西洋楼景区遗址之建筑虽已被破坏殆尽、水法无存,但水系遗址还十分清楚、山形起伏形象依然存在、建筑基址脉络可寻、石雕装饰残留不少,这些状况都说明了景区内遗址整修的可行性与必要性。

二、"夏宫使命"对西洋楼景区整建之贡献

1982年后,有关西洋楼景区整修规划之推动,随即逐步展开。其间法国政府曾对此一构想表示了极大的参与兴趣,奠定了中法双方日后展开圆明园学术交流活动的基础,也开启了一时云涌风起的圆明园研究热潮。

3月20日,圆明园学会筹备委员会邀集北京市有关建筑、园

林、雕塑及城市规划等各方面的专家,对西洋楼区遗址进行现场踏勘,并就遗址之清理、残迹之保护、水系之恢复等项工作,做了初步的规划与探讨。5月,法国文化部代表雅克·朗格(Jacques Langer)与中国文化部副部长周巍峙,达成了一项开展圆明园研究的学术交流活动;这就是法国方面所谓的"夏宫使命"(Mission Palais d'Eté)的缘起。[56]

"夏宫使命"是一个专门为致力于欧式宫殿之复原工作所组成的团体;受到法国外交部、巴洛克或中国研究的建筑、档案和艺术史学者、摄影家以及园林设计师等,多方面人士的赞助与合作而成立,并由皮拉佐莉女士(Michéle Pirazzoli-T'Serstevens)统筹推动工作的进行。1983年9月23日至30日,在法国外交部的安排下,皮拉佐莉、杜兰德(Antoine Durand)和菲利浦(Jonathan Phiplippe)三人抵达中国,对圆明园尤其是西洋楼景区,进行了为期一周的学术访问,并在遗址处实地测绘、摄影、考察并详细记录各残存遗迹的现况。在和中国方面的学者多次的研究会谈后,中法双方达成了初步的共识:各自在本国收集有关圆明园的资料,例如图表、档案、论文、书信和照片等,再根据这些资料进行科学的考察与研究,借此绘出圆明园的总体布局、主要风景点以及建筑样貌的复原图,并制作大比例尺寸的模型;其中法国方面主要负责西洋楼景区部分的绘制,而圆明园的其他部分,则由中方负责。[57]

---

[56] 1982年5月,法国总统密特朗访问中国,负责文化事业的部长级代表雅克·朗格亦随行。在北京期间,双方在会谈中达成了一系列的文化交流内容,圆明园研究亦为其中之一。

[57] Régine Thiriez, "Visual Resources", *op. cit.*, p. 205. 皮拉佐莉女士为研究档案及东方艺术史的学者,杜兰德为18世纪欧洲艺术史的学者,菲利浦则为建筑师,三人都是"夏宫使命"的核心成员。

要绘制出西洋楼景区园林与建筑的整体布局,其前提端赖对区内原始样貌资料的完整收集,并能对之做彻底的了解与全面性的掌握。单以这一点而言就充满了困难,关键之一即在于实体建筑物已焚毁不存。在相关的资料中,以雷氏档案和金勋先生的遗址绘图最为重要。金勋的作品完成于1924年,他主要是根据清宫档案资料与观察遗址而来;由于欠缺科学的测量与调查,因此其中有着"惊人的错误"[58](附图十六)。雷氏档虽然最为可信,但档案中有关之图样、烫样或设计稿,多属圆明园中之中式建筑景点,时间上又以同治以后为主。因此,两者皆有极大的瑕疵与遗憾。而由郎世宁设计绘画、清朝艺人于1783年所制作的西洋楼铜版画,说起来该是最能完美呈现西洋楼建筑手法与配置的了。然而,留下的20幅画作,却都是各幢建筑物的单一立面,在没有立体构图的基础上,复原工作的视觉效果,自然大打折扣。加上传统建筑雕刻技术的失传,也使得这要重现原建筑风貌与景观的工作,充满了挑战。

三、借老照片对西洋楼风貌所进行的研究

工作的推展分别自遗址与建筑物的重建着手。1984年,菲利浦和杜兰德以金勋的作品为蓝本,辅之以对遗址数度测绘调查的结果,再加上一些想象力,终于绘制了一幅涵盖全部西洋楼景区的平面图。这幅新图不但对金勋的旧图多所修正,重要的是使整个

---

[58] Régine Thiriez, "Les Palais Européens du Yuanmingyuan à Travers La photographie: 1860—1940", *op. cit.*, p. 91.

景区间建筑物的配置，更显得细致而完整(59)（附图十七）。但建筑物的重建工作较之遗址的重现，更感困难。“夏宫使命”的核心成员试图自四个方面，对西洋楼展开研究：“构建的缘由，建筑者的生涯与认识、建筑的灵感与技术、建筑装饰与宫殿用途。”此后在研究的过程里，杜兰德乃提出了应从需要、过程与方法的三个面向上，对西洋楼之重建作全盘考虑，而问题的关键正在于资料的缺乏。(60)要重现一组曾出现于过去特定历史时空上的建筑，其重建的基础，在档案与实物阙如下，只好大量地采用旧照片，以弥补文字、模型、设计图的空白。工作人员于是检视了自 1874 年至 1924 年间，为数共 149 张有关西洋楼的所有照片，它们成为复原工作上重要的参考依据。(61) 照片的拍摄者来自不同的国籍与身份，对景物的取舍也有着迥异的考虑与兴趣。由于照片分属不同的时间，所以对缓慢而持续的破坏，借着系列的呈现，就更具有沉稳且动人的说服力；对建筑物已不易明察的某些细部构造，也有存照为证的意义。

---

(59) Régine Thiriez, “Visual Resources”, *op. cit.*, p. 206. 童隽：〈北京长春园西洋建筑〉，《圆明园》第一册，第 75—78 页。童隽在 1981 年所发表的文章中，曾附录了一件长春园西洋建筑总平面布置图。依他的说法，此图乃是根据实地测量、参考金勋所绘的旧图，以及北京市公务局在 1933 年实测圆明园的记录，综合整理于 1963 年完成。尔后，再由南京工学院建筑系教师晏隆余描绘制版。但是，若与法方资料中所使用、由杜兰德所绘制的西洋楼平面图来看，两者之间却看不出明显的差别。或许因为我使用的是影印资料，模糊不清无法细微分别所致，此点也有待再查证。为此本书所用的平面图，即是以 1963 年的平面图为制作的蓝本。此外，并附上一件 1984 年 11 月刊登于金毓丰文章中的一幅西洋楼全景示意图。

(60) Antoine Durand, “Restitution des Palais Européens du Yuanmingyuan”, *Arts Asiatiques*, Tome XLIII, 1988, pp. 123—133.

(61) Régine Thiriez, “Les Palais Européens du Yuanmingyuan à Travers La photographie: 1860—1940”, *op. cit.*, p. 91.

这一切所展示的正是“无声却又具象的历史”。(62) 这项新的尝试不仅对中国艺术史，特别是建筑史的研究而言，开启了一个前所未有的园地与方向，同时附带地也引发了工作小组，对此一时期的中国海关档案、个人传记、教会档案及相关印刷物品的系统研究。(63) 自1983年至1987年的四年中，工作小组将收集到的各种印刷品，加

---

(62) C. B. Malone, “History of the Peking Summer Palaces under the Ch'ing Dynasty,” *Illinois Studies in the Social Sciences*, Vol. XIX 1—2 (Illinois 1934), p. 146. O. Sirèn, “Les palais Impériaux de Pékin”, *Van Qest*, Vol. 2 (Paris, 1926), p. 210. Régine Thiriez, “Visual Resources”, *op. cit.*, pp. 217—218. Régine Thiriez, “Les Palais Europèens du Yuanmingyuan à Travers La photographie: 1860—1940”, *op. cit.*, p. 96.

有关西洋楼照片的重要摄影者如下：

1. 查德(Thomas Child)于1870年至1889年享有盛名。1877年，他摄得8张西洋楼的照片。

2. 毕榭(C. W. Bishop, 1881—1942)为美国考古学者。1923—1927年和1929—1934年期间，费雪艺术画廊两度派他赴中国。布莱克(S. Black, 1882—1960)为丹麦工程师，曾任职大北方电报公司，是中国艺术的收藏家。二人于1922年和1924年间，均摄得不少有关养雀笼建筑的照片。

3. 奥斯汉(David Osirèn)及皮锐(A. T. Piry)则分别于1919年和1877年，在中国摄得一些西洋楼的照片。

4. 比亚托(Felice Beato)为英国有关意大利风景方面的职业摄影者，帕比隆(J. A. Papillon)为英国皇家工程队的少尉军官。1860年英法联军攻北京之时，二人均服役于英国派遣军中。10月24日，当恭亲王与英使额尔金签约时，比亚托正是此一历史性仪式的摄影者。此外，二人还在滞留于圆明园期间，拍了不少有关海晏堂和十二生肖喷水时钟的照片。

5. 德人奥尔莱所摄之照片，请参注㉜。

6. 希伦(Osvald Sirén)为瑞典学者，专研中国建筑与园林。1922年，作者利用在华考察期间，进入圆明园遗址，并摄得西洋楼残迹照片数帧。

(63) 教会档案和海关档案的研究，目的在于补资料之缺失；不过，事实上这一辅助性的努力，收效不大。原因有二：记载者鲜有兴趣关心建筑，加以长期战争所带来的动荡与不安。至于印刷品的复制，虽受限于各因素使成效也不全面，但是，奥尔莱摄于1874年照片的放大，则弥补了上述的缺憾。詹斯特(G. Genest)在1987年，将之放大成20.5cm×26cm，使细节的清晰度大大增加，并汇成一集邮册于伦敦出版，对西洋楼的重建工作极有助益。

以分类、比对、合并,借以明确鉴定新材料和新方法的运用。这虽然不一定能预见一个新的起点,但的确扩大了研究的视野,并相当程度地弥补了档案资料的不足。

就中国方面而言,追圆明园整修奠基仪式在西洋楼区大水法遗址旁举行后,各界相继对西洋楼遗址提出整修规划建议。1984年春,中国圆明园学会筹备委员会和圆明园遗址公园筹建委员会,联合发起征集"圆明园西洋楼遗址保护、整修规划方案"的活动。7月12日至14日并在北京召开了学术讨论会,会中包括城乡建设、环境保护、建筑设计、历史文物、园林规划和旅游管理各方面的学者专家47人,针对六个主要方案提出评议和分析。[64] 对西洋楼遗址到底应采取修复、重建,还是在遗址的基础上加以整修? 最后,在综合会议中针对讨论的意见,拟就了几项工作的方针:

1. 在西洋楼规划方案中,应以"整修"工作为主,并强调"遗址"特点。因此,不能任意增加或改变其本来面目,凡主要建筑物均以清整遗址为限,不考虑恢复。

2. 西洋楼遗址是整个圆明园的一个局部,不能作为独立的公园来设计。

3. 整修的目的除了保留历史文化遗产外,还必须考虑观光与文化的需求。

4. 让遗址如实呈现,是历史教育与爱国主义教育最生动

---

[64] 〈圆明园西洋楼遗址整修规划方案评议及学术讨论会上代表发言摘登〉,《圆明园》第四册,第191—204页。韩琍:〈圆明园西洋楼遗址整修规划方案评议及学术讨论会〉,同上注,第187页。韩文指称有27位代表在大会上发言,60余位代表在方案评选意见会上发表了书面意见。〈摘登〉一文中则登录了47人的发言记录。

的教材。

5. 根据遗址现存情况,努力表现18世纪中期,在圆明园一角,移植以水法为主旨的西洋园林的真实面貌。

根据上述这些方针,再进一步提出了一些具体的工作安排,归纳如下:

一、关于废墟的发掘与清理

1. 发掘与清理的工作要有计划划、有步骤,尤应由专业技术人员加以指导。

2. 在工作的过程中,要注意有关基址、文物和构建位置的保护、保存、查证、记录及编号。

3. 所清理出的大型构件,若能确定原来位置者,应一律复位或堆放在原来位置的周围。一时间不能确定位置者,亦该妥善保存,待清理完毕后,再相互印证加以复位。

4. 清理时应注意查明建筑物的基址、地坪与柱础,道路的路线与宽度,水道及水池的通道及流向;找寻树木的残根,借以辨明树种的类别。

二、关于遗址的保护与修整

1. 凡有残留建筑基础的建筑遗址,应清理出其基础及上面的结构。

2. 复位及整理的原则有三:构件保护要完好、游览保证能安全、遗址整修应顾及艺术效果。

3. 喷水池、花坛及道路,尽可能整理出原来的形状和位置。道路系统以原有的为主,不能随意增补;对遭受破坏却不影响使用的路面,也不必加以修补。若有必须修补者,亦应当使用相类的材料,力求协调。水系要按原系统恢复;喷泉暂不恢复,但水池应注水,水道及方河应恢复原状。花草树木的复植,应尽量恢复原来的树种及修剪的树冠。

三、适当修复的范围

虽说西洋楼景区既以保护与整修遗址为方针,但为整个遗址的空间布局、艺术效果及参观、游览的需要,对一些非建筑类的构筑可以做适当的恢复,例如万花阵的门墙、线法山、方河、线法墙和观水法的后墙等处。[65]

北京建筑工程学院所提的(第六)方案,最后获得评议委员会颁发的优秀奖,并决定以此方案为基础,根据会议订定的基本方针,由圆明园管理处绘制设计施工图,以付诸实现。此外,为保证西洋景区整修工作的稳当妥帖,也将邀请相关的技术专家,组成规划设计小组,协助指导具体设计和工程施工的进行。

第三节　遗珠与现状

1995年6月2日至18日,"寒舍"于台北信义计划区内、松高路上之"维也纳艺术广场",举办十周年珍品特展,其中铸于"海晏

---

[65]　汪之力:〈整修圆明园西洋楼遗址的基本方针与初步安排〉,《圆明园》第四册,第187—189页。

堂”正面坡道两旁、十二生肖造型喷水时钟之一的铜马头像，赫然在列。(66)

一、楼景区内遗物的再现

自英法联军焚烧圆明园，劫掠了宫内大批的艺术珍品后，这些宝物分别为欧洲王室及古董家们，争相收藏。如今无论是纽约大都会博物馆、英国伦敦博物馆、法国巴黎基美(Guimet)博物馆或枫丹白露宫的中国馆，皆以典藏丰富著称，其中尤以后者因收藏精美绝世而无出其右者。(67) 据一项记录显示，单是 1861 年至 1863 年的两年内，圆明园中的珍藏就有 13 次、上千件的宝贝，在巴黎德伍特(Hotêl Drouot)大酒店拍卖。(68) 不过，西洋楼区中的文物、饰品及铜铸，则一直未曾出现。1972 年 4 月，在巴黎私人的收藏中，

---

(66) “寒舍”为国内著名古董字画、珠宝及家具之艺廊，收藏许多中国艺术精品，并以买卖介绍中国传统器物及艺术为务；曾前后将搜集到的文物资料照相出版，名为《寒舍秘笈》。在其 1988 年出版的《秘笈》中，已记载了铜猴头像为 1987 年 10 月 10 日，于纽约苏富比拍卖会中购得。

(67) Colombe Samoyault-Verlet, “Le Musée Chinois de I' impératrice Eugénie”, *Château de Fontainebleau* (Paris: Dépt légal, 1994), pp. 14—19. Jean-paul Desroches, “Les Collections provenant de la campagne de Chine”, *Ibid.*, pp. 27—72. 枫丹白露古堡(Chateau de Fontainebleau)位于巴黎东南 70 公里之枫丹白露地方，于 16 世纪法王路易十三时始建，此后建筑景观迭有兴修。1863 年，拿破仑三世在此增设中国馆，作为尤金尼皇后(l'impératrice Eugénie)燕寝之地，因而此处又有尤金尼皇后的中国博物馆之称。这里收藏有大量的圆明园中的珍宝文物，约有千余件，皆为中国积年积世之精华。依类别可分商周青铜器、明清官窑瓷器、玉饰、丝绣、象牙、金器、雕漆、玛瑙、珊瑚、木器等数十种。此外，乾隆《御制八征耄念之宝记》碧玉册和乾隆缂绿无量寿佛大主轴，尤为绝世。

(68) 据巴黎 Conpagnie des Commissaires Priseurs 给美国纽约的 Associate curator European Sculpture and decoratiove arts Metropolitan Museum of Art 的函件。

首先发现了“海晏堂”坡道旁十二生肖中的鼠头、兔头铜像。(69) 但直到1980年，美国纽约大都会博物馆展示了猴头和猪头铜像，所谓十二生肖喷水时钟之样貌，才又部分地重新公诸于世人眼前。(70)

1987年10月10日，猴头铜像在纽约苏富比拍卖场出现，最后为“寒舍”竞拍购得；并于同年11月22日在台北展出。(71) 虎头、牛头和马头铜像，则在1989年6月13日，同时出现于伦敦苏富比拍卖场，之后均为“寒舍”竞拍购得。

1989年底，“寒舍”曾为牛、虎、马、猴四座头像，在台湾举行文物特展；之后随即转卖给不同的收藏家。2000年4月30日，牛头与猴头铜像，在香港佳士得公司之“春季圆明园宫廷艺术精品专场拍卖会”上现身。最后，由来自北京的人士，分别以740万及700万港元购得。5月2日，再自香港苏富比公司，以1400万港元的天价购入虎头铜像。(72) 牛头、虎头及猴头铜像，现均存放在北京保

---

(69) 贝尔德雷(Michel Berurdeley)为法国方面的西洋楼研究者，著有 *Giuseppe Castiglirae: Peintre Jesuite a la Cour de Chine* 一书。在 Deux Tetes Du “Versailles Chinois” Re trouvees à Paris 一文中，指贝尔德雷于1972年4月，在一位私人收藏家中，看到鼠和兔的头像。

(70) 十二生肖喷水时钟原先均为身首相连的完整动物造型，但目前出现于拍卖会场者，却都只剩下头部而已。有一种说法是，乾隆晚年命人将喷水时钟的铜铸十二生肖，拆开并收藏在圆明园库房中。因此，当英法联军劫掠圆明园时，十二生肖就已身首分隔，故而时至今日皆以铜头造型出现。自乾隆四十五年(1750)起，大水法及海晏堂各地，在蒋友仁去世后，即不再喷水，故上述说法颇言之有理。

(71) 《寒舍秘笈》，台北：寒舍出版社1988年版，第75页。*Fine Chinese Decorative Works of Art*, New York: Sotheby's, 1987, pp. 9—10.

(72) 《联合报》2000年5月1日。《联合报》2000年5月3日。猴头与牛头铜像，若连佣金则分别价值818.5万及774.5万港元。与虎头铜像同时拍卖的尚有“清乾隆酱地描金粉彩镂空六方套瓶”一件，得标者为北京瀚海公司，应为保利集团之附属公司。据报道指出，保利集团表示，这次拍卖会是由该集团总经理贺平，于请示中央和北京有关部门后，指示公司代表尽力竞价，抢购国宝。

利艺术博物馆,供公众观赏。2003年澳门赌王何鸿燊,以700万港元购入猪头铜像,其后转赠保利集团,亦存放于北京保利艺术博物馆。2007年9月6日,根据香港《文汇报》报道,马头铜像将于10月9日拍卖,其成交价格估计逾6000万港元。[73]

有关十二生肖喷水时钟的去向,一般议论有二:一是由咸丰帝母亲曾将其移置在南海居仁堂前,因此,生肖铜像仍得以保存;另一则是在日军占领华北后为其所劫,作为铸制武器之用。[74] 对于这两种说法,个人以为或许反映了迄满清一朝,该组生肖铜像尚能完整保留,迨日军掩至才芳踪渺渺之事实。但是,由于缺乏可靠史料的佐证,也就无法证明各自所存说法的真实性。若仅以目前铜像出现的情况而论,至少我们已知道尚有鼠、牛、虎、兔、马、猴及猪七种铜头像,留存至今,故而两种说法皆有差误。这些铜头像的高度分别为50、50、35.6、48、42、48.3及32.4公分,都是以精炼红铜,由手工打造而成。其造型活泼生动、表情可爱有趣、质地薄巧坚实、做工精致细腻,百劫红颜堪称异数(附图十八)。

二、中西装饰想象的呈现

1995年9月6日,笔者赴承德避暑山庄,内设陈列室,见自鸣钟多台置于其间。其体型大小不一或立或挂,设计则繁简各异,但均构思精巧。钟上镶刻镂雕着山水、车马、仕女、小孩及动物等各式图案或实体,其造型多为西式,黄、白、红、蓝、绿各种色调驳然杂

---

[73] 《文汇报》2007年9月6日。报载马头像将于10月9日在香港苏富比拍卖行拍卖。

[74] 何重义、曾昭奋:〈长春园的复兴和西洋楼遗址整修〉,《圆明园》第三册,第36页。

陈,岁月悠悠却鲜丽依然,不知还能使用摆动否？另有各式尺寸之吊屏、挂屏及屏风无数;屏上或以珠翠、玉石、贝壳、象牙和各类珍品贴饰,或彩绘山水、花鸟、人物和走兽,皆栩栩如生斑斓多姿。此外,在紫禁城宫中位于内庭外朝间小广场上的“奉先殿”,原为清室祭祖之地,如今已成钟表展览的殿堂。殿内收藏了乾嘉之际的各类钟表。大自巨型座钟,小至挂表、怀表及装饰表,尽在其中;除中国人自制外(75),还涵括了西方使节致赠、朝贡或由粤海关购置者。西使致赠以英、法两国为主,有风车、汽车、轮盘、气球、玩魔术和烧蜡画盘等造型各异的时钟,充分展现了当代西方科技工艺的水平和风尚。其中有一组利用杠杆原理而造的滚钟,圆形小球钟立于斜坡的一端,每小时自动下滑至一定距离,每 12 小时周而复回,设计和造型都十分特殊。这些东西是否为西洋楼中珍藏品之劫后余生？仍待查证,但亲眼所见,也具体而微地扩增并神入了楼中各处装饰陈设的想象空间,虽不中亦不远矣!

三、实况报道与历史教育

西洋楼景区的整修工作,自 1976 年圆明园管理处成立之后,即陆续展开。首先着手清理了几处基址,1977 年将“远瀛观”对面、“观水法”处,已失散了半世纪之久,上刻有军旗、甲胄、刀剑、火炮、兵书的五块石雕围屏和两块汉白玉石鼎,由北京大学运回原处

---

(75) 中国对现代式样钟表的使用与制造,早在清初之际即已开始。宫内造办处特设做钟处,专门造就形式奇特、功能特异、大小不同又融合传统形制的钟表、挂表及怀表,如帽架钟、粧台钟、对帘钟、屏风钟、如意钟、画瓶钟、书法家钟和福寿齐天钟等。乾隆甚至亲下手令,由造办处造了一座楼阁钟,将中国的雕楼画栋和西方科技精巧熔于一炉,即使在今天也算是出类拔萃的创作了。在当时钟表蔚为皇亲国戚、后宫嫔妃的贵重装饰及摆设,既是风尚也是身份的表征。

安放。同时对"大水法"、"观水法"一带,进行绿化工作。而早于 1975 年年底,更在楼区内设立"圆明园史展览馆"。1994 年 7 月 26 日,我在馆内见墙上列挂了极为完整、自 1860 年迄 1940 年前,各阶段的西洋楼照片或印刷品;玻璃柜中摆放着天青、豆沙、杏黄、土褐、宝蓝及灰白等色泽不同的琉璃瓦片;皆为西洋楼沧桑历史之见证。1985 年后,西洋楼景区进入新的整修阶段,基本上确立了只能作为一座遗址园林来进行规划的原则;不复原建筑,不新添被破坏的任何石柱构件。此行所见除石雕围屏外,最焕然一新者当属"万花阵"。该处遗址上原是一片小树林,如今照原来的设计,于 1987 年 9 月底修复。墙体长 1600 米、墙身刻卍型花纹、墙顶做池状、中植花树、四角各有八方阵眼,行进其中有迷宫的效果。正中白石台上,筑白玉园顶八角亭一座,在整个西洋楼景区中,特别有鹤立鸡群之感。"海晏堂"储水池基座之一角已然恢复,"大水法"水池中也已导引了水流。"观水法"的台座按原址整修,配上立于其后的石雕围屏,使"远瀛观"这整组遗址的全貌,完整地呈现出来;与"万花阵"交相辉映,构成西洋楼景区最吸引人且完整的景点(附图十九)。这些工程整修或构筑的目的,一方面在强调原建筑的形象,另方面在提供游人参观、嬉戏之所;可以看成是整修规划方案中的建议结果,而在各个遗址之前,均有碑文以志其事。[76] 西洋楼景区内的地上原有许多乱石渣子,如今已全部清除。"谐奇趣"、"大水法"、"方外观"、"海晏堂"、"远瀛观"等处残存的石雕构件、壁柱及原土基石,根据整修规划方针,均已按原样就位;无法就

---

[76] 在六个规划方案中,至少有四个,都或多或少的主张修建万花阵,以为游客休息之所。

位的部分,亦就地安放在原地基上。也有为数不少的零星构件和动物石雕,则围以栅栏集中放置在区内的一角(附图二十)。园内的道路大体上按原来道路体系恢复,路面多用小卵石或条石铺面;只准步行游览,车辆不得进入。由于绿化的结果,沿园周边种植了不少的树木,枝干繁茂、高耸挺拔;低矮的柏树与绿丛,则多集中于"万花阵"内,另有花圃数个散落在遗址间的空地上。"线法山"上的转马台,杂草丛生较显荒芜。园内设有贩卖部及两个流动摊位,但不设餐饮部。

在规划为遗址保护区的前提下,经过适度的整修,西洋楼景区已摆脱了"废墟"的凄凉气息,而又具有"遗址"的价值。自1988年6月以来,包括福海景区、长春园和万春园部分景区,作为初具规模的遗址公园正式对外开放游览。以每年近200万人次的旅游情景,基本上已经可以做到"以园养园"的目标。[77] 在整修圆明园遗址公园的过程中,不少的款项来自地方政府自筹或大众的捐献。但不可否认,要经营像圆明园这样的大工程,政府的拨款才是有效养护、整修、重建的保证。就以西洋楼遗址保护区的预算而言,却以不超过50万元为宜;在紧缩预算的状况下,如何对整修及保护工作,能做好追踪考核,实在有待观察。[78] 仅以此行所见,由于"大水法"、"谐奇趣"、"观水法"、"远瀛观"、"海晏堂"等的残迹遗址,皆未设隔离线或围以栏木,游客或坐或卧于其上,爬上爬下争相拍

---

[77] 汪之力:〈圆明园与圆明园遗址〉,《圆明园》第五册,第264页。遗址公园收入除了门票、零售、表演游船外,耕种和养殖每年收入达200万元;管理部门职工共有833人。

[78] 汪之力:〈开创圆明园遗址保护、整修与利用的新局面〉,《圆明园》第一册,第9页。汪之力:〈整修圆明园西洋楼遗址的基本方针与初步安排〉,同上注,第190页。整个圆明园遗址公园的整修预算,估计约需8000万元,西洋楼遗址保护区50万元。

照。以其旅游人次之众，真担心不数年各相关构件上所残存之雕刻花纹，或将消失磨损于无形矣！

　　论者尝好言庚申与庚子之役，毁损了圆明园及西洋楼景区，以之并成为爱国主义教育的基调与素材。但通观整个园区及景区凋敝残破的过程，其间又何仅只是帝国主义入侵者的盗贼作为而已？政治秩序的荡然、政策的错误和私心自用，都可以说是为园区的衰败，孕育了不同类型的破坏对象。

　　1980年代后，在社会秩序重获安定、政策改弦更张的配合统计下，建设圆明园为遗址公园的呼声，乃逐渐增强最后并成定案。然而集清初国力而建的圆明园，要恢复其旧貌谈何容易？财力不济故不待言，相关传统的绘画、建筑和雕刻人才也失之凋零。西洋楼景区内之遗址以其整修可行性高而雀屏中选，在保持原貌维护古迹的基础上，除修建了"万花阵"外，将整个景区的残破景象具体呈现，成为百年来历史伤痕的见证、历史教育外的一章。虽然整修重建的实质效果或许没有精神意义来得大，但可以为中国由衰败到奋起、由改革到革命、由剧变到新生的历史过程，画下一个新的起点。

附表 Ⅰ

一、圆明园殿领用旧料根件、尺寸逐款分析表

地点	类别	名称	数量(单位)	尺 寸				
				长	宽	厚	高(见方)	径
近春园	松木	檐柱	168根 40	1丈				8寸
			28	1丈				7寸
			24	8尺				5寸
			44	7尺				3寸5分
			12	1丈				5寸
			20	8尺				5寸
		金柱	120根 38	1丈2尺				9寸
			44	1丈2尺				8寸
			38	7尺				4寸
		四架梁	57根 4	1丈2尺	1尺1寸	1尺		
			8	1丈	1尺	9寸		
			8	8尺	6寸	5寸5分		
			37	4尺	7寸	4寸		
		顶梁	57根 4	3尺	7寸5分	5寸		
			8	2尺	5寸	4寸		
			8	2尺	6寸	6寸		
			37	1丈	5寸	4寸		
		抱头梁	30根 14	3尺5寸	1尺	8寸		
			4	3尺	9寸	7寸		
			2	3尺5寸	1尺2寸	1尺		
			8	3尺5寸	1尺1寸	9寸		
			2	2尺	6寸	5寸		
		穿插	31根	3尺5寸	6寸	3寸		
		枋子	356根 28	1丈	5寸	3寸		
			45	1丈	4寸	2寸		
			42	9尺5寸	6寸	3寸		
			20	6尺5寸	3寸5分	2寸		
			220根 21	6尺	3寸	2寸		
		垫板	217块	1丈	5寸	1寸		

续表

地点	类别	名称	数量（单位）	尺寸 长	宽	厚	高(见方)	径
		桁条	292根 40	1丈5寸				7寸
			42	1丈				8寸
			56	1丈				7寸5分
			24	9尺				6寸
			39	7尺				4寸
			41	6尺				4寸
藏舟坞	松木	檐柱	36根				1丈1尺5寸	1尺
		金柱	38根				1丈5尺3寸	1尺1寸
		八架梁	35根	2丈4尺	1尺2寸	1尺		
		随梁	33根	2丈4尺	1尺1寸	9寸		
		六架梁	8根	1丈7尺	1尺1寸	9寸		
		四架梁	42根	1丈	9寸			
		顶梁	32根	3尺	8寸			
		双步梁	84根	7尺	1尺	8寸		
		随梁	84根	7尺	8寸	6寸		
		单步梁	84根	3尺5寸	8寸	6寸		
		檐枋	32根	1丈1尺	1尺	8寸		
		垫板	32根	1丈1尺	7寸	2寸		
		桁条	262根72 190	1丈3尺 8寸 1丈1尺	1尺 1尺			
藏舟坞	三山松杉木	檐柱	36根 24 128尺				7寸 6寸	5寸 8尺
		金柱	22根				1丈5尺	8寸
		柁	51根17 6 22 6	1丈2尺7寸 1丈1尺 2寸 9尺4寸 6尺2寸	1尺1寸 1尺 9寸 8寸	9寸 8寸 7寸 6寸		
		枋子	87根					
		桁条	38根33 5	1丈 9尺				7寸 6寸

续表

地点	类别	名称	数量(单位)	长	宽	厚	高(见方)	径
近春园	三山松杉木	楼柱	1件	2丈5尺	1尺			
		戗木	2件	1丈9尺	6寸			
		柱子	1件	1丈2尺	1尺2寸			
		柁	2件	1丈2尺	1尺	8寸		
		承重枋子	30件	7尺	8寸	7寸		
		檩子方圆柱子	129件	6尺				6寸
		抹角梁枋子	88件	8尺	6寸			
		抱头梁三架梁	30件	4尺5寸	7寸			
		单步梁穿托	26件	3尺5寸	7寸			
		垫板	50件	5尺	5寸			
近春园	松杉木椽子	檐椽	1128根 718 70	7尺5寸 6尺5寸 4尺5寸				1寸5分 2寸 1寸5分
		花架脑椽	3011根510 490 840 181 990	4尺5寸 4尺 4尺 3尺6寸 3尺5寸				2寸 2寸5分 2寸 1寸6分 2寸
		罗锅椽	998根506 229 263	2尺5寸 2尺5寸 2尺				2寸 1寸5分 2寸
藏舟坞	松杉木椽子	檐椽	1125根	6尺4寸	3寸5分		3寸5分	
		花架脑椽	5184根1728 1728 1728 1728	4尺7寸5分 4尺6寸 4尺5寸 4尺3寸5分	3寸5分		3寸5分	
		罗锅椽	600根	3尺3寸5分	3寸5分		3寸5分	

续表

地 点	类 别	名 称	数 量(单位)	尺 长	寸 宽	厚	高(见方)	径
以上共折合 17301 尺 7 寸 3 分 1 厘								
以每尺银 8 钱,计银 13841 两 3 钱 8 分 4 厘								
共计装 399 车,以 30 里远计,每车须 6 钱银,计银 239 两 4 钱								
上述各地所领用旧木植并车脚,共抵银 14080 两 7 钱 8 分 4 厘								
藏舟坞	石料	堵条石	2 块	25 丈 2 尺 35 丈 5 尺	1 尺 4 寸 1 尺 2 寸	5 寸 4 寸		
		柱顶石	12 块	1 尺 4 寸	1 尺 4 寸	7 寸		
		桃檐石	8 块	4 丈 6 尺				
		压砖板	4 块	2 丈				
		角柱	8 块	2 丈 4 尺	1 尺 3 寸	4 寸		
		青砂石	1 块	41 丈 6 分 4 厘	1 尺		1 尺	
以每丈银 2 两 4 钱 6 分 5 厘,共计银 124 钱 6 分 5 厘								
装 50 车半,以远 30 里核算,每车 6 钱银得 30 两 3 钱								
领用各处旧几料并车脚共抵银 130 两 7 钱 6 分 5 厘								
藏舟坞	瓦片	头号筒瓦	15624 件					
		罗锅	837 件					
计价以每件银 4 厘计,共计 65 两 8 钱 4 分 4 厘								
藏舟坞	瓦片	折腰	1388 件					
计价以每件银 3 厘计,共计 4 两 1 钱 6 分 4 厘								
藏舟坞	瓦片	板瓦	48840 件					
计价以每件银 2 厘,共计 97 两 6 钱 8 分								
共装 106 车,以 40 里计核算,每车银 8 钱,得银 84 两 8 钱								
领用旧瓦门及车脚共抵 252 两 4 钱 8 分 8 厘								

二、勤政殿领用旧料根件、尺寸逐款分析表

地 点	类 别	名 称	数 量(单位)	尺 长	寸 宽	厚	高(见方)	径
近春园	松木	檐椽	53 根 14 15 24	1 丈 2 尺 9 尺 7 尺				6 寸 5 寸 3 寸 5 分
		金柱	44 根 20 24	1 丈 2 尺 5 寸 7 尺				8 寸 4 寸

续表

地点	类别	名称	数量 (单位)	尺			寸	
				长	宽	厚	高(见方)	径
近春园	松木	五架梁	9根 7 2	1丈2尺 9尺	8寸 6寸	8寸		
		四架梁	20根 12 8	1丈 9尺	1尺1寸 9寸	9寸 8寸		
		顶梁	34根 22 10 2	3尺 3尺 2尺	8寸 9寸 9寸	8寸 8寸 7寸		
		抱头梁	24根 12 12	4尺 3尺5寸	9寸 1尺	8寸 8寸		
		穿插	24根 12 10 2	3尺5寸 3尺5寸 2尺	7寸 6寸 3寸	4寸 3寸 2寸		
		枋子	66根 28 6 14 18	1丈 9尺5寸 8尺 6尺	7寸 5寸 5寸 3寸	4寸 3寸 2寸5分 2寸		
		垫板	74块 20 28 26	1丈 1丈 6尺	5寸 6寸5分 3寸	1寸 1寸 1寸		
		桁条	131根 14 56 61	1丈2尺 1丈 7尺				1尺1寸 7寸 4寸
藏舟坞	松木	金柱	16根					
		八架柱	2根	2丈4尺	1尺4寸	1尺2寸		
		随梁	4根	2丈4尺	1尺	8寸		
		六架梁	10根	1丈7尺	1尺2寸	1尺		
		四架梁	4根	1丈	1尺	9寸		
		顶梁	10根	3尺			8寸	
		檐柱	6根	1丈1尺	1尺	8寸		
		垫板	6块	1丈1尺	7寸	2寸		
		金脊枋	30根	1丈1尺	7寸	5寸		
		垫板	30块	1丈1尺	5寸	2寸		
		桁条	40块	1丈1尺				1尺
		大柁	2件	1丈8尺	1尺6寸	1尺2寸		

续表

地 点	类别	名 称	数 量(单位)	尺				寸
				长	宽	厚	高(见方)	径
近春园	三山松杉木	柱子	1件	1丈2尺				
		楼柱	2件	1丈8尺				
		额枋	1件	1丈3尺	1尺8寸	1尺4寸		
		戗木	1件	1丈5尺				5寸
		插金柁	1件	7尺	1尺2寸	8寸		
		柁	2件	1丈4尺	7寸	6寸		
		承重枋子	30件	7尺	8寸			
		梁子方圆栓子	131件	6尺				6寸
藏舟坞三山松杉木		抹角梁梁子	88件	8尺	7寸	3寸		
		抱头梁三架梁	30件	4尺5寸	7寸	6寸		
		单步梁穿插	23件	3尺5寸	7寸	3寸		
		垫板	50件	5尺	5寸	1寸		
海淀灯笼库空闲园寓		六架梁	12件	1丈4尺	1尺3寸	1尺		

共得见方尺 3321 尺 4 寸 9 分
每尺银 8 钱，得银 2657 两 1 钱 9 分 2 厘
共 装 76 车半，以 30 里为计，每车银 6 钱，得银 45 两 9 钱
领用旧木植并车脚共抵银 2703 两 9 分 2 厘

三、大宫车领用旧料根件、尺寸逐款分析表

地 点	类别	名 称	数 量(单位)	尺				寸
				长	宽	厚	高(见方)	径
近春园	松木	八架梁	4根	2丈2尺	1尺5寸	1尺3寸		
		六架梁	4根	1丈9尺5寸	1尺4寸	1尺3寸		
		四架梁	10根	1丈	1尺	8寸		
		抱头梁	20根	3尺5寸	1尺	9寸		
		穿插	20根	3尺5寸	8寸	4寸		

续表

地 点	类别	名称	数量(单位)	尺　　量 长	宽	厚	高(见方)	径
藏舟坞	松木	檐柱	8根	1丈1尺5寸				1尺
		六架梁	4根	1丈7尺	1尺2寸	1尺		
		乡随梁	4根	2丈2尺	1尺	8寸		
		檐枋	6根	1尺1尺	1尺	8寸		
		垫板	6根	1丈1尺	7寸	2寸		
		金脊枋	40根	1丈1尺	7寸	5寸		
		垫板	40块	1丈1尺	5寸	2寸		
		桁条	40块	1丈1尺				1尺
近森园	三山松杉木	柱子	11件	1丈5尺				1尺5寸
		楼柱	2件	1丈4尺				1尺
		柁	3件	1丈	7寸	6寸		
		戗木	2件	1丈2尺				5寸
		承重枋子	30件	7尺	8寸	7寸		
		梁子方圆柱子	130件	6尺				6寸
		抹角梁梁子	88件	8尺	6寸	3寸		
		抱头梁三架梁	30件	4尺5寸	7寸	6寸		
		单步梁穿插	26件	3尺5寸	7寸	3寸		
		垫板	48件	5尺	5寸	1寸		

共折见方尺1902尺5寸4分2厘
每尺银8钱,计银1522两3分3厘
计装44车,以30里为计,每车银6钱,计26两4钱
领用旧木植计车脚共抵银1548两4钱3分3厘

附表 Ⅱ

圆明园石材破坏统计表

用途作为	时间年月日	出处	名称	数量尺寸	取用破坏之人或单位	备注
修正阳门	1915.9.6	圆明园西北隅安逸墓前	石麒麟	1对	北洋政府	依〈内务部致溥仪内务府函〉,知此二物皆已为开单商请之件。
修正阳门	1915.9.6	香山旧园	古铜狮	1对	内务部	同注⑦,第766页
建公园	1915	圆明园		51块	江朝宗	见〈江朝宗致溥仪内务府函〉第769页
偷盗	1919.3	圆明园	大条石 大城砖 大条石 大小开条砖 大城砖	6块,共长2丈1尺 20块 2块,共长6尺 119块 5块	先擒贼犯张得录、王小辫、张大等三名。再获贼犯张祥一名	
偷盗	1919.4	圆明园	城砖132块 方砖17块 黄、绿琉璃砖瓦 汉白砖32块、石墩821块 沙板砖6块 汉白玉、石花板石山子石4块	140块 18块	贼犯秦二、于德海、宋二等三名	见〈溥仪内务府致步军统领衙门函稿〉,1919年4月,知中营树村汛守备吴廷辅,于三月十五日拏获贼犯。第772页

第二章 西洋楼景区之毁损与整修

续表

用途作为	时间年月日	出处	名称	数量尺寸	取用破坏之人或单位	备注
售卖	1919.10.1 1919.10.19 1919.12	圆明园西大墙	砖块	不详 大车三辆拉运	十三师军人驻扎西苑边防窜炮三营之郭副官带同军人十数名。	资料出处同前 第773—775页
私用	1919.10.4 1921.9.15	圆明园文源阁	太湖石	不详 大车十余辆及数十辆分别拉运	军人曹巡阅使	见〈步军统领衙门致溥仪内务府函〉,1919年10月4日,载军人于农历八月十三日、十四两日,每日一二次不定拉砖块。 另依〈圆明园司房管处禀文〉,1921年9月15日,载曹巡阅使署差遣刘馥桂押车。 第773—777页
不详	1921.9.29	圆明园	砖块	不详 大车拉运	十六师六十四团二营军人	见〈圆明园福缘车首领太监禀文〉,1921年9月29日,〈圆明园郎中吉堃致陆军第十六师司令部函稿〉。 第777、816页
不详	1921.10.3	圆明园北大墙 饽饽车大墙 舍卫城墙	砖块	大车数十辆	六十师军人数百人	见〈圆明园司房总管处禀文〉,1921年10月3日。 第779页
不详	1922.7.28 1922.9.26	圆明园 长春园 万春园	太湖石 太湖石 青云片石	大车60余辆 201车 104车	京兆尹刘炳秋	见〈征收前圆明园房地租办事处禀文〉,1922年9月19日及9月26日,圆明园总管王和喜与万春园首领贺成荣之呈报。 京兆尹先后两次派人至圆明园拉运太湖石及青云片石;第一次盗取的时间长短不详,第二次由7月28日至8月4日,共六天。 第785—789页

续表

用途作为	时间年月日	出处	名称	数量尺寸	取用破坏之人或单位	备注
不详	1922.8.16 1922.8.23	长春园	太湖石	422车	京兆尹刘炳秋	自8月16日至23日,拉运太湖石八天。 第792页
贩售	1922.9.28	圆明园西大墙	砖块	不详	十三师官长带同军人	资料出处同前 第788页
不详	1922.8.16 1922.10.7	长春园	太湖石	火车3辆	京兆尹刘炳秋	依〈征收前圆明园房地租办事处禀文〉(附原呈),1922年10月7日,圆明园司房总管王和喜,长春园首领李和信之报称,京兆尹派萧锦堂拉运太湖石。 第791页
不详	1922.11.21	圆明园课农轩北楼门大墙	砖块	不详	身份不详数十名	资料出处同前 第794页
不详	1923.3.29	圆明园课农轩北大墙	砖块	不详	身份不详数十名	资料出处同前 第797页
不详	1923.3.12 1923.4.18	圆明园紫碧山房西大墙北大墙	砖块	不详	身份不详数十名	见〈征收前圆明园房地租办事处禀文〉(附原呈)。 第1799—1800页
不详	1923.4.10 1923.5	圆明园西大墙	砖块	不详	西山天平沟教堂	见〈溥仪镇内务府致步军统领衙门函稿〉,1923年5月。 第801页
不详	1923.4.20	圆明园海岳开襟	太湖石	不详	盗匪数十名	资料出处同前 第802页
	1924.1	圆明园	山石	100车	王兰亭	见〈聂宪藩致绍英等函〉。 第804页
偷盗	10.2(按此禀文中无记年,但应为1925年)	长春园	太湖石	352车	聂宪藩	依〈征收前圆明园房地租办事处禀文〉,10月2日,由9月11日至29日期间,中营副将鲍淮翰遣人拉运太湖石。 第812页

第三章　中西文化交流的范例

对西洋楼景区中建筑与园林的西方形式，各家皆自有认定，并在文艺复兴式、巴洛克式或洛可可式之外，于国别上也有坚持。不过，往往都失之于含混其词，甚至有以西方古典风格一词笼统带过者。"中西融合"是在对景区论断上众人共有的交集语汇，唯评价却是不高。

本章第一节首先试图厘清文艺复兴、巴洛克和洛可可三种西方建筑风格的内涵，并析陈其彼此间之关联性。进一步再由历史发展的时序，呈现法、德（广义地说为日耳曼地区）和意大利诸国，在建筑风格上所独具之特色。这么做的目的在于为确认西洋楼的西式建筑风格铺陈认知的依据。第二节则以"点"的水体形态设计，来突显、对比西洋楼景区与传统中国园林理水原则之不同。而庭园中各细部规划如园门、园路、园亭及绿化等设施布置，亦就其特点调陈列举，以见西式园林影响之爪痕。第三节论述之主旨有三：西式风格之定位、中西融合之视角及价值判定之基础。除了以景区中之建筑物为实例，反复论证以说明其应为意大利巴洛克风格外，并特别将郎世宁所处之时代背景加以介绍，借其所接受之通才教育和美学素养，来反证区内设计者非专家之讥。而西式园林风格之区分，亦将一并讨论。不可否认，景区内中西融合之主体结构乃以西为主，但这一切并不影响中式风味的表达与创意。况且，无论就中西文化交流、乾隆建造动机以及建筑美学等各个角度衡量，都算是空前绝后之作。

第一节　西洋楼景区西式建筑风格之厘清

西洋楼建筑具有哪些特色？在建筑艺术表现上应属何种风格？是文艺复兴式（Renaissance）、巴洛克式（Baroque）、洛可可式（Rococo）、意大利和法国的混合式，抑或中西合璧式？至今众说纷纭，莫衷一是，论者往往直言不讳，但鲜见依个案实例而究其缘由，参证比附并条陈缕析者。① 巴洛克与洛可可究竟是两个各自独立、互不相属的建筑风格，还是互为联系、密不可分，甚至可视为

---

① Alida Alabiso, Castiglione and The Introduction of European Painting and Architecture in The Imperial Qing-Palaces. International Conference on Eighteenth Century China and The World (Beijing：The People's University of China, June 20—24, 1995), p.5. Osvald Sirén, *Gardens of China* (New York：The Ronald Press Company, 1949), p.123. Michael Sullivan, *The Meeting of Eastern and Western art* (London：Thames & Hudson, 1973), p.67. Mushell, S. W., *Chinese Art*, Vol.Ⅰ (London, 1909), p.65. Gothein, M. L., *Geschichte der Gartenkunst*, Vol.Ⅱ (Berlin, 1914), p.10. 童寯：〈北京长春图西洋建筑〉，《圆明园》第一册，第71页。杨鸿勋：〈万园之园——圆明园〉，《圆明园资料集》，书目文献出版社1894年版，第6页。金毓丰：〈圆明园西洋楼评析〉，《圆明园》第三册，第21页。〈圆明园西洋楼遗址整修规划方案评议及学术讨论会发言摘要〉，《圆明园》第四册，第193—205页。刘凤翰：〈西洋楼与大水法〉，《圆明园兴亡史》，第43页。沈福伟：《中西文化交流史》，人民出版社1987年版，第430页。聂崇正：〈中西艺术交流中的郎世宁〉，《宫廷艺术的光辉》，东大图书公司1996年版，第207页。卞鸿ं儒：〈长春园图叙记〉，《长春园图册》，东北大学印，东三省博物馆馆藏，1931年。滕固，《圆明园欧式宫殿残迹》，上海商务印书馆1932年版，第2页。西洋楼建筑应属何种风格，学者各有所指，大体上可以分成下列类数：1.巴洛克式：有华冠球、杨鸿勋、刘凤翰、Alida Alabiso 和 Osvald Sirén 五人。其中杨鸿勋又特别指出，为仿文艺复兴时期的巴洛克风格；Alabiso 则认为是意大利的巴洛克风格。2.洛可可式：有严星华、童寯及 Michael Sullivan 三位，其中童寯特别指出是法国的洛可可式。3.中西混合式：有金毓丰、汪菊渊、李嘉乐、孟兆桢及 M.L. Gothein 五人。其中 Gothein 又特别指出，是巴洛克风格与中国思想之微妙结合。

具有相同内涵,在风格上无法区隔的艺术表现形式?而这两种风格又与文艺复兴建筑的发展,构成一种怎样的互动承接关系?或应将之判为全然无关的发展?

一、文艺复兴、巴洛克及洛可可风格兴起的脉络

就时间上的连续性而言,巴洛克为继文艺复兴建筑艺术后所发展的一种新的构造风格,故在建筑要素上自然具备了相当的同质性。其盛期的范围涵盖整个意大利,但若严格而论,当仅限于罗马一地;1630年到1680年间的50年,是它发展的成熟期,米开朗琪罗(Michelangelo Buonanati,1475—1564)则是此一建筑风格原型的开创者。② 尔后,才逐渐影响至意大利以外的地区。由于巴洛克的建筑形式,是针对文艺复兴以来建筑律则的严格遵守、应用或进一步发挥,因此,亦有建筑学者视巴洛克风格的展现,为整体文艺复兴建筑发展的一部分,这足以说明两者在建筑上密切的联系性。

当然,更有不少的学者视巴洛克建筑,为一种彻底的创新,与文艺复兴风格迥然有别。相对于意大利的巴洛克风格,洛可可则是原生于法国的一种艺术创作形式,1700年至1730年的30年是其发展的成熟期。③

建筑史上的文艺复兴时期跨越了15世纪、16世纪两个世纪,

---

② 《西洋美术辞典》,台北:雄师图书公司1982年版,第70页。Herbert Read, *The Meaning of Art*, Richard Clay and Company Ltd, 1945. 里德著、王柯平译:《艺术的真谛》,辽宁人民出版社1987年版,第108页。里德指出,米开朗琪罗为巴洛克艺术之父,因为巴洛克风格在他的建筑作品中,表现得十分明显。例如在佛罗伦萨城内,劳伦奇图书馆的门廊和麦迪西的陵墓,其建筑中的柱、窗及顶盘等组成部分,都不只是用来配合任何结构上的目的,而且也是为了取得审美的效果。另外一些壁龛设计的目的,则在形成一种阴影,或突出一种纯浮雕的特征。因此,我们看到的建筑物,往往不是依照建筑法则,而是依循绘画或雕刻法则所建构的成果。

③ 《西洋美术辞典》,第731页。

与人文主义及文学上的复古风潮,在时间的脉动上大体相同。除了历史、地理、气候和文化等的优越条件外,自 1424 年乔凡尼·梅迪西(Giovanni de Medici, 1360—1429)的大力提倡与推动,以及此后麦迪西家族数代子孙,都成为艺术活动和大型公共建筑的赞助人,存在着密切的关系。④ 随着宗教改革运动的爆发与刺激,教皇及各王室更争相筹建新邸教堂,设立美术学校以造就艺术专业人员,终使文艺复兴的建筑风格,由佛罗伦萨、罗马、米兰及威尼斯而遍及整个意大利。之后,再发展出巴洛克式建筑的原型。以地域而论,法国文艺复兴式建筑的兴起,整整晚了意大利 70 年之久。

---

④ *The World Book Encyclopedia*, Vol. 13, Chicago: World Book, Inc., 1988, p. 362. 梅迪西家族(Medici Family)为意大利佛罗伦萨地方著名家族,以其巨大的财富和随之而来的影响力,自 14 世纪末迄 1737 年,不但掌握了该地的统治权,更在意、法两国的历史上,扮演重要的角色。在文化上,由于家族成员的兴趣使然,成为艺术活动的赞助人。佛罗伦萨就在其主政控制下,发展成艺术的中心;米开朗琪罗和拉斐尔等伟大的艺术家,在艺术创作的过程中,都深受资助。在政治上,家族中先后有三位成员出任教皇,无形中也使其势力扩张至罗马:利奥十世(Leo X, 1513—1521)、克里门七世(Clement VII, 1523—1534)和利奥十一世(Leo XI, 1605),其中利奥十一世仅在位 27 天旋即去世。家族中另有二位女性先后成为法国皇后:一为亨利二世之妻的凯撒琳(Catherine de Medicis, 1559—1589),她统治法国达 30 年之久;一为亨利四世之妻的玛琍(Marie de Medicis),1610 年将王位给儿子路易十三。

在梅迪西家族中,有三位最有贡献的成员:

1. 乔凡尼·梅迪西(Giovanni de Medici, 1360—1429)在银行与商业经营方面极为成功,奠定了家族日后的发展,故被视为家族中第一位伟大的成员。

2. 科西莫·梅迪西(Cosimo de Meici, 1389—1464)为乔凡尼之子,由于他的努力,使梅迪西家族赢得广泛而良好的名声。科西莫不但对艺术活动赞助大量的金钱,更因为在他的手上对佛罗伦萨形成了绝对的控制力,因而使他在那里拥有"国家之父"(The Father of his Country)的称号。

3. 伟大的劳伦佐梅迪西(Lorenzo the Magnificent, 1449—1492)为科西莫之孙,是麦梅西家族中最享盛名的人。在他的努力下,把佛罗伦萨建设成一个最美丽又有权势的城市;除了推动公共工程的建设外,也致力于图书馆的普及,对艺术文化的贡献难以估计。历史上麦迪西家族的第一次失势,是在皮亚托·梅迪西(Pietro de Medici, 1471—1503)统治的时期,尔后家族又再度兴起,但终陷于意大利地区的政争之中。

15世纪末以来,意大利成为欧洲各王室争夺之地,自1494年法王查理八世(Charles VIII,1483—1498)入侵意大利开始,其间历经路易十二(Louis XII,1498—1515)、弗朗索瓦一世(François I,1515—1547)和亨利二世(Henri II,1547—1559)四代君主,先后对佛罗伦萨、米兰、威尼斯及罗马各地连年用兵。在这长年的战争中,由于哈布斯堡王室的介入,法国虽然耗费了庞大的军费,最后却黯然退出了在意大利的势力范围;因而这一连串的争战,常被史家视为"毫无意义的浪费"。⑤ 然而,诚如任何事件在历史的发展中,总是正负相因、因果相随一样,既没有绝对的"得",也没有全然的"失"。战争为法国王室对财政税收、交通建设及军事工业等问题的解决、掌握、确立和发展,寻得了契机。为了支持旷日持久的对外战争,必须发展自身的经济,其中尤其重视铸炮造船、筑路造桥、开凿运河、保障商路畅通、限制地方关税,以及促进度量衡的统一。同时,通过上述各项工作的推动与制度的建立,也有助于对内部封建机制和社会关系的重新调整;间接地,为法兰西民族的统一和绝对君主专制政体的确立,奠定下坚实的基础。⑥ 而更重要的

---

⑤ Peirre Miquel, *Historire De la France*, Paris: Fayard, 1976. 皮埃尔·米盖尔著,蔡鸿滨、桂裕芳译:《法国史》,商务印书馆1985年版,第155页。张芝联主编:《法国通史》,北京大学出版社1988年版,第87—88页。

⑥ 为了配合军队作战的需要,自然该有一套能贯彻执行的财税政策;而得以有效征税,意味着势必剪除特权分子。此外,要维持一支训练有素的常备军队,也必须得到大银行家、大资本家的合作,俾使战争成为一种双方互利的手段。自15世纪商业革命发展以来,位于勃艮地通往地中海、瑞士通往大西洋、法国通往意大利三要道交叉口上的里昂,逐渐成为欧洲最繁华的市集之一。法国也借此控制意大利的市场,而里昂的银行家们更以高达15%的贷款,贷放给国王作为军备之用。到了16世纪,传统的工业开始现代化。纺织、冶金、造船及印刷术等各项新兴工业都建立起来,这些状况更加速了法国王室的强大和富裕。而新经济情况的发展,也造就了一批以资本家和银行家为主的新阶层。他们以万能的金钱购买身份、官位和封地。另外,大城市中的工人、小农及小领主,则因环境的改善而成了受害者,致使16世纪法国暴乱频仍和爆发宗教战争。

是,法兰西诸王在和意大利文化接触后,深受刺激之余,乃提振了法国在文学、艺术与思想上的自觉,终而形成了一个新的文化运动。在这一个多样并举的文化运动中,初则完全为意大利文艺复兴运动的翻版,师法并大量借用了意大利文学和艺术创作的语汇及格式。之后,随着法国本身语言发展的成熟、创造力的迸发,在小说、诗歌、绘画及建筑各方面,都表现了惊人的成就。意大利那装饰得富丽堂皇的广场、宏伟气派的大理石教堂、窗牖枋比及阶梯奇特的官邸,都使得那些住在城堡中的"粗鲁的骑士们"为之倾倒。⑦ 为此,法国的新建筑艺术也就逐渐摆脱旧制,而进入了"文艺复兴时期"的新阶段(1494—1589)。16 世纪后期,波旁王室(Les Bourbons)于内战中取得了政权,在中央集权体制确立的过程中,国力也渐次强大。因应民族自觉意识的提高,乃将文艺复兴建筑的原型与意大利巴洛克式加以融合消化,配合本身传统与天候上的需要,创建出了独树一帜的法国式巴洛克建筑风格;特别在路易十三(Louis XIII, 1610—1643)和路易十四(Louis XIV, 1643—1715)当政的百年间,成果最为可观。

---

⑦ 弗朗索瓦一世在位之时,是新文化运动推展最热烈的阶段;1529 年建立皇家讲座学院,鼓励翻译并出版古希腊作家修昔底德和色诺芬的作品,资助人文学者集会活动。这些努力使法语逐渐跳脱出大众的语言层次,而变成了文学的语言。至于建筑方面,不同于意大利的王公巨贾,喜欢在商业聚集的市中心修建宫邸,法国的诸侯们长久以来,则大多数隐居在广阔农村的城堡之中。受到意大利文艺复兴式建筑的影响之后,一方面法国敦请了意大利的建筑师,建筑了一些意大利式的宫殿。例如,罗浮宫的一个侧翼即为意大利式;弗朗索瓦一世的坟墓,则完全依据意大利的传统而修建。另一方面,法国本土的建筑师也开始在建筑物中,注加古典建筑的元素,例如圆柱、柱顶、拱顶和三角楣。至于"粗鲁的骑士们"一语,是对该时代骑士们的形容。

二、三种风格特征的分析及其相互关联性的探讨

在建筑艺术领域中,无论是单体或群体建筑物,除了实用的目的外,无不追求美感的呈现。由于文艺复兴建筑采取并承袭了希腊罗马的范式,因此建筑美的一个重要表达,就是非常强调比例、对称及统一等规律的运用,借以趋近和谐之美的最高境地。这一讲究建筑法则的传统,是在整个文艺复兴时期的发展中,经由布鲁内列斯基(Filippo Brunelleschi, 1377—1446)、阿尔贝蒂(Leon Battista Alberti, 1404—1472)以及帕拉底欧(Andrea Palladio, 1508—1580)数位建筑大师,理论与实际努力所积累的结果,并成为该时期建筑界的重要圭臬。⑧ 早先见于希罗建筑中的"柱头"(capital)、"壁带"(mouldings)、"壁柱"(pilasters)、圆柱(coluns)及拱顶(vault)等的语汇及形式,都再次被广泛地应用于结构中或装饰上。柱式有多利安式(Doric Order)、科林斯式(Corinthian Order)、爱奥尼安式(Ionic Order)和混合式(Composite Order)等类型,各呈方圆不一;不论单柱或成对,初期多为重叠式,晚期则采通柱之大柱式。柱子多用于楹廊以为结构,也有纯粹作为正面装饰者;但按原定比例标准。门窗采联式半圆法圈,其安装亦重对称。拱顶主要是没有拱筋的半圆顶,内施以彩绘。在平面布置上,特别着重沿中轴线两侧而做的对称排列。墙垣辄以琢石整齐叠砌,或

---

⑧ 意大利自布鲁内列斯基开始,于建筑上舍弃了哥德式风格的细节,而重述了希腊罗马时代的建筑语汇,当时的人称此一新规范为古典法则。之后,建筑家阿尔贝蒂更进一步把新观念加以汇集,并举例说明,编成《关于建筑》(*On Architecture*)一书,其间立下五项原则和相关法则,自此主导了欧洲建筑走向,并成为文艺复兴风格的范式。帕拉底欧除著《建筑四书》(*Four Books on Architecture*),对建筑理论的补充与认识,有独到的贡献外,其所设计的建筑,是最能将文艺复兴之和谐风格,表现至登峰造极之人。

用灰缝平直的砖块砌成;下部则常用平滑的粗面,藉材料的粗大厚实以示壮观。⑨ 若从单一立面观察,在文艺复兴式建筑中,长、圆、方及半圆形的几何图样,有秩序地排列着,但不同形状的线条,却清晰地勾勒出建筑的美感及比例的精确。平面构造中的各个部分均可自成单元,也都是可以独自存在的部分,局部与主体间的区隔不甚明显。部分与部分之间连接后,可以成为一个完整的平面,面与面之间也有着极为清楚的界面。建筑的积体感和深度,是表现在"平面分层与平面连续"的效果上,无论自哪个面向看,总是有其相同性。⑩ 即使在内部空间的安排上,也不脱规格式几何造型,格局或方正,或长圆,呈现出封闭、静止又独立的特性。至于空间造型往往以平滑的墙面或拱顶所组成,而空间外部的延展,则经由二度空间(如立面的绘画)或三度空间(如立面的雕刻)的方式,加以强调。今以罗马的坎塞莱里亚宫(Palazzo della Cancelleria,附图一)为例试加说明;此宫系由布拉曼特(Donat Bramante,1444—1514)设计,于1486至1498年间陆续完成。⑪ 楼高三层,二楼、三楼为主层,上有连接的半露之科林斯式方形壁柱。壁柱把墙壁刻分成单独的间隙,其间较宽的柱间间隙与较窄的间隙,交替出现;两柱间各有呈方、圆形的窗口。底层主要为石材,对上面两层而言,在构造上则具有支撑奠基的特性;由上而下并且借着各层楼的连接,达到垂直的柱式的统一。各层楼边角的凸出部分、窗户及其

---

⑨ 黄定国编著:《建筑史》,台北:大中国图书公司1993年版,第373—374页。

⑩ Heinrich Wölfflin, *Priciples of Art History*: *The Problem of the Development of Style in Later Art*. Tr. by M. D. Hottinger, Dover Publication, Inc., 1950. 沃尔夫林著、潘耀昌译:《艺术风格学》,辽宁人民出版社1987年版,第128页。

⑪ 主要的门道是在1598年所加建。

间隙,均可自成孤立的存在;内院则由两层楼高的多立克式连拱廊环绕。自外貌凝视,这座宫殿以 AB AB AB 的韵律有序地排列着,其间比例对称严谨,因窗户和列柱的并列,清晰地呈现出平面的连续性。其间以四方柱为单元的宽度,正好与高度相当,构成一个正方体。窗户的高度也和宽度等长,而且不论宽窄,其比例均相同。文艺复兴初期阶段的建筑,各层楼的结合方式和柱间间隙,因完全相等而显现单调呆板的形式;但这幢宫殿造于15世纪末期,已达文艺复兴之盛期,故能更广泛且灵活地将黄金分割律加以运用,故被誉为"阿贝提建筑法则的深刻精炼"。[12]

长期以来,巴洛克建筑被看成文艺复兴风格的退化和瓦解。偏好文艺复兴式趣味的史家和艺术史家们,也总是极力贬低巴洛克建筑的地位。[13] 对巴洛克建筑艺术的肯定与研究,始于德国。1888年沃尔夫林(H. Wollflin,1864—1947)发表《文艺复兴与巴洛克》一书,首先区隔了两种风格的历史分界,并视后者为一种艺术创作的新典型。他明确地指出:"巴洛克既不是古典艺术的复活,也不是古典艺术的衰落,而是一种完全不同的艺术。"[14]1907年雷格尔(Alois Riegl)出版了《罗马巴洛克艺术的形成》。此书专门研究巴洛克风格的起源,除对风格的内涵作了充分的解释,并将其

---

[12] Peter Murray, *The Architecture of the Italian Renaissance*(London: Thames & Hudson, 1983), p.87.文艺复兴风格的初期阶段,也就是指15世纪前半叶时期,建筑物的规格大部采取 1:2,2:3,3:4 的呆板比例。

[13] 例如艺术史家布克哈特(Jacob Burckhardt,1818—1897),在他完成于1860年的名作《意大利文艺复兴的文化》(*The Civilization of Italian Renaissance*)一书中,就指出巴洛克是古典文艺复兴风格的退化和瓦解。他极力颂扬文艺复兴的成就,并视之为近代的开端,也是一种新精神的展现。

[14] Heinrich Wölffin,上引书,第15页。沃尔夫林为德国专门研究文艺复兴与巴洛克艺术的历史学家,雷格尔也是德国的艺术史学者。

自文艺复兴时期的艺术门类中,分离独立开来,借以突显意大利人,在艺术上两种完全不同风格的原创性。从而也反证了风格的发展,并不必然是一条兴起、高潮、衰落的曲线,更无法只用一种固定的尺度来衡量其发展。自此,巴洛克建筑不但为各方所瞩目,不同地区的研究成果,也如雨后春笋般地蓬勃盎然。

不同于外观上看起来朴素稳重、规格严谨的文艺复兴风格,巴洛克则是在单体建筑中,突出中间房屋的地位;于群体建筑中,则突显主体建筑的支配作用,并对其他建筑物处于统摄地位。若自不同的角度观之,差异性取代了各个侧面的相同性。建筑物除了主体外的各个部分,均丧失分量而不再具有独立性,然而,建筑整体的各个部分虽不能独立,却也不能分割。而加上壁面曲线、隔栏、回廊、檐壁、向上隆起的屋顶,巨大的圆柱群、卷涡形,以及中间部分向前倾突和立面两端向前弯曲的波状墙设计,都无形中加强了建筑物积体之力度、厚度与力量。加上墙面及拱顶从平滑的表面中解放出来,使建筑本身所呈现的也不再是完美的比例,而是团块的凝聚或复杂的立面;这一切往往带给观者宽广沉雄的质感和动感。而这种有别于线条描绘的美,正是所谓图绘的手法;其所重视的,是如何产生多重的视觉效果和印象感受,在无形中使入目的画面或印象,变得不同于对象的真实形式,进而使建筑物的形象,呈现出尽可能的多样画面。[15] 在内部空间的处理上,巴洛克式建筑则创造了组合渗透空间的运用,使每一个大空间中的各独立分隔空间,在被固定于纵向轴线上,保持独立性的同时,也能互为融合从属,形成一个流动引道的过程,而非只是静态的、封闭的并列

---

[15] Heinrich Wölfflin,上引书,第75页。

呈现。在这样一个动的过程中,很自然地将时间这一函数引入变化之内,使空间因展延而开拓出四度空间的视野,并有助于建筑纵深感的强化;这种特性在群体建筑中尤其明显。巴洛克式建筑的前面,通常配有一组宽敞的庭院,建筑物与广场形成一种互动制约的关系;使得一方在没有另一方的状况下,不能存在或被设计。同时,由于这个庭院通常是个入口的庭院,使得上述相互依附的关系,尤其突出了纵深延长的意义。⑯ 此外,在巴洛克式建筑中,光影、绘画、色彩、雕刻、曲面、曲线及透视原理的应用,更加强了空间层次的变化转换和纵深效果。有学者指出:巴洛克式建筑就结构技术上言,虽然没有多大的创新,却是对逻辑性和完整性的故意破坏,是对文艺复兴式风格规则的反动。⑰ 沃尔夫林则提出了更具革命性的看法:构思的创意在于一开始就力图回避平面几何的形象,并透过多样的取向显示出来;因此,这是一种全新的创造。⑱ 他经过长期的思索,归纳出了五对含有辩证关系的基本概念,用以分析说明文艺复兴与巴洛克风格间的根本差异。这五对概念是线描和图绘、平面和纵深、封闭的形式和开放的形式、多样性的统一和同一性的统一以及清晰性和模糊性。前一组的五对概念,从造型的基本要素上着眼,是借由线条来观看、理解或表达事物,以呈现出清晰、平静、明朗、光滑、客观、可度量、有限形式和边界明确的建筑风格;被创造对象的外貌,在触觉的感受上是真实存在的。后一组的五对概念则是通过块面来观看或表达事物,呈现出运动、

---

⑯ Heinrich Wölffin,上引书,第 131 页。

⑰ 余东升:《中西建筑美学比较研究》,洪叶文化事业有限公司 1995 年版,第 125 页。

⑱ Heinrich Wölffin,上引书,第 6 页。

轮廓模糊、开放且多样性统一的建筑风格;被创造对象的外貌,往往给观者带来强烈的视觉效果。因此,在审美趣味和对世界的认识上,这两组概念正好反映了两种极为迥异的观点与心灵。正诚如诺勃格·舒兹(Norberg Shulz)所言:"相对于呈现文艺复兴建筑那整齐而有系统的宇宙观的封闭和静态,巴洛克所表现的却是开放与动态。"[19]身为日耳曼裔学者,沃尔夫林虽然肯定罗马巴洛克建筑的创意,并提示应当以"新情感价值的传达"角度,作为对其理解的前提。但他理论之架构,却是以德国境内巴洛克建筑研究为基础;更不时地在著作中,对具有浓郁德式风格的巴洛克艺术讴歌礼赞。例如在讨论第一组"线描和图绘"概念时,就曾说道:

> ……图绘的精髓在日耳曼民族的血管中奔流,这个民族始终不会对"纯粹的"建筑感到舒适。我们应该到意大利去认识这种源于15世纪,并在以后的时代所流行的建筑风格。这种风格是在文艺复兴时代被剔除了一切图绘风格的副产品,从而发展成了一种纯粹线描的风格。……向图绘风格的巴洛克的转化,是在意大利光辉的发展中完成的,但是我们不应该忘记,最后的结论只是在北方才得的出来的。在那里图绘的感觉方式看来根深蒂固,甚至,在所谓德国文艺复兴时代,图绘的效果也常常是最佳的……精致完美的形式对日耳曼人的想象力来说,几乎没有什么意义,对他们

---

[19] Christian Norberg-Schulz, *History of World Architecture: Baroque Architecture* (New York: Rizzoli International Publications, Inc., 1972), p. 8.

来说,在这种形式之上,一定要闪现出运动的魅力。这就是为什么在运动的式样中,德国产生了一种不可比拟的图绘类型的建筑。[20]

相对于此一认知的是将法兰西喻之为拉丁化民族的法国史学家兼美术批评家丹纳(Hippolyte Adolphe Taine,1828—1893);他虽也以民族特性的观点,解释近代西方艺术史,但就人与文明的理解及创作高度上,却对日耳曼民族演绎出了十分不同的评价。提到意大利人的建筑,他总是以"充满刚强、快乐、开朗、典雅自然的气息"来形容,以对比山北(即阿尔卑斯山以北)日耳曼大教堂"繁琐又宏伟的结构、沉痛而庄严的境界、阴暗和变换不定的光线"。[21]在论及两个民族想象力时,他说:

> 意大利人和一般的拉丁民族……都显出一种类似的想象力。特色是喜欢和擅长布局,因此也喜欢正规,喜欢和谐与端正的形式,伸缩性与深度不及日耳曼;对内容不像对外表那么重视,外部的装饰甚于内在的生命;偶像崇拜的意味多,宗教情绪少;重画意,轻哲理;更狭窄,但更美丽。这种想象力了解人比了解自然多,了解文明比了解野蛮人多。它不容易像日耳曼人那样模仿和表现蛮性、粗野、古怪、偶然、混乱和自然力的爆发,个人的说不出与数不清的特性,低级的或不成形的

---

[20] Christian Norberg-Schulz,上引书,第79—80页。
[21] H. A. Taine, *Philosophyie De l'art*, Paris: Librairie Hachette, 1928. 丹纳著、傅雷译:《艺术哲学》,安徽文艺出版社1992年版,第126页。

东西,普及于各级生物的那种渺茫暧昧的生命。拉丁民族的想象力不是一面包罗万象的镜子,它的同情是有限制的。但在它的天地之内,在形式的领域之内,它是最高的;和它相比,别的民族的气质都显得鄙俗粗野。只有拉丁民族的想象力,找到了并且表现了思想与形象之间的自然关系。表现这种想象力最完全的两大民族,一个是法国民族,更北方式,更实际,更重社交,拿手杰作是处理纯粹的思想,就是推理的方法和谈话的艺术;另外一个是意大利民族,更南方式,更富艺术家气息,更善于掌握形象,拿手杰作是处理那些诉之于感觉的形式,就是音乐与绘画。[22]

三、法国与日耳曼地区在建筑风格上的变与不变

由于三十年战争的影响,日耳曼境内巴洛克风格的建筑,起步与成形上,较法国推迟了近半个世纪。[23] 意大利人和法国人的构思与原型,都曾是借鉴模仿的对象,日后也开启了对两地建筑格式颇有创意性的诠释与发展。日耳曼人因应本身民族的特有气质,与艺术上哥德精神的继承与再生,使得在摸索创作的过程中,逐渐发展出了一种以"华丽与灿烂"为其终极表达的形式。[24]

---

[22] 丹纳:《艺术哲学》,第 127—128 页。
[23] 黄定国编著:《建筑史》,第 533 页。German Bazin, *Baroque and Rococo*, London: Thames and Hudson, 1993, pp.107—108. 1660—1690 年间,为日耳曼人巴洛克风格发展的第一阶段;1690—1710 年间,则为其高度创造的阶段。
[24] Bazin, *ibid.*, p.113.

在技术上尤其强调:立面造型的波状墙、巨大排列的壁柱、卷涡形设计、瑰丽的色彩、采光手法的创新及喜好使用象征强壮的阿特拉斯女神柱(atlas-caryatid),导致日耳曼境内的巴洛克建筑,葆有一种特殊的灵动、华丽与神秘气息(附图二)。㉕ 建筑的内部空间布满丰富的装饰,穹隆、回廊和经常运用柱顶线盘的设计。㉖ 此外,在哈布斯堡王室和神圣罗马帝国宗教理想的主导推动下,17世纪末整个帝国境内,掀起了一股修士大规模致力于重建教堂与修院的运动,欲借以彰显耶稣基督的荣耀。为此,在整个日耳曼区内的巴洛克式建筑中,教堂和修院的宗教建筑最具代表性;史蒂尔林(Henri Stierlin)将其境界誉之为"实已达于和谐之极致矣"。㉗

法国的巴洛克建筑风格又有古典主义之名,是在1640年路易十四即位后,才逐渐确立自身的形式。㉘ 早在路易十三即位之时,法国就已着手宫廷艺术的发展,但因教育学习环境的贫乏,使相关绘画、雕

㉕ 黄定国编著:《建筑史》,第542页。
㉖ Pierre Charpentrat and Henri Stierlin (Ed), *Architecture of the World*: *Baroque*, tr. Carol Brown (German: Benedikt Taschen, 1964), p.51.
㉗ *Ibid.*, p.52.
㉘ Bazin, *op. cit.*, p.116. 巴印认为约自1635—1640年间开始,法国即依据古典风格的原则创作,这种风气直到十八世纪末期方才告终。罗小未、蔡琬英编著:《世界建筑历史图说》,台北:斯坦出版有限公司1996年版,第120页。法国自16世纪起,便致力于国家的统一;在建筑风格上,乃逐渐脱离哥德传统而走向文艺复兴。波旁王室取得政权后,为了巩固君主专制,国王竭力标榜绝对君权,并将之视为"普遍与永恒的理性"的体现;同时,在宫廷中提倡象征中央集权的有组织、有秩序的古典主义文化。古典主义文化中的建筑风格崇尚古典柱式,且柱式必须恪守古希腊、罗马的规范,超越或较不采用具有本身民族传统或地方性特点的形制。它在总体布局、建筑平面和立面造型中,特别强调轴线对称、主从关系、突出和规则的几何形体,并提倡富于统一性与稳定感的横三段和纵三段的构图手法。在外型上,古典主义强调端庄与雄伟,内部则极尽奢侈豪华,而于空间效果与装饰上,则常具有强烈的巴洛克特征。

刻及建筑人才的养成极为困难；当时最优良的艺术工作者，得远赴罗马进修或工作。这种状况一直到 1661 年，因路易十四建凡尔赛宫（Versailles），方有了彻底的改变。在政府政策的主导下，自 1648 年至 1672 年间，先后设立了涵盖绘画、装饰、雕刻和建筑等各个领域的研究中心，其后并广招一流人才为宫廷效命，至此所谓法国古典艺术"基本原则的形式"，终告塑成。相对于中欧及日耳曼地区的宗教性巴洛克建筑，凡尔赛宫所代表的则是世俗性巴洛克建筑的范例，尔后并成为欧洲贵胄王室争相仿效的对象。[29]

　　法国巴洛克早期的建筑，喜用砖材作为结构的主体，在垂直的镶版线脚与台口线间，也以砖镶版墙构成；直到盛期，不少的建筑物才依比例加入石块，或完全以石材作为建筑的要素。因受多雨的影响，设计上增大了窗户的开口，并升高了斜坡的天窗屋顶，这即所谓的法式双重斜坡四边形高坡屋顶。不但便利雨水的排放，配上狭长高耸的烟囱以及各类美好的古典柱式，构成一幅独特的景观外貌；拱廊则可能因气候寒冷，而不常采用[30]（附图三）。无论栏杆、窗户和门道皆极尽雕镂。1648 年后，内部装饰则有了很大的转变。以凡尔赛宫为例；沿着主卧室的各房间，因已成为官式生活和政府行政机构的中心，其内部也一改往昔使用多彩大理石和镀金铜的装饰，而喜欢带金边的镶版绘画，进一步加强了室内空间的豪华与富丽，也更能配合各个空间的单元规划。[31] 除了造型与装饰上的特色外，大面积、大范围、以中央系统（centralized system）网状设计为主的群体建筑及其雄伟宽广的立面，才是法国巴

---

[29] Bazin, *ibid.*, p. 114.
[30] *Ibid.*, p. 117.
[31] 1720 年后，装饰走向采用迂回曲线后，也就预示并孕育了法国洛可可风格的崛起。

洛克风格最与众不同之处。㉜ 向一点集中(one is dominant)的建筑类型,早在文艺复兴时期就已出现,这即所谓理想的城市(ideal cities),正是意大利人的创意;但法国人将之发扬光大,并成为其巴洛克风格的重要特征之一。㉝ 居住生活的私人世界、城市宫殿的公共世界和花园景观的自然世界,三者互为一体构成建筑系统中的三个面向。㉞ 将宽阔的室外景观与宫殿结合成一开放性的设计,使得法国巴洛克风格葆有一种"无穷尽的延展感"(an infinite extension)。㉟ 例如勒诺特(André Le Notre,1613—1700)在凡尔赛宫中,设计了一个长达二英里的庭园,遥远的距离使视野能无限伸展;建筑与自然合二为一,并形成一壮观的整体。此外,由曼萨

㉜ Norberg-Shulz, *op. cit.*, p. 10.

㉝ 文艺复兴时期在城市的规划上,也呈现出一种静止与封闭的特性。整个城市系统的网络总在有限的界域之内,故于视觉及景观上,予人以孤立之感。所谓向一点集中或有一个焦点(foci)的设计,通常是指在群体建筑或城市中,以一个纪念碑或雕像为中心的设计;例如罗马神殿广场中的马卡斯奥里略骑马雕像和圣彼得教堂广场中的纪念碑。16 世纪末叶之后,随着城市的改建与面积的扩张,焦点也成为新型首都城市(the Capital City)的中心,坐落于垂直轴线上,标志着整个四散延展平面的顶点和交点。到了 17 世纪、18 世纪,当大型的都会逐渐形成之后,以一个焦点为都市中心的观点,就渐渐为另一个特殊的名称——广场(Piazze)所取代。在意大利,广场成为都会真正的核心(real core of the city)。在法国的巴洛克时期,所谓城市是指包含了以纪念碑和广场为中心的焦点,并以此焦点为中心,向外借笔直或四方形的街道,来联系个别的建筑,而形成一种城内与郊区的互动。所以,就法国人文环境的发展而言,城市是以"阶层集中"(hierarchic centralization)的方式来安排的,不仅代表了主权的地位与身份(a statue of the sovereign)。同时,整体的城市也是一个区域网的中心,而纪念碑与广场,则又是城市网的中心。

㉞ Norberg-Shulz, *op. cit.*, p. 14. 城市王宫(City-Palace;Palazzo, Hôtels)提供人的社会生活,乡村别墅(country-house;Villa, château)则把人与自然连成一气。而凡尔赛宫则是集居住、行政和社交生活于一处的设计,其所表达的终极意义,正是人生活中诸多问题的同时并圆满解决。

㉟ *Ibid*, p. 10.

(Francois Mansart,1598—1654)所设计的镜厅(Galerie des Glaces),长 240 英尺、宽 34 英尺、高 43 英尺;拉美瑟(Jacques Lamercier,1585—1654)所设计长达 600 尺的罗浮宫(Cour du Louvre)东立面,在在显示出了法国建筑的庞巨性。在各个厅、殿或宫中,则饰以科林斯式壁柱、镶版绘画,增加细部雕刻或贴彩色大理石,以增加其华丽。就美感的表达上而言,法国古典主义时期的建筑虽缺乏神秘灵动的气息,但展现了"洗练优雅的风味"[36](附图四)。

四、意大利和法国为巴洛克与洛可可风格的原乡

巴洛克风格的原乡在意大利,其理念与造型,对境外建筑物的影响极大,且都能别树一格。借波浪状墙、复杂曲线、卷涡形装饰及光线明暗对比效果的运用,以增加建筑物流动感的设计,在日耳曼地区发挥到极致。[37] 至于城市规划或群体建筑里,向一点集中的设计,则在法国形成以巴黎为中心的网状分布;对宫殿立面面积的扩增和重视,不但承袭意大利的传统且有过之,也为法国的建筑更添加了壮观的气派。

在意大利最早出现具有巴洛克风格要素的建筑,是由维格诺拉(Giacomo Barozzi da Vignola,1507—1573)及波塔(Giacomo della porta)父子二人,先后设计并完成于 1577 年的盖苏(Gesù)教堂,该教堂为耶稣会的母堂(the Mother Church of the Society

---

[36] Bazine, *op. cit.*, p.125.
[37] 鲍若米尼和古哈尼是对中欧及日耳曼地区建筑风格之影响最大的二位意大利建筑家。

of Jesus)。㊳（附图五）维格诺拉一开始，就非常重视该教堂本堂及福音传道大厅的规划；为了能使"所有参加祈祷的信徒，都可以聆听到上主的召唤"，㊴所以，大厅的设计空前的宽敞；但更重要的是，此一建筑物已具有强烈运动感的普遍特征，山墙两侧也有卷涡式造型。盖苏教堂可以看成意大利地区，由文艺复兴过渡到巴洛克建筑的桥梁。但真正确立意大利巴洛克风格的建筑家则为马德依（Carlo Maderno, 1556—1629），他的代表作是圣苏珊那（Sainte Suzanne）教堂。这座教堂的设计源于盖苏教堂，但是上下两层科林斯柱式、卷涡形装饰、复杂曲线和凹凸的表面，已可以说是一标准的巴洛克式建筑㊵（附图六）。鲍若米尼（Francesco Borromini, 1599—1667）对建筑物运动感的表现，则又更向前迈进一步。由他设计位于罗马的圣卡洛教堂（San Carlo alle Quattro Fontane），整个立面呈现了多样、多重的曲线，使墙面上的小单元，不再只是各自独立的个体，而是互为连贯、形成一道波浪式的外观。他又利用凹入的壁龛和凸出的部分，来增加空间的复杂性，而这也于无形之中，强调了视觉上前进与后退的对比效果㊶（附图七）。其中和莱纳秋（Carls Rainaldi）设计的圣安格内斯（St. Agnese）教堂，更被誉为高度巴洛克风格的典型建筑。他以一群不同的形式如硕大的

㊳ 罗耀拉（St. Ignatius Loyola）于 1540 年创立耶稣会，他请朋友米开朗琪罗于 1554 年设计了教堂的平面图；但直到 1568 年才得以动工。所谓耶稣会的本堂是指此一教堂的设计蓝本，随着耶稣会士的足迹与仿建，也遍布全球各地。而维诺拉的建筑理念，也从伯明翰到香港之间，随处可见。

㊴ 维格诺拉大范围本堂及集会厅的设计，成为反宗教改革运动中建筑上一项十分重要的特色。此外，盖苏教堂日后几乎也成为教堂平面及立面设计的标准模式。

㊵ 马德依为伦巴底人，他另一项重要的建筑为圣彼得教堂的本堂，其间不但设计了广大的空间，同时在内部也赋予色彩丰富的装饰。

㊶ 黄定国编著：《建筑史》，第 500 页。

圆顶、侧护的塔楼以及繁复的立面,来建构这座教堂。尤其特异之处,在于塔楼的第一层是方形,第二层却是圆形的;两层之间则由独特错落的柱顶线盘连接。主要门廊的入口上方,则用山形墙来框界椭圆形的窗子;这一新颖的设计手法,实为前人所未见。在此,巴洛克风格中卷曲与弧形曲线,已经主导了所有造型与装饰的细节[42](附图八)。鲍若米尼的作品被认为重绘画和视觉之美,甚于结构之坚固;他的确也勇于逾越一种长期以来,为文艺复兴时代大师所恪谨严守的传统建筑法则,而去"创造一种全新的建筑比例和图像"。[43] 此外,六角星形则为他另一个喜欢运用的造型;罗马圣伊沃教堂(St. Ivo)圆顶就是由两个等边三角形组成,借六个交点做坐标,来支撑结构的主要推力。在此之前,教堂的圆顶不是正圆顶就是椭圆顶,而且表面多是光滑状,但鲍若米尼则在圆顶上再做成水平凸出切面,使整个的运动感,借由线条及尖端达到最高点[44](附图九)。之后,在意大利的都灵(Turin)及威尼斯(Venice),分别出现了顾哈尼(Guarino Guarini,1624—1638)和郎汉纳(Baldassare Longhena,1598—1682)两位著名的建筑师,他们在教堂的圆顶及教堂本身的设计上,进一步采用了八角形的造型。其间顾哈尼以纯粹建筑的手法,加强了无限空间的感觉及千变万化的光线效果;而郎汉纳则因在教堂周围搭建特殊的回廊,外墙上布满旋涡式的飞扶壁,而更强化了巴洛克风格中重装饰性的一面[45]

---

[42] Gombrich, E. H., *The Story of Art*, Phaidar Press Limited, 1989, pp. 343—344.

[43] Bazin, *op. cit.*, p. 21.

[44] Stierlin, *op. cit.*, p. 19.

[45] Bazin, *op. cit.*, pp. 21—22.

(附图十)。

　　一般而言,在整个意大利的巴洛克时期里,自鲍若米尼之后,罗马一地的建筑就陷入贝尼尼(Gianlorenzo Bernini,1598—1680)风格的形式主义(Berminesque Formalism)之中。㊻ 而另一股创新的精神,则沿着意大利的边陲区域而蓬勃发展,都伦、威尼斯、那不勒斯和西西里,正是这一活力充分表现的地方。㊼ 在这个过程,我们必须要正视的一项因素,即是西班牙文化的影响。直到1720年萨伏依王阿美迪欧二世(Vittorio Amedeo II)战胜西班牙之前,西班牙长期以来控制着南意大利,尤其是都伦、那不勒斯和西西里地区。西班牙人鼓励西西里的建筑家,发展一种带有装饰金属铸造物且夸张庞大的建筑风格,此后这并成为巴洛克建筑中的一种样式(附图十一)。1643年朗汉纳更将西班牙式台阶,引进威尼斯的建筑中;经过修正,西班牙台阶不但成为巴洛克风格中的特征之一,在18世纪后更成为罗马洛可可风格中重要的一部分。而其所展现的意义,则是对空间构图的新思维。台阶不仅代表了一个独

㊻ 《西洋美术辞典》,第89—90页。贝尼尼虽曾参与圣彼得教堂、梵蒂冈内部及周围陵墓、喷泉和教堂的建筑工作,但最受称赞的艺术成就则是雕塑。他反对米开朗琪罗将人物紧附于石材上的观点,而发展出一种新的观念:人像仅具单一的动作和视点,不受石材的限制,借以打破原有空间的限制,以延伸到观赏者所处的空间,使之专注于作品的动作。由于巴洛克艺术正是以这个概念为基础,他就被一些人视为巴洛克的实际创始人和代表人物。圣彼得教堂崇高的入口广场是由贝尼尼设计增建,有650尺宽,四周环绕284根托斯坎式柱子,形成一个椭圆图形的开放式连拱柱廊。使教堂、广场和柱廊三者构成一宏伟的整体。此外,他为了表现神圣神秘和世间不同的境界,喜欢以白色或彩色大理石、玻璃、青铜、灰泥及石子等做材料,运用在建筑或雕塑中,借以表达热烈的宗教情感。时人曾批评他的作品雕琢过度,但他使用的材料与风格,都在罗马一地颇为风行,最后形成一种因袭式的发展,故有贝尼尼形式主义之称。

㊼ Bazin, *op. cit.*, p.21.

立完整的单元,同时从一个平面转移至另一个平面的过程中,则具有引导视觉变化的效果;其间曲线的设计,也有助于强化三度空间的立体感[48](附图十二)。

总而言之,巅峰巴洛克风格所代表的正是建筑、绘画、雕刻及镶嵌艺术的总和。若纯粹从建筑造型的角度来看,意大利群集连拱柱廊、西班牙式阶梯和多角形拱顶设计;法国的光滑圆顶、宏伟的立面、升高了斜坡的天窗屋顶以及与自然结合的园林景观;日耳曼地区波状墙、卷涡形和阿拉斯女神柱的运用,均展现了各个地方别树一格的独创性。但三地的巴洛克建筑也具体而微地谨守了共有的建筑法则;相对于文艺复兴时期的艺术与稍后的矫饰主义(Mannerism),巴洛克风格的出现反映了一个时代的"变"与"新"。[49] 若自地域上立论,全面性的巴洛克建筑,已然涵容了阿尔卑斯山以北的艺术表现形式,不再纯粹只是意大利人的"创造物"了。[50] 而自政治的观点来看,巴洛克则是宗教改革反动下的产物,因此,它和耶稣会及君主专制的发展与强化,有着密切

---

[48] *Ibid*, p. 211. Stierlin, op. cit., p. 179. 其中以印巴楼(Giuseppe Zimbalo)在莱西(Lecce)城所设计的圣柯斯(St. Croce)教堂最有名。之后因地震而损毁,1693 年再加以重建。另外,以金属为墙壁或以家具装饰的时尚(Plateresque Style),也是最早盛行于西班牙。

[49] 矫饰主义这一词汇广义地说,是 20 世纪所发展的用语,专指文艺复兴末期(1520—1600)的意大利艺术,也就是指介于文艺复兴与巴洛克之间的艺术。此时,艺术作品的特征综合而论,有以下几点:(1)表现夸张;(2)结构松散;(3)色彩鲜艳;(4)轻视法则。

[50] 里德:《艺术的真谛》,第 107 页。艺术史家里德(Herbert Read)认为,意大利的艺术家擅长与强调的是,对物质的利用和对象外部的把握。但阿尔卑斯山以北的北方艺术,则重视的是精神状态的表现与描绘。

的关联性。缘此,文艺复兴风格与巴洛克风格间的差异,差可知矣!

洛可可(Rococo)一词乃从法国 Rocaille 这个词义演变而来,意指岩状装饰(rock-work)。相对于巴洛克之源于意大利,洛可可则是诞生于法国的一种艺术风格,1730 年前后是它最成熟的时期。[51] 其最初的发展,是以一种建筑内部装饰艺术的方式出现。其间凡巴洛克建筑外表的柱廊、框线、旋涡状花纹、曲线和反曲线的运用,都被转借至建筑物的内部。换言之,就是把巴洛克建筑风格室内化,并将之用于日常生活中的室内装饰上;所以,洛可可式又被称为"装饰性的巴洛克风格"。[52] 这使得华丽、优雅、多彩、精致及丰富的内部装饰,成为建筑物的主要角色,建筑的外观反而退居次要的地位。由于建筑基本上是一种形式表现的艺术,若自建筑本身的角度观之,真正所谓洛可可风格的建筑,在法国除了南锡(Nancy)地方的 Héré 宫较具声名外,其他则付之阙如。而对洛可可风格有贡献的艺术家,也多专精于室内设计;这也就是何以洛可可建筑会被视为巴洛克遗续的原因。[53] 不过,洛可可风格对日耳曼地区的影响,却极为重要而深远,尤其在建筑方面的成绩最为辉煌,并发展出了自身具代表性和民族性的艺术风格。在日耳曼地区,由巴洛克转至洛可可风格的时间既短且速,而持续发展的时间

---

[51] 《西洋美术辞典》,第 732 页。里德:《艺术的真谛》,第 105 页。洛可可艺术于 1715 年左右问世,但在 1740 年代即为新古典主义(Neo-Classicism)所取代。不过,在日耳曼地区,其风格流行到 1760 年代方歇。

[52] 沃年夫林:《艺术风格学》,第 210 页。

[53] 例如勃佛汉(Germain Boffrand, 1667—1754)是对法国洛可可风格的兴起具有极大贡献的人,他同时也为 Hotel Soubise 做了最好的室内设计。

却非常长久。㊴洛可可建筑中有一项极重要的特性,即所谓"不对称元素的对位法";举凡穹隆、拱顶、讲道坛和祭坛上的涡状花纹,完全是采取不对称的构图排列,因而更能突显"运动"的感觉。此外,利用许多曲线和反曲线的线条,以及其间相互共振的平面,使整个空间充满了活力与张力。㊵外观上则涂以灰泥及彩色以为妆点,内部装饰除置无数雕像、图画并施加彩绘(附图十三)。熔精致、典雅、瑰丽与壮观之美于一炉,无形中也把图绘的视觉效果推向极致。由于巴洛克风格在整个日耳曼地区持续的时间较短,故而有些艺术史家,就视该地区洛可可的发展为风格的"早熟"。㊶

若就建筑上所展现的自由的动感、变化的节奏、图绘的视觉效果、多样元素的统一等原则性特质而言,巴洛克和洛可可风格犹如孪生。但若论复杂、纤细、精巧和装饰性,则前者不如后者;而雄伟、壮观、开阔及其原创性,两者间之不同岂又仅能以道里计?至于文艺复兴风格的评比,根源于巴洛克而发展的洛可可风格,其本质的差异亦自毋须再多置喙了。

第二节　西洋楼景区园林景观的设计

西洋楼区完全是一个以"水法"为设计主题而建的景区。水法

㊴　日耳曼地区巴洛克建筑风格存在的时间极短,只有 20 多年。在风格的转换上,很快地就进入了洛可可时期(1710—1760),且持续达半个世纪之久。另一个与法国不同之点,乃在日耳曼地区,洛可可风格与新古典主义之间,鲜少差异与转变,换言之同质性较高。

㊵　Bazin, *op. cit.*, p. 232.

㊶　Stierlin, *op. cit.*, p. 53.

即喷泉之意,在理水的原则上,固然与圆明园其他的属园或景区迥然有别;就意义与态度上,和传统中国园林对水的认知,也有着根本的不同。

一、圆明园景观意境与水体形态之呈现

圆明三园周围除香山、玉泉山和万寿山较高外,几乎没有崇高陡峻的山岳,园内一般的地势均甚平缓坡度不大。但是,水源特别丰富;玉泉山水系、万泉河水系、昆明湖、福海以及无数人工开凿的水面,占全园面积几达一半以上。这些湖海水系蜿蜒潆绕,散则为溪、为河,或为池、为塘,聚则互通贯穿,构成了一幅错综复杂、交织如网的脉络。从这个角度而论,圆明园可以说是一个"水景园",先天上就以水为主题的园林造景,提供了优良的条件。[57] 园内堆山叠石而成的假山冈阜,平均高不过十米左右。堆筑的尺度虽然不高,但连绵起伏,曲折有致,在空间构图上,颇能突显山崖丘壑之势。配合水系网脉、加上与大小不一的洲渚岛屿连成一体,充分反映了圆明园于总体规划上,是建立在"依天然之势、取己之所长"的基础上。[58] 此外,介于假山、水系及洲渚岛屿中的无数自然空间,错落配置着形式各异、装饰精美的建筑,其所造就的地貌景观,成为造园中的杰出作品,这即是吾人所谓的"景";从而使圆明园在我

---

[57] 周维权:〈圆明园的兴建及其造园艺术浅谈〉,《圆明园》第一册,第33页。
[58] 张家骥:《中国造园史》,台北:博远出版有限公司1990年版,第190页。圆明园中有许多是仿江南风景的园林作品,"仿建"可以说是当时皇家园林创作的方法。而这也是乾隆的重要思想,他在《惠山园八景诗序》曾提示"略仿其意,就天然之势,不舍己之所长"的观念和原则。

国造园史上,堪称"平地造园"的典型范例。⁵⁹ 圆明园的景大大小小150余处,每处都以景题命名,其间还有皇帝的诗文或题韵,自康熙、雍正、乾隆、咸丰至光绪以降,多有吟咏。若根据园林造景所起的作用加以归类,大致可分成风景点、小园、建筑群和景区等数种设计。风景点是指单幢或成组的建筑物,与地理环境相结合,其作用在点缀风景、观赏风景或兼而有之。小园则是成组的建筑物,往往由叠山理水或天然地貌所形成,且与比较幽深隐蔽的局部空间相结合;故而于布局上,具有相对独立性的形体和环境。⁶⁰ 而所谓景区,则是依景观特点的不同,所划分的较大的单一空间或区域;其中也可能包括了若干的风景点、小园或建筑群在内。但是,不论属于哪种园林造景的归类,其实建筑都是任何"景"的主体。只是"景"在中国,已不全然指的是物质的构造,更不是一个物我(人)对立的自然世界,其所反映的是深邃主观情感的具体呈现、寓意或寄托。观赏者借歌咏、表彰、寓教、仿建、述史及颂扬等方式,表达或衬托出不同的心"意"与情"境"。以"九洲清宴"的题名为例,这是乾隆仿效康熙在"避暑山庄"的做法,对圆明园中40处风景所作的题名之一。它也是园中规模最大的宫殿建筑组群之一;

---

⁵⁹　周维权:上引文,第34页。张家骥:上引书,第191页。圆明园内建筑物的个体形象,一般言多小巧玲珑、千姿百态,尺度反而比外界同类型的建筑要小一些。其建筑形式有眉月形、口字形、工字形、万字形、书卷形及套杯形等多种。至于内部装饰则包括贴落、壁画、文玩、字画、珍宝、工艺品及扬州"周制"的内檐装修。所谓扬州"周制"的内檐装修,是指在紫檀木制成的装修上,以金银、宝石、珍珠、翡翠、玛瑙、螺钿、象牙和贝壳等珍品,雕琢镶嵌成各式山水、花鸟、人物图案;这是由扬州周姓工匠于清初所首创,故名为周制。

⁶⁰　周维权:上引文,第34页。小园往往可以看成是一座独立或具有独特性的小型园林,而可被视为"园中之园";在性质上,有时也具备风景点的作用。例如,长春园中"思水斋"东别院之"小有天园",即为一小园的形式。

包括"圆明园"、"奉三无私"、"九洲清宴"三大宫殿。南临前湖,背依后湖,环后湖水面又划分了九座渚岛,以象征国家。"九洲清宴"的命名,语出《尚书·禹贡》国分九州的典故,用之于园林景境的题材,寓为国泰民安之意。[51] 这一种把题字命名和景境相涵融的作法,不但造就了中国园林与文艺历史相结合的独特美学情境,也把园林景观推向了一个带有浓郁人文气息的综合性艺术发展。除了上述几项特色之外,清代园林尤其是享有宫殿园林之名的圆明园,既是传统中国园林之集大成者,当然,也可以说是中国传统园林之总结。园中无论是建筑的形式、装饰的考究、造景的巧夺和花木的种类,皆可谓应有尽有包罗万象;但也无一不是依循中唐以来古典园林后期基本空间的原则,以更富丽、更细腻的艺术手法,表现于具体创作之中。那么,这个中唐以来园林空间的基本原则又是为何?简言之,即为"曲有奥趣"、"壶中天地"是也。[52] 其状况的形成固然是一个长期发展的过程,原因演变自然也无法骤下论断。但是,一般而言,安史之乱后的长期战乱与分裂割据,以及随之而显现的古典传统文化内在生命力的日益式微,都使饱经挫折和深具忧患意识的知识分子,逐渐将宏毅任重之志,转向以"壶中天地"寄情山水的生活,作为生命情调之凭依,从而也为往后在狭小天地

---

[51] 四字题景大书于木,以匾的传统形式悬挂于建筑上,康熙避暑山庄首开其端。乾隆扩建圆明园后广为采用,这使得中国的造园技巧,更迈入一个调和性艺术的发展方向。此外,秦汉时宫殿苑园都用三个字,如建章宫、灵波殿、长扬榭、走马观和通天台等,其中前二字为名,后一字则在说明建筑物的类型。唐玄宗在兴庆宫的建筑题名中,虽曾使用《花萼相辉楼》,但其作用与秦汉无异,前四字在于命名,而非题景。景境题名的做法,在清代达于成熟,和对联、楹联的意义相同,被视为造园与文艺结合的一个发展。

[52] 方毅:《园林与中国文化》,上海人民出版社1990年版,第149、160页。

中，建构了无比精致的园林景观奠定基础。"壶中天地"园林格局的出现与强化，一扫秦汉宫苑"吞吐山海"、"登高眺远"之气势。[63]况且，唐宋以后造园之风日盛，空间也越为狭小。故而上自皇家园林、士人园林乃至一般私人庭园，其置石、理水、叠山或养莳花木，无不穷极幽微之能事；虽不失空灵有致之至情至性，却也尽失宏伟气魄之原创风格。试想又如何能在有限的空间、假山和水系中，呈现出磅礴之态？俯仰宇宙之大气魄乃销蚀于近观赏景的情调之中；而所谓造景之旨意，自然也就无法规避地落实在"模仿"的层面上了。乾隆曾就整个园林的规划，指出"仿"的原则："略仿其意，就天然之势，不舍己之所长。"[64]"仿"，一方面既是继承过去的观念、思想及认知，无法逾越；另一方面也是将已有之造园技术与范例，汇于一处具体而微。圆明园内有不少仿建江南风景或著名园林之作，其堪称此一历史归趋中，园林构建之缩影与总结矣！

　　西洋楼区虽然只是长春园的一个属园，但依园林造景所起作用的归类上，当属景区毋庸置疑；同时，无论自建筑、水景和绿化的安排上观之，它都还是一个极其特殊的景区。在这一个景区中，包括有六幢主要的建筑物，三组大型喷泉和园林小品。整个景区坐落于沿长春园北墙边，一条不到百米宽呈西东走向的狭长地带中。区中建筑与园林配置，是以对称均齐的轴线关系排列，故在布局上

---

[63]　张家骥：《中国造园史》，第278页。作者认为，秦汉时代的园林多为大苑囿、高台榭，故而在观赏景物时，会产生高远、深远及平远的效果。而当时娱游和观赏园林的活动，也都着重在远观其势，而非近赏其质上。

[64]　同上注，第191页。虽然不少的学者和造园史家，都对"仿"建的思想，解释成一种"艺术的再创造"的过程。但个人以为，由远眺自然、俯仰宇宙，到近赏奇景、以求慰藉，这种心境上的转变，其实是一种退缩。容或有技术上的改进汇聚，也并未能突破既有的格局及审美观点。

显示出受西方古典造园的影响。⑥ 从外观上所呈现的整体形象来看,实与圆明园"依天然之势"以成自然丘壑之景,存在着根本的差异。⑥ 六幢建筑物均属单体建筑,包括"谐奇趣"、"蓄水楼"、"养雀笼"、"方外观"、"海晏堂"和"远瀛观"。三组大型喷泉中的第一组,立于谐奇趣南面弧形石阶前及北面双跑石阶前之水池中。其中蓄水楼所储存的水,即为供应谐奇趣南北面之喷泉用水。海晏堂立面门外平台前也有水池一座,池中置有十二生肖造型的喷水时钟(参见第一章及第二章)。第三组喷泉位在远瀛观正南的大水法殿,海晏堂东翼门前有四折石阶下达地面,可与大水法殿相通。大

---

⑥ 这里所谓西方古典式造园,并不溯及希罗与中古,仅指艺术史上文艺复兴式与巴洛克式的两个时代而言。时间上跨越了15世纪至17世纪的两个世纪,地域上则涵盖意大利和法国两个国家。从造园的角度上观之,意大利式或广义的称文艺复兴式,实为欧洲庭园设计的源头。意大利式的庭园多选建在高燥的丘陵台地上,以便远眺俯瞰不同的美景,故又称"台地建筑式"。在庭园的构思中,由于地形上的特殊条件,往往须考量其立面与平面设计的双重特征。此外,也善于利用台阶来衔接建筑物,或以斜面堆叠的手法,布置庭园中的细节设施,如泉池、花坛或瀑布等,于整体的景观上,能产生立体的堆叠感。法国式或狭义的称为勒诺特式(Le Notre),往往建于沼泽低湿或大平原上,乃借宽广的园路或河渠所造成的透景线,来展示园景的宏大,所以又称为"宽广式"或"平面图案式",以别于意大利式的台地设计。不过若从平面图上比较,一般而论,义、法两种式样的基本形式,都是采用"整形对称式"。也就是庭园的对称轴,是以建筑物的轴线为基准,建筑物的轴是庭园的主轴,以此轴为中心,庭园中的细部则对称配置,务使整体得到统一。除去基本形式而外,意大利式庭园的设计尚有五类:(1)以与建筑物的轴成直角或平行的轴线,来作为庭园主轴;(2)庭园的轴线不限于一根主轴;(3)与主轴成直角或平行方向,以伸出几条副轴;(4)建筑物的轴与庭园的轴呈分散状态;(5)全园设有副轴,只有两根直交的主轴,将庭园一分为二。构成勒诺特式庭园中的基本形式,虽采整形对称方式,甚至,在庭园组成的种种要素上,也和意大利式相同。但是,于庭园的局部设施上,则采用了不同于意大利式的方法,有很多地方更是勒诺特所独创,故成为勒诺特式的特征。

⑥ 整个圆明园的基本结构与布局,其实也是依整形对称的轴线关系而排列。但这种人为的构思,都被巧妙地融于自然的水体环境、树木花卉和山崖丘壑之中,从而无法突显其划一和对称的特质。

水法殿前之大平台下为一水库，是喷泉用水的来源。由于西洋楼景区设计的主题，是以喷泉为主，所以大部分的宫殿建筑，都是为安置机械设备、储蓄喷泉用水或观赏喷泉景观而建，故在意境的表达上，就缺乏其他景区或风景点，借命名或景题，以达颂扬、歌咏、寓教、表彰及述史的意趣。⑰ 相对地，在理水原则的规范下，不仅建筑物在景区中的作用退居"客体"，而且组成中国古典园林建筑中的种种要素，也位居"配角"，西洋楼景区之独特性莫此为甚乎。

　　水体在园林景观中，通常以点、线、面三种形态呈现。而在园景的构思中，如何利用水的流动、聚散、反射、渗透、倒映或顺势等特性，借一种或数种形态的综合设计，来加强建筑空间的变化，是造园艺术成功与否的关键。所谓"面"，意指建筑物或建筑群，以宽阔的水面为背景；在多湾、平坦或凹凸的水面上（旁），将建筑物建于水中，或以临水、插入、贯穿及环抱等不同的形式配置，利用水体的特性，以呈现出对比、漂浮、流动和整体等多样的空间感（附图十四）。借此，既丰富空间层次的变化和观赏者的视觉，并可使建筑空间融于自然环境之中。"线"乃经由河道在殿宇楼阁、街区域镇或桥梁回廊间的穿越，使空间连成一体，扩而广之则构成网路，其间并能形成线状式展开的水景风景线。⑱ 圆明园为水景园，园中有不少大面积的水面，辽阔宽广达六百余米的福海可为代表。因此，有不少的建筑物正是用水面做背景，以不同的形式加以配置。例如，"九洲清宴"建筑群是以相对独立的九个渚岛，环抱水面，使

---

⑰　对西洋楼之题诗原名，康、雍、乾三帝可谓绝无，道光帝则有数厥咏叹的诗文。

⑱　夏兰西、王乃弓编：《建筑与水景》，博远出版有限公司1991年版，第3、19页。

空间面向湖心集中,强调了群体空间的整体感。"万方安和"整幢建筑造在池水中,所谓"水心构架、形做卍字",是中国古代建筑中仅见的特例。"慈云普护"则临水而筑⑥⑨(附图十五)。长春园内虽没有像福海和后湖般的宽阔水面,但因东西南北四条长河、大小湖泊七个的汇聚交流,水源丰富自不待言。⑦⑩ 经由堤、岛、洲、渚等设施,把水域划分成相互贯通的水面,因水体的序列而展开四个因水而成的景区。其中,中心湖区和外环景区,水体之萦迥相互穿插。充分展现了庭园设计中,弯弯水流成为空间联系的媒介。其间建筑的布局尽管较为疏朗,但在水景和建筑间,线与面形态的搭配上,以及地形处理和水面尺度的掌握上,被视为"更趋成熟",也是古典水景园中"贯通手法"的范例⑦⑪(附图十六)。

二、西洋楼景区内园林景观的主体特性

"点"的形态就是指中心的建立、焦点的凝聚。水喷泉、装饰泉、淋浴泉及雕塑喷泉,往往布置在建筑群或空间的中心,构成

---

⑥⑨ 张家骥:《中国造园史》,第 27—28、33、195 页。"九洲清宴"、"万方安和"和"慈云普护",都是乾隆所题之四十景之一。其中"慈云普护"地处后湖之北,前临湖而三面又环以曲水,并引西面之水入岛内。岛的平面呈∏形,围绕着岛内的池塘,临水三面各筑一堂。面南的即"慈云普护",供奉的是南海观音大士;向东的是"召福龙殿",供奉东海龙王;朝北的是"欢喜佛场"。

⑦⑩ "长春园"水系来源有二:(1)万泉河水系导源于万泉庄,由于该处泉水丰富,故泉眼处处。涌出的泉水流入万泉河的支流,顺地势北流后,沿途又汇集了昆明湖的湖水和其他流泉,最后在长春园东北汇聚,再缓缓流入清河。(2)利用五孔闸将福海的水泻入长春园水系。

⑦⑪ 周维权:上引文,第 37 页。《建筑与水景》,第 131 页。

视线或观赏的焦点,并以多变的形象,使建筑空间的环境丰富多彩。[72] 据此,喷泉可以说是以"点"为水景设计的主体,其空间视野、意境野趣,自然无法和"线、面"两种形态所呈现的多样性、宽阔性相比。但巧夺天工、震人心弦处,则为其独擅胜场、无出其右者。喷泉需要大量用水,西洋楼景区的用水来源有二。一、为从圆明园"天宇空明"前的湖水中,引水至万花阵西南,以提供蓄水楼的水库。二、为圆明园西墙外北流的护墙河水,转向东流后,一部分与流入万花镇的水汇合;另一部分则在方外观南边形成弯曲的小河,既成为园区内的地面水,也是大水法水库的水源,再经由护墙河而与方河水面相通,最后并和长春园的水系相衔接。[73]

　　西洋楼景区内喷泉的造型与配置模型,今均已不存。"谐奇趣"殿前之泉池中,除了知道有铜鸭、铜羊、铜猴和翻尾石鱼等构件外,整个喷泉的详细构造几成绝响。目前仅"海晏堂"西面及"大水法"正面,因保有较完整的图片,加上零散资料的补充尚可略知其概况(附图十七)。"海晏堂"西面前略呈扇形的水池中央,有喷水台一座,其上石蛤蜊中设有轮转喷泉,再上有二鱼喷水,左右双分流于池中。面对喷泉的池边装有漏壶一只,作为喷水计时之用。池两侧有八字石台各六,上按兽面人身青铜雕铸十二尊,分别为:

---

[72] 《建筑与水景》,第37页。

[73] 何重义、曾昭奋:〈长春园的复兴和西洋楼遗址整修〉,《圆明园》第三册,第34页。何重义、曾昭奋:〈圆明园与北京西郊园林水系〉,《圆明园》第一册,第52页。"天宇空明"为圆明园中景点之一,内有天宇空明殿、澄景堂、清旷楼、华照楼和怡性丘壑等建筑。

鼠、牛、虎、兔、龙、蛇、马、羊、猴、鸡、狗、猪。这十二生肖代表12个时辰,每隔一时辰相当于现在两个小时,就依次按时喷水一次,故名水钟。每日正午,十二兽体同时喷水,因此又称为十二星兽。大水法自正面图片观之,水池作半圆海棠式造型,池中央有一组俗称"十狗逐鹿"的喷泉设计,池的左右两旁各有一高十三级锥形体喷水塔一座。"十狗逐鹿"为一只角分八叉、南向似跑的铜鹿置于池中,其东西两面各有铜狗五只,水由狗口中射向铜鹿,鹿角因水压关系,就向外喷出八道水柱,与此同时,两侧锥形体的高塔,也会层层喷出高达六尺的水柱;此情此景形成了状似狗儿逐鹿般的动态画面,故而得名。至于"蓄水楼"南面池中"猴儿打伞"的精妙设计,由于未能得见任何图片,因此无法多做引述(参见第一章第二节)。一般而言,喷泉的造型取决于喷嘴的造型,喷嘴有充气式、垂直式、平口式及造型式等多种类型。[74] 选型各异自会产生不同的效果,时而形成闪光的泡沫,或出现细小的蒙雾以及各种水花。至于

---

[74] 夏乃西、王乃工编:《建筑与水景》,第160—162页。
喷泉口之设计约略可分如下数种:
1. 瀑布式喷口又称间歇喷口:此种喷嘴口低于水面,水面上设有一套圈高出水嘴,喷发时会把池水一起带上去,致使大水柱带有小水沫。
2. 造型喷口:将喷嘴加工成一定形状,造成喷水时产生各种不同的图形,如花瓣、伞、半球和扇形等各种形状。
3. 飞沫喷口:利用套筒充入空气混合喷射所形成。
4. 气泡喷口:把空气引入喷水嘴,吸气口在水面上,而使喷泉产生闪光泡沫;这种方式可能以较少的水,形成一大簇爽目的水球。
5. 组合式空气喷口:利用空气的压力,构成多头、多水孔的喷嘴。
6. 喷头式喷口:一般是利用一个水孔,但采用多个喷嘴的设计。
7. 平口式喷口:这是一种最简单的垂直式喷泉喷嘴,能使水流喷射得很高很细,然后散成水珠落下。有时内中会装设旋球器,以调整水柱的垂直度。

大水法及海晏堂这种局部细致的设计为何？大体上也只能臆测为之了。西洋楼景区中的水池除方河呈长方形外，喷泉水池多采自由布局形态多样。虽不知池底是否曾选用深色底衬，或铺做镶嵌画面，以增加池深和活泼生动的效果。但无论在池岸或池中，都立有材质各异的各种动物喷头，小水池也错落布置在各幢建筑和小园之间，加上堆砌而成的水流台阶。其水声水色在阳光、绿树、白石和彩绘的烘托下，虽不比今日可借镭射声光，幻化出多彩多样、动感十足的"水舞"扣人心弦，但其神奇变化之妙，也足以达到焦点中心的渲染效果了。据载，当喷泉同时开启时，大小水柱伴随着水花泡沫，如暴雨倾盆贯泻而下，声如雷鸣闪电、势如万马奔腾，极其壮观又摄人心魄，岂不是园中一奇景哉！

　　远在罗马帝国时代，西方人就已经十分重视喷泉所涉及的水的技术性处理，并在别墅中大量采用。⑦ 到了文艺复兴时期，喷泉更成为造园中重要的条件，也是意大利式庭园的象征。⑦ 文艺复兴初期的喷泉构件，大部分以白色大理石做成，盛期则改用青铜制作。喷泉周边或柱头上，往往装有青铜装的雕像，雕像题材大都取自神话中的神、英雄或动物，其体量、造型和功能，也愈趋复杂丰富，而有所谓"水剧场"（Water Theatre）式喷泉的出现；"战神喷

---

　　⑦ 罗马庭园式别墅在罗马共和时期即已出现，但直到帝国时代更加兴盛，例如：卡利古拉（Caligula, 37—41）、哈德良（Hardian, 117—138）和戴克里先（Diocletian, 284—305）等皇帝，都建造了有名的别墅。至于喷泉的设计，最明显的是保留于庞贝古城中，喷泉塑像旁设有方形水盘承接喷水。罗马人对庭园中的管理非常重视，有专人承司其职。一般而言，无论室内或园中，随处可见设计巧妙的喷泉鱼池，或以大理石镶边的矩型水池。

　　⑦ 参阅第139页注⑥。

泉"的设计就是一例。以前方设有半圆形水池的战神喷池为中心，在其后方舞台的墙壁之后，则备有储水装置，利用水力通过机械运转，落水后会发出风雨声、雷鸣声、或鸟兽鸣叫声。⑦ 到了17世纪，巴洛克式庭园设计上的一个重大特征，正是进一步对理水方法的更新。⑱ 除了一改过去喷泉水、瀑布及水池等的静态理水形式，并继承文艺复兴盛期以来的技术外，还发展出了使人耳目一新的"水风琴"(Water Organ)、"惊奇喷泉"(Surprise Fountain)及秘密喷泉(Secret Fountain)等所谓的水魔术(Water Magic)。庭园中的巴洛克式在平面图中，并未背离文艺复兴时期整形对称式的原则，唯于细部设计上展现变化。水风琴是利用水在洞窟(Grotto)中演奏音乐的一种装置；秘密喷泉则是将喷水口隐藏起来，却能使周围透出阵阵凉意；惊奇喷泉是一种会产生惊奇效果的喷泉，平常不喷水，但当人靠近时会突然喷出水来。⑲ 另外值得一提的是，在造型上更强调装饰性的意义，往往在上面饰以雕像或从事雕刻。一般采用轴柱支撑一个或数个水盘，顶端饰以雕像，层层而下状如塔形；有的则以群像来处理并呈现各种体态或形式（附图十八）。

---

⑰ 针ケ谷钟吉著、章敬三译：《西洋造园变迁史》，台北：田园城市文化有限公司1995年版，第131页。

⑱ 同上注，第145页。在造园史上巴洛克式的造园艺术，被归类为意大利文艺复兴式末期。

⑲ 同上注。洞窟又称洞室或岩洞，这是以一种幻想式的洞窟，来装饰巴洛克建筑的室内设计，其后被运用到庭园造景之中，使得庭园洞窟成为巴洛克式庭园的一大特色。在庭园洞窟中，虽然可以见到对岩石或花草做自然风格式的处理方式，但在心理动机上，目的却是在追求怪异(Grotesque)表现；这与自然主义的田园景观，在本质上有着根本的差异。

三、理水认知及其对造园所产生的影响

也许由于中国人对水认知的独特性使然,造成水在中国所观照的哲学意义和造园上所具有的机能,与西方极为不同。

> 子曰:"逝者如斯乎,不舍昼夜。"
> 子曰:"智者乐山,仁者乐水。"
> 老子曰:"譬道之在天下,犹川谷之与江海,江海所以能为百谷王者,以其善下之,故能为百谷王。"
> 孟子曰:"民之归仁也,犹水之就下。"

哲人们所看到的水包括了各种不同的意涵;咏叹生命的无常、砥砺宽容的修养或慨言治国之道,正所谓善下容纳、汇纳百川,但这一切都要顺势而为、顺性而为。计成也在《园冶》中谈及筑屋建园之要旨云:

> ……卜筑贵从水面,立基先定源头,疏源之去由,察水之来历;临溪越地,虚阁堪支,夹巷借天,浮廊可度。㉚

中国人并非不懂得水力之应用,但若论及造园总以探究水源为先,而后才借渠引水,以竹导水,一尽疏源的工夫;归根结底理水原则不脱因地制宜、聚分得当、主次分明及借景天成等项目。㉛ 同

㉚ 计成:《园冶》,台北:久博图书有限公司1987年版,第38页。
㉛ 林俊宽:《水在中国造园上之运用》(台北:地景有限公司,1990),第45页。

时，在中国庭园设计中，有一个重要的追求即天人合一的境界。山水诚然要与建筑相互搭配，园林本身的规划也要和大自然的整体环境调和统一，终至园地、宅地、心地与大自然皆能濡沫涵融。为此，我们看到中国园林中水体类别多属静态水、流动水和下落水，涌泉水几乎不存。即使山水画中也最多只见瀑布流水而无喷泉，宋朝范宽名画"谿山行旅图"中的十丈瀑布，可为例证。济南闻名的"趵突泉"泉涌虽有"喷为大小珠、散作空满雨"的气势，但毕竟是自然喷泉，非人力所为。一般所谓喷泉纯粹是利用水压和机械力，致使水流喷涌上射的一种装置。就水性及理水的原则而论，仍是逆水而上，非顺水而下，逆势操作仁者不为乎？雕虫小技乎？非彰本溯源乎？由此而当视西洋楼景区喷泉的设计，在中国的造园史上，除为西"力"的象征外，即使不算绝后也属空前之举了。

四、西洋楼景区绿化设计与异国风味

前文已将西洋楼景区中的喷泉和建筑，作了引述。之后，再就被轴线对称地统一配置成的庭园中其他细部，如园门、园亭、园路、植物和花坛等设施及其绿化状况，再进一步加以说明。

西洋楼景区中的园门大大小小有许多座，分属两类。位于第一条次轴和"谐奇趣"北面遥遥相对的"花园门"，是园门的范例，为黄铜雕刻花纹大门，采两扇对掩式设计，门两旁为花墙。介于线法山之间的"线法山正门"和"线法山东门"，均是属于牌楼性质的园门；造型与意义上属中国式，但门柱上形状类别各异的石刻花瓶、番草、军鼓、长蛇及装饰，则又别具意大利式造园的特征。[82] "迷

---

[82] 见第139页注⑥。

阵"或称"迷园",西方早在中古世纪末期就已出现,文艺复兴时期所建造的别墅中,亦多置之,唯已成陈迹;巴洛克时代的造园师,喜欢透过修剪成形状各异的矮树或绿篱,曲折为垣遮挡视线,作为游戏性的设施。"万花阵"墙上的剪树设计,及其所具备的趣味游乐功能,与之颇有异曲同工之妙。㊳ "园亭"又称绿廊或步廊,最早也是出现于中世纪末的西欧。㊴ 通常是木条结构,再用常春藤或蔷薇编制。文艺复兴初期园庭的长度延伸,犹如隧道或修道院的回廊,可以将庭园纵横切割成数个区域,或将庭园的三面围起来(附图十九)。之后,无论在意大利式或法国勒诺特式造园中,都曾广泛运用。不同之处在意大利喜欢以藤、贝壳、蔷薇或常绿性植物,构成长廊以形成庭园中的局部景观。在形式和功能上,法国虽也有同样的布置,但规模更为扩大,并且脱胎于前者而创造出"格子墙"(trellis)的设计。格子墙主要是采用精致的木制品造成,不但可构成庭园建筑的一部分,并且还具有分割园路、修建沙龙(salon)及制作步廊的作用。㊵ 西洋楼景区中"竹亭"的制作手法与所起的作用,应与意大利式的风格较为相近。"方河"为一长方形水面,可以算是景区中的面积最大的地上水水域,但是作用却和其他的泉池不同:主要是借水的反光、倒映、波动及投射等特性,来衬托

㊳ 英王亨利二世(Henry II,1154—1189)所造的迷园位于牛津郡的伍德斯特克,为一座美丽的"蔷薇园式的园亭"。文艺复兴盛期位于佛罗伦萨市郊的卡司特罗别墅(V. Castelle),也建有一座规模很大的迷园,唯今已成遗迹。巴洛克时期的奥尔西尼别墅(V. Orsini)中,为了使园庭增加神秘的气息,园中的小径、小池及喷泉,都以迷园的风格加以配列,行走其中,犹如探险处处新奇。法国凡尔赛宫苑中的迷园取材于"伊索寓言",是诺特最完美的作品之一。

㊴ "园亭"最初的含义,系指在庭园内,用栅墙围地,内铺草地、种树,造成一种不受干扰的隐居环境。

㊵ 《西洋造园变迁史》,第96页。

线法画以呈现不同的情境。由"远瀛观"至"观水法"石屏一线之东西两侧,皆有松墙障隔。其间隙地尽用砖石或琉璃,砌成花坛和各式树池,栽种奇花异草与观赏性的树木,或于花盆内植小松陈列院中。⑧ 在花坛与树池的图案上,线形、菱形、玫瑰花形和方形各式各样,但面积今已无法确知。⑰ 从构图上着眼,景区内的绿化形式概分两类。一为绿化的平面形式,是依建筑外轮廓之变化而布置,这种方式往往会与建筑形成统一和协调。根据铜版图,在养雀笼东面、方外观正面、海晏堂北面和东面、线法山东门和线法山正门的入口处,都栽植着人工剪修过,树种、树高及树形颇为一致的树木,采对称式对植的排列(附图二十)。这种"对景"的绿化设计,既可造成视觉中心,也有诱导到达目的的作用。⑱ 同时,在造型华美的白色大理石建筑衬托下,展现出一种严谨、庄重的秩序感;加上白墙绿叶所造成的强烈对比,益使绿化的形态更为明显。另一种绿化形式则是不随建筑外观而布置,故而可以形成较为宽广的设计。景区中位于轴线两端的"万花阵"与"线法山",就可以看成是独立于建筑之外的绿化区,虽然其中皆设有八角亭一座,且都有游乐的功能,但树植的面积显然大得多。"线法山"是一座圆形的小山,也是本区地势最高之处,环山层次分明且有规律地栽种了各类树木。至于西洋楼景区中建筑物内,是否也如现代人般,栽植绿化植物、养莳花卉,以悬垂摆置、攀缘或镶嵌的方式,来增加或改变空间的氛围?料想是不会或

---

⑧ 赵光华:〈长春园建筑及园林花木之一些资料〉,《圆明园》第三册,第 10 页。

⑰ Rend Picard, *Ces Peintres Jésities á la Cour de Chine*, Grenoble, Editions des Seigneus, 1973, p. 93.

⑱ 石铁矛、时天光、蔡强:《建筑与绿化》,台北:科技图书有限公司 1994 年版,第 30 页。"对景"是指利用绿化作为建筑轴线或行进路线上端部之景,以造成视觉中心。

缺的吧？室外墙壁门廊之上，葡萄蔓藤攀爬蜿蜒。松、竹、兰、梅、菊、荷、莲、牡丹及梧桐，这些诗词中常见吟咏的乾隆之所爱，应是不可少的植物。从色彩与季节的搭配上来说，春夏之际，景区内必定一片绿意盎然，鸟语花香又不失淡雅清丽。为了确保花卉树种的常新，圆明园中设有苗圃、暖室及植物园。⑧⑨ 当时主管区内园林绿化工作的是法籍耶稣会士汤执中（Pirre Nöel Le Chēron d'Incarville, 1706—1757），他曾将北京及其附近地区的花草苗木标本260余种，托每三年一次往返于北京与莫斯科之间的商队，运往俄京。⑨⓪

由于西洋楼景区是以安装喷泉的设计，作为造景的主体；因此，处于建筑环境中的绿化，在角色与意义上就成为配景，性质上则属建筑外部空间的绿化。⑨① 任何建筑环境中的绿化，其规则和设计的焦点，端在发挥点缀和衬托的功能，进而能适度地反映出建筑的特性。若能妥善安排，当使两者达到互为帮衬的效果。无论由西向东或自东向西而入西洋楼区，绿化随着建筑物之疏密、地势之高低，而依序开展。以建筑物为主体而形成的四个四合院空间，其间或以松墙、

---

⑧⑨ Gerges Loehr：〈入华耶稣会士与中国园林风靡欧洲〉，《明清间入华耶稣会士和中西文化交流》，巴蜀书社1987年版，第307页。引自法国耶稣会士韩国英（Pierre-Martial Cibot, 1727—1780）《北京教士报告》的记载；他为植物学家、花木园艺师，曾著有《论中国的暖室》、《园艺之研究》和《论中国的游乐园》等重要著作，其中反映了中国造园中的配备及种类。Jacque Luva,〈入华传教士和植物学〉，《北京传教士杂录》，第六卷第七、八期（1938, 7—8），第698—699页。沈福伟，上引文：《中西文化交流史》，第421—422页。

⑨⓪ 同上注，第307页。引自《中国杂纂》，四开十七卷本，第三卷及第八卷（巴黎，1777），第423—437, 301—327页。

⑨① 同注⑧⑥，第27页。
建筑与绿化的关系有三类：
1. 绿化处于建筑的环境之中，是建筑外部空间的绿化，应视建筑为主角。
2. 建筑处于风景环境中，则绿化为主角，建筑是配景。
3. 两者并存无分主次，形成互相融合衬托的关系。

绿篱及小桥等障景手法，分隔开来，使人在行走其中、起承转换之间，时有柳暗花明的喜悦。整体而论，西洋楼景区所处的地势坡度不大，因而在行道中，没有连接台地和台地间的台阶或斜道。又因为面积小，当然也就无法产生一望无际的辽阔感。乾隆当初建立的目的，旨在猎奇与游赏，但以喷泉之奇巧、建筑之宏伟、绿化之别出心裁，园虽小却玲珑有致，其异国风味引人之处，又岂可以以道里计？

第三节　中西建筑园林融合的范例

在全面检证西洋楼区之建筑园林应属于何种风格之前，另一项具有决定性的因素——郎世宁，当须先加以回顾铺陈。

一、郎世宁技艺上的训练与自文艺复兴 以降欧洲的教育理想

郎世宁因绘画而在中国久享盛名，于清初之际，且以画技深受廷宠。乾隆时期供职于如意馆，位至正品奉宸苑卿，虽是荣衔一个未必理事，然而地位崇隆非比寻常：死后更特赐侍郎衔、赏银300两治丧，也算备极哀荣了。一生留有画作80余幅；综观其类别涵盖人物肖像、花鸟走兽、纪实史事无所不画；不时将西方油画、焦点透视画及铜版画的技巧，引介到中国，自身且更进一步"参酌中西画法"，别创新裁。㉒乾隆五十一年(1786)耶稣会法籍修士晁俊秀

㉒　聂崇正：《郎世宁作品中的几个问题》，《宫廷艺术的光辉》，第227页。作者认为郎世宁的作品中，最能表现独特风格、折中中西画法的是他的人物肖像画。而在雍正与乾隆两朝间，一般而言他的画风则有不统一的状况。造成这个重要因素之一，即是乾隆帝弘历较强烈的中国审美趣味，以及他对西洋绘画的特殊态度。乾隆帝虽然也认为"泰西绘具别传法"、"着色精细入毫末"，但却不合于中国古法。故而常要郎世宁在其画作背景中，添加许多中国传统绘画风格的陪衬。

(Bourgeois Francois,1723—1792),自北京函告巴黎图书馆印刷部主任窦乐多(L. F. Delatour),提及完成了20幅铜版画作之事;此即西洋楼完成后,由郎世宁所绘之竣工透视图。[93] 而于绘画之外,更重要且鲜为一般人所知者,乃是参与西洋楼区建筑群的设计、监造和各项细部工程的铸制。不可否认建筑主体的承造完工,是由许多人共同努力的结果,其中外籍工程技师杨自新、汪达洪(Joannes M. de Ventavon)和中国工人的无间合作,尤具深意。但诚如计成在《园治》中,论及"兴造",直称"三分匠,七分主人";谈及"园筑之主",则慨言"犹须什九,而匠什一"。[94] 这也就是说,无论建房舍、造园林能做主设计的人,才是成功的关键。因此之故,西洋楼区建筑园林的风格,又怎会不受他素养的影响?

郎世宁于康熙二十七年(1688年7月16日)生于意大利北部的米兰[95],19岁时在热纳亚入耶稣会,教名若瑟(Jo-Chē);却因生性羞怯内向,始终不能适应严苛的教会生活。[96] 虽则如此,青年时期的他在心智的发展与能力上,则被视为"杰出的天才",在绘画方面,尤其如此。[97] 他酷爱绘画,并在画室中拜师学艺,绘画也成为

---

[93] 沈福伟:《中西文化交流史》,第431页。作者指出,此20幅铜版画为1786年,晁俊秀受弘历之命绘制成。唯镌刻者都是从学郎世宁的中国画工;童隽则认为是由郎世宁所绘。铜版印本原来大0.64×1.10米,分藏于北京、沈阳两地皇宫及热河行宫,此后散见于德、日、法之各大图书馆。本书所采用者,即为沈阳故宫博物馆之馆藏,经印本缩影,留存于第一档案馆翻拍所得。

[94] 计成:《园治》,第23页。

[95] Louis Pfiste, S. J. *Notices Biographiques et Bibliographiques sur les Jēsuites de L'ancienne Mission de Chine*, 1552—1773, Chang-Hai, 1932—1935, p. 635. Joseph Dehergne S. J., *Répertoire des Jēsuite de Chine de 1552 à 1800 Roma*, 1973, p. 48. 聂崇正:《宫廷艺术的光辉》,第194页。以上三位作者皆指出,郎世宁生于1688年7月19日。Picard, *op. cit.*, p. 63. 记郎世宁生于1688年7月16日,可能为误印所致。

[96] Picard, *ibid.*, p. 63.

[97] Pfister, *op. cit.*, p. 636.

枯燥修院生活中的最好寄托。各类画技如油画、自然主义的画、蛋彩画(tempera)及铜版画不无涉猎,题材也遍及宗教神话和历史故事。郎世宁的才气很快地就被当地一位享有盛名的耶稣绘画家波儒(Andréa Pozzo)所赏识;波儒是罗耀拉画室的创办人,在绘画和建筑的透视法技巧上,有着极深的造诣。之后,郎世宁为了充实画艺,曾一度远赴罗马。1710 年再经热纳亚转赴葡萄牙,在该地停留长达四年,不但因此声名远播,而且获得授勋的荣耀。迨返回意大利之后,并在自己最初所加入修院(La chaplle du noviciat)的小教堂内,从事壁画。[98] 康熙五十三年(1714) 26 岁的郎世宁,由耶稣会葡萄牙传道部派遣,经大西洋、印度洋,中途在印度的果阿稍做停留,而于次年 7 月抵达中国;在广东停了六个月后,于同年 11 月 22 日行抵北京。[99] 旋在马国贤(Pēre Matteo Ripa,1692—1745)的引荐下,觐见了康熙皇帝,定居于紫禁城东华门外的天主教东堂。[100]

---

[98] Picard, *op. cit.*, p. 64.

[99] Dehergne, *op. cit.*, p. 48.记载郎世宁于 1715 年 7 月 10 日,抵达澳门,12 月 22 日至北京。Picard, *ibid.*, p. 64,记载郎世宁于 1715 年 7 月,抵达中国,并在广东停留六个月,11 月 22 日至北京。聂崇正则称郎世宁在康熙五十四年七月十九日(1715 年 8 月 7 日)抵达澳门,但未提及到北京的时间。与他同来的,还有一位意大利的外科医生罗怀中(Ginseppe Costa)。杨琳奏折记载,郎世宁是 1715 年 8 月 17 日坐船抵澳门,9 月 2 日到广州,11 月 22 日至北京。郎世宁抵华的时间虽各家说法不一,但到达北京的日期却都相同。一般而言,西文资料都记载其 7 月抵达中国,中文资料则多持 8 月之说,若以阳阴历换算,其实差别不大。比较具有争议处,反而是在广东停留的时间。

[100] 石田干之助:〈郎世宁之传稿〉,《石竹院纪要》创刊号(日本大学人文科学研究所,1959.3),第 32,41—43 页。矢泽利彦:《郎世宁》,第 61 页。杨启樵,《雍正帝与郎世宁》(清史国际学术研讨会论文集),辽宁人民出版社 1990 年版,第 234 页。郎世宁的居所有两种不同的说法,一以石田干之助及方豪为代表,因郎氏隶属葡萄牙教会,故主张应因此而居住于该会的东堂。另一说以矢泽利彦为代表,他认为东堂属于葡萄牙教会,北堂属于法国教会,南堂则为葡、法之外如德、意等教士的居所,郎世宁为意大利籍自然应住在南堂。两种说法各有理由,但持住南堂论者多有其人。其因乃郎氏于乾隆二十二年(1757),虚龄七十岁时,皇帝曾为他祝寿。二十年后又为艾启蒙庆古稀之寿,尝遣人至南堂问郎世宁之先例。因此,石田干之助引以为奇:若郎氏居东堂,何须派人至南堂查寻?

若纯粹自个人的角度而言,以上的陈述当然无助于对郎世宁所受的专业训练和流派画风,做任何精确的掌握与了解。但推而广之,从宏观的角度切入,或能说明一些普遍的现象。郎世宁诞生于 1688 年,此时意大利早已迈越巴洛克艺术风格的巅峰;大师柏尼尼已去世 8 年,鲍若米尼逝世也有 21 年。就意大利的建筑传承来说,在建筑物及其装饰物上,炫眼与堆砌已隐然成了设计程序中的必然构思。文艺复兴式的古典建筑规则,也早被新的创意蜕变成新的风貌。但是,相对地,规则典范却也成为艺术素养的必备训练和知识;即使像鲍若米尼那样,身为巴洛克风格典型的建筑大师,1653 年设计罗马教堂时所用的形式,基本上还都是真正的文艺复兴式。[101] 郎世宁诞生于米兰,塑造性极高的青年期在热纳亚度过,两个地方都位于意大利北部。意大利的文艺复兴始于中北部的佛罗斯城,向北部扩散后,再向中部的罗马转移,从而形成它的鼎盛时期。[102] 米兰、威尼斯和热纳亚三地,均位于意大利北部且地呈掎角之势,其中威尼斯尤其是文艺复兴北部中心的所在地;第一位在帆布上画油画的意大利画家贝利尼(Giovonni Bellini,1431—1516),正是出身于此。于绘画上,威尼斯派的画风清澈、明朗,充满了色彩的光辉艳丽及光线的柔和丰美,独具风骚且持之甚久。于建筑上,那里的主导人物正是帕拉底欧。在文艺复兴建筑艺术中,他曾带给欧洲人两项重要资产;即所谓的"帕拉底欧姆题"和"精确性与集中式平面的运用";从而使建筑物脱离严格的规范,而赋予更人性化的表现方式。因此,他本人也常被视为文艺复兴

---

[101] Gombrich, *op. cit.*, p.342.
[102] 园林文化的发展则与艺术风格的扩延有些不同。16 世纪前期,由佛罗伦萨向罗马转移;同世纪后期,则自托斯坎尼兴起后,一直延伸到北方的热纳亚。

古典风格的代表。[103] 在米兰,达·芬奇(Leonardo da Vinci,1452—1519)著名的壁画"最后的晚餐",占满了位于该地的圣玛琍修道院(Santa Maria Della Grazie)中、长方形僧侣餐厅的一面墙上。而介于巴洛克与文艺复兴盛期画风间、有"自然主义者"(naturalist)之称的革命性画家卡拉瓦乔(Michelangelo da Caravaggio,1573—1610),更诞生于此。[104] 不论绘画技巧或风格,意大利北部各地一如罗马,必然深受佛罗伦萨的启迪与提携,但也跳脱出了佛罗伦萨画派,钟爱科学式的解剖、光线的明暗对比和几何学透视法则表达形式的局限。在画风上,除了具有方法上的严谨性外,更多了一层因光线与色彩达到统一,而展现出的华美、圆润、壮丽特质和一种乐观主义气质。[105] 从技法上的演变来看,文艺复兴初期到巴洛克时代,不论蛋彩画、油画或铜版画,[106]色彩、光影及线条,均被不断的探索、创新和突破。达·芬奇在绘画技法上的一项重大成就,正是舍弃了过去几何学的透视法,改采朦胧柔软的"空气透

---

[103] 李长俊:《西洋美术史纲》,台北:雄师图书公司1980年版,第64—65页。罗小未,同注㉘,第180页。所谓"帕拉底欧姆题",是指在建筑物的中央有一个拱形窗,而在其两侧又各开一平顶窗的设计。这种设计形式往往会为主题建筑围上外层建筑物或景观,是将平面加以延伸的一种手法。

[104] Gombrich, op. cit., p. 305. 自然主义者坚持,无论美丑应忠实地摹写自然的信息。

[105] 李长俊:《西洋美术史纲》,第64页。Gombrich, op. cit., p. 251.

[106] Gombrich, ibid., p. 179. 所谓蛋彩画法就是将绘画所需的粉状颜料,加蛋掺杂搅混成糊状,以便图绘之用。其缺点有二:一为色彩不易相互渲染融合,故而也不能达到平滑转化的效果;二是干得太快,保存困难。之后,荷兰画家凡艾克(Jan Van Eyck, 1390—1441),以油代蛋,而制作出一种质地光滑的颜料用于画中。若敷以透明的涂层或釉层,再以尖笔刷染画中亮度高的部分,往往会制造出"绝对精确"的奇迹。自此以后,油彩就成为欧洲最受欢迎,广为普及的绘画媒介。

视法"(Sfumato),[107] 而使精确真实与和谐柔美,达到密合。意大利文艺复兴大师们的三项成就,科学性透视法的发现、解剖学知识的掌握及古代建筑形式的再现,陶冶的又岂是一代或一地的人而已!热纳亚及米兰位居其间,若以绘画为志业,那么兼容并蓄,取各家所长的养成环境,是客观性存在着的。况且,郎世宁在求艺的过程中,也曾远赴罗马。前后驻留的时间虽然无法确知,但自 15 世纪末期,罗马就成为文艺复兴运动的中心,几乎 16 世纪的每一个有名望的艺术家,都汇聚于此;就算不是应教廷或贵族们的邀约,至少也是要来开开眼界。这种状况一直到 17 世纪末,意大利艺术的伟大时代逐渐走向终结,罗马的地位才被巴黎所取代。即使如此,17 世纪的意大利,在室内装饰方面,仍以灰泥作品及出色的壁画技巧,而名闻全欧;18 世纪初期的版画和风景油画,也占有一席之地。[108] 在这样的大环境中,对一个有才分又肯用心的人而言,于素描的基础、壁画的技巧和建筑的知识,能精通某些诀窍,熟练到一定高度的水准,实在也不是一件令人惊讶的事。综观郎世宁对西洋楼建筑的设计、监造、细部制作以及楼区内各地壁画、插画和铜版画的起草绘图,充分反映出他继承了文艺复兴以来"通才"养成的人文传统。

二、西洋楼景区内个别建筑与意大利巴洛克风格之比较分析

回到问题的核心,西洋楼景区应属哪一种风格? 吾人当以何

---

[107] *Ibid.*, p.228. 李长俊:《西洋美术史纲》,第 59 页。Sfumato 一字中文译成"空气透视法",意指朦胧的轮廓与柔软丰美的色彩;能使一个形式与另一个相互吞融,并常为观者的想象力留上一些余地。

[108] Gombrich, *op. cit.*, pp.350—351.

种心态,来欣赏其建筑雕饰与园林景观的筹建规划?

由外貌整体观之,景区内所有建筑物包括线法山及线法山东门的材质,皆舍木结构而就大理石;构造上屋檐高阔,梁柱则相对低矮。"海晏堂"、"远瀛观"和"谐奇趣"之侧楼、塔楼与回廊的设计,都突显主体建筑的作用,进而强化并扩展了建筑面的纵深和侧面的视阈。塔楼与侧楼的设计形式,在意大利的教堂建筑中早就出现,但不具什么实用意义;鲍若米尼运用它时,主要在强调曲线构成与波状运动。"方外观"正面楼高三层,左右两边各有一组宽大宏伟的青铜铸台阶,呈对称椭圆马蹄形状(附图二十一)。入口有一小型门廊,上冠以徽记雕饰,门前四级作半圆形状石阶;这部分的造型,活脱脱地像极了柏尼尼圣安德烈·阿尔·奎利纳教堂(St. Andrea Al Quirinale)门口设计的翻版(附图二十二)。"养雀笼"东面大门处,中间状似曲面内向,形成一个壁凹;至于两侧墙体,则因壁凹而呈现出波状起伏的立面(附图二十三)。同样的形式在线法山东门上,也可以发现;由柱础、柱身和柱顶,共同组成了一套"波动柱式体系",山门因线条与立面的波状起伏,致使建筑呈现出一股动势[109](附图二十四)。而这组造型,又可以在顾哈尼所设计的卡里尼亚诺府邸(Palazzo Carignano),找到相似的建筑元素(附图二十五)。西洋楼景区建筑物上的相关带饰及门窗,其造型包括了圆形、半圆形、椭圆形、正方形、长方形和三角形等各种图形,但其间也有许多部分,是由曲线或折线所共同组成。柱顶、柱

---

[109] 弗拉维奥·孔蒂著、李宗慧译:《巴洛克艺术鉴赏》,北京大学出版社 1992 年版,第 12 页。

身、柱础、壁龛及门楣各处的小单元上,满布各式各样精美的雕镂,其上石雕厚度起伏达二十公分;[110]或于屋顶、垂脊、门廊和墙面上,镶嵌五色琉璃番草、宝塔及珍禽异兽。这些装饰造成凹下深陷的线条,无形中使得建筑的各个角落和面与面的结合处,展现出一种流动感,而非比例精确的"平面连续"。例如,"远瀛观"南面正门前的两根柱子上,刻满了各种雕饰(附图二十六)。虽然无法清楚地指出刻镂之实物,但以雕塑柱取代光滑的圆柱或方柱起支撑作用,也是巴洛克建筑的一项创新;其中人像柱尤其在日耳曼地区成为建筑的时尚。(见第一节)另外,在檐壁或其他的建筑单元,巴洛克建筑师往往喜欢把如徽纪纹章、涡卷形饰和战胜纪念物品的雕塑,配置其上,使建筑与雕塑达到融合的境界;柏尼尼为圣彼得大教堂塑造的华盖(baldacchino),即是典型的代表。[111](附图二十七)无独有偶,"水法"屏风上的五块石雕装饰,正是由纹章、徽纪、兵器、盔甲、书本和纪念物所组成,其雷同之处真是不可思议。屏风本身则呈内凹,形成一片曲面,曲面顶端则竖有各式浮雕。除了宝座之外,与其说"观水法"是一幢建筑,还不如说扮演主角的是雕塑。而以雕像或其他的水平线形式,来建构完成建筑物的顶部,正是在巴洛克时期所形成的风格特色和系统手法。[112](附图二十八)就在雕塑与建筑相结合的过程中,艳丽的色彩、强烈的动势和奇异的效果,也同时达成。有时一组雕塑会因与周围建筑物及空间关系的

---

[110] 孙永林:〈圆明园西洋楼遗址整修规划方案评议及学术讨论会上代表发言摘要〉,《圆明园》第四册,第199页。

[111] 弗拉维奥·孔蒂:《巴洛克艺术鉴赏》,第58页。

[112] 同上注,第57页。

变化,而突显出其为主体、焦点的价值;在喷泉设计中尤其如此。[13]
区内建筑中有不少窗子的设计,在镶嵌玻璃之余,只为一种装饰的
形式以加强美化,并非作为开启之用。[14] 但透过玻璃所产生的明
亮光线,以及因光照强弱而造成室内强烈的明暗对比,却是巴洛克
建筑在渲染戏剧性气氛与效果时的一种手法。

三、西洋楼景区园林风格属性之探讨、比较及其特质分析

论证至此,我几乎能肯定地说,西洋楼景区内建筑主体的风格
与手法,是巴洛克式的,尤其属于意大利式的巴洛克风格。当然,
其间还有几项疑点,需要再就个别或独栋的建筑,做进一步的讨
论。

首先,就以"海晏堂"这幢建筑而言,无论自西、南或北的任何
一面观看,皆呈长方形立面(附图二十九)。文艺复兴时期的建筑,
无论是宫殿或教堂的正面,也都是一个长方形或是一系列长方形
的组合,而每一个长方形又相当于建筑物的一层。其间上下各层
楼的结合方式和柱间间隙,比例完全相等。即使不同形状的线条,
也会很清晰地勾勒出比例上的精确。由于几何图形有序的排列,
自然显示出"平面连续"的呆板印象。巴洛克式建筑即使也采取了
长方形的平面设计,但整幢建筑物却只有中间朝外的那一部分,是
独立整体的一个元素。层的分割虽被保留下来,但正面中心的部

---

[13] 例如罗马诺沃纳广场(Pizaaz Navona)的四河喷泉,喷泉的上部分是个建筑主题:埃及尖塔碑;围绕着塔碑基础部分的是组人物雕像,水自四周向下面的水池喷去。此时雕像已不再是附属于某个建筑的构件,而是自成独立的主体与焦点。

[14] Picard, *op. cit.*, p. 92.

分和建筑物上下层间的关系,要比与两翼的侧楼、顶楼或塔楼,更为密切。为彰显中间部分的主体性,往往还将正面上的圆柱、壁柱、门楣及三角饰等设计,突出于墙的表面,借以强化立面中心的地位。[115]"海晏堂"西面为此建筑之立面,镂花铁门之上建有门廊一座,其上按番花葫芦顶及各式雕刻;相对于东西两侧之蓄水楼,不论自功能性和重要性看,都标志着主体中心的支配地位。门及玻璃窗上的三角饰,也不同于文艺复兴时代纯粹的三角形或半圆形,而呈现出曲线的混合形(附图三十)。"线法山"上八角石亭的门楣,虽是典型的三角形,却在整个楼景中独显特殊;况且,双檐造型与屋顶上的雕塑,也使亭子展现玲珑之姿。至于"万花阵"中之圆顶双檐大理石八角亭及其北面的花园门,其顶部之雕塑和相关曲线之应用,都避开了文艺复兴式规格化的制约(附图三十一)。

其次,不可否认地在西洋楼区内的建筑物中,流泻着中国式建筑风格的踪影。几乎在每一栋单体建筑的雕花券柱上,都可以发现加重檐庑殿式屋顶,上覆各色琉璃瓦片;墙壁上镶嵌五色琉璃花砖或雕像;柱顶、檐壁、壁龛、门前以及池边所立动物的塑像,也常以中国式的造型呈现。不过,重檐庑殿屋顶固然含有浓郁的中国风味,但与法国式升高了四面斜坡的天窗屋顶相较(见第一节),是否也有似曾相识之感? 在〈圆明园西洋楼评析〉一文中,金毓丰指出:"方外观上采用了纯粹的法国柱式,大水法则采用了法国巴洛克式样的构件。"希伦(Osvald Sirén)也提到:"区内建筑物上的不少饰品,如点缀性的石块、贝壳纹饰、花环、壁龛和镂刻精致花纹的方柱

---

[115] 弗拉维奥·孔蒂:《巴洛克艺术鉴赏》,第16页。

等,都与法国凡尔赛宫廷建筑上的饰品,有极其相似之处。"⑯一方面,由于建筑外部多抹有粉红色石灰,加上玻璃窗的透亮效果,因此,也有不少学者视其为洛可可式建筑。查郎世宁一生除短暂赴葡萄牙外,在远到中国之前,并未有其他出国的经验。或许那些充满了法国风味的装饰性设计,出自于蒋友人之手吧? 但方柱、壁龛及贝壳纹饰的运用,在意大利的巴洛克建筑中,存在久矣! 玻璃聚光及石灰抹墙的技法,也只是在洛可可式建筑中,得到更进一步的发挥罢了。西洋楼建筑整体的构造形式,宏伟洒脱且建材沉重巨大,此种风范似乎更趋近于意大利式,而非法国的表现方式。况且具有代表性的法国巴洛克式建筑,其立面除具有庞巨性的特质外,通常会与园林景观相结合,设计上成为宽阔园林的背景;"法国的巴洛克式"一词,在形容整体的建筑园林时,反更为贴切。西洋楼在外观上虽然也透出中国风味,但毕竟仅以装饰性为主。所以,其建筑应是以意大利巴洛克式为构建主体,于装饰上,则为中西相容的一组建筑群。

言及西洋楼景区之园林类别时,论者于巴洛克式、洛可可式、勒诺特式以及中西混合式,也都各有坚持。⑰

其实近代西方的造园艺术,最早亦兴起于意大利的文艺复兴时期。在人文主义运动的酝酿下,蓬勃热烈的复古热,也带动并促

---

⑯ Osvaled Sirēn, *The Imperial Palaces of Peking* (Paris, 1926), pp. 44—45. 引自刘凤翰:《圆明园兴亡史》,第 43 页。金毓丰:〈圆明园西洋楼评析〉,《圆明园》第三册,第 21 页。

⑰ 各家主张如下:
    洛可可式:汪菊渊、Michael Sullivan;
    巴洛克式:李嘉乐;
    中西混合式:金毓丰。

进了以佛罗伦萨城为中心的别墅建筑。这股风潮自 14 世纪末迄 17 世纪,都未稍减。因此,造园史家在论及园林风格时,往往将之统称为"意大利的文艺复兴式"。[13] 不过,在 16 世纪末到 17 世纪初的这段期间,文艺复兴式造园的技术有了一些迥异于过去二百年间的变化,即出现了所谓巴洛克式的特征,故而有"巴洛克式庭园"的产生。"巴洛克式庭园"的发展比之于"巴洛克式建筑"的鼎盛期,时间上迟了约莫半个世纪之久。其特征归纳起来,不外以下几点:尝试崭新的理水方式;喜欢对岩石做顺其自然的处理;修剪林木成不自然的形态(或名为规则的几何图形);以曲线代替单纯平直的线条,运用于池边、花坛、沟渠、喷泉或其他细部构件的造型中;栏杆、壁龛、角柱和水剧中,满布各式花瓶、艺术雕像及贝壳装饰(参见本章第二节)。这些都说明了一个现象,意大利贵族的庭园中,盛开着追求幻想、惊异与怪奇之花的心理。但是,撇开这些新奇技法不谈,巴洛克式园林的整体规划,并未溢出意大利文艺复兴式的基本格局。意大利的庭园由于大多是建立在丘陵的斜坡上,因而设计时常依斜坡长度的状况,堆叠或开辟出数个台地;所以,意大利文艺复兴式又称台地式,简称意大利式。除了涵盖巴洛克式庭园在细部装饰上所衍生的特征外,意大利式造园在整体架构上,确立了数项基本原则,并成为西方英国风景式造园兴起前重要的圭臬。就园林的外形上言,布局要求严格的整形对称,庭园的对称轴必须以建筑物的轴线为基准,建筑物的轴也应成为庭园的主轴。庭园的细部设施例如被视为一个面的台地、花坛、池泉,呈线型排列的园路、台阶、瀑布和以点状分布的雕塑、园亭、喷泉等,

---

[13] 弗拉维奥·孔蒂:《巴洛克艺术鉴赏》,第 117 页。

全依轴线对称地统一配置，换句话说都强调对称的布局。色彩上则较倾向以常绿树的绿色，作为建筑或白色石雕间装点的主要色调；一般说来，树比花更受重视。柏树、伞松、冬青、紫杉、月桂、柑橘、橄榄及柠檬，或做行道树、背景树，或用来丛栽、盆栽，端视树种特性而定。围墙都是以墙壁或绿篱为之，入口处装有铁门；栏杆则有多种形式的设计，通常安置在建筑物的顶部、阳台、水池周围或台地台阶的边缘，多以石材雕制。不论围墙或栏杆，其门柱和顶部则有形状各异的塑像、壶饰和花瓶。16世纪在意大利庭园内，开始采用了镶嵌细工俗称马赛克（mosaic）的铺路；以灰色、黑色及蔷薇色的小石子，组成各种图案，图案中央并栽植果树。[119]

至于勒诺特式造园风格的形成，则可视为法国在文化上独创性发展并迈向成熟的又一实例；而它所创造的风格，也就成为"法国式"的代名词。[120]

在法国的文艺复兴时期里，造园一如建筑、文学和绘画等艺术领域，也专以模仿意大利是尚；庭园中始终恪守着严格整形对称式的布局，组成庭园内各种要素也依循往昔。而勒诺特式与意大利式最大的区别，则是在细部设施上手法的创新，而这也正是法国式的特征，以下就自三个面向，加以说明。

（一）地理条件

巴黎盆地地势平坦、视野辽阔，皇家庭园除建在风景优美处

---

[119] 同注⑭，第153—155页。
[120] 勒诺特出生于巴黎的造园世家，本身则为路易十四时代的宫廷造园家。由于天才及努力，他使法国走出了师法意大利造园样式的传统，而开创了具有法国本身特质的"勒诺特式"庭园，故而赢得"王之园师，园师之王"的美誉。

外，也常选择在低湿沼泽之地。[121] 这使轴线对称的排列，自外观上看，由于都在一个平面上之故，乃避开了台地式的立体堆叠感，而显示出平面的反复重现。透过宽广的湖面、河渠和笔直伸向地平线的修长园路，营造出特有的宏大景观；所以，法国式又有"宽广式"的别称。

（二）花坛设计

花坛的变化也是十分能展现勒诺特风格特点的一项设计，共有"刺绣花坛"、"间隔花坛"、"柑橘花坛"、"英国花坛"、"区划花坛"、"水花坛"六种。由于路易十四喜好柑橘及花卉，所以在花坛的设计上，除了借用植物之外，花卉、草坪乃至于水泉，都成为组成花坛的要素。[122] 每一种花坛还各有多种不同的图案，色彩斑斓、状若织锦，予人以典雅、富丽、华美、精致的感受（附图三十二）。

（三）水的规划

"水花坛"、"大河渠"和各式新奇喷泉，代表了法国式园林中最独特的创意。凡尔赛宫苑的河渠既深长且宽广，林荫水道构成了一条笔直的透景线，水天一色益发使庭园显得壮丽。河面上还可以划船游玩，使水在园林中所扮演的角色，更趋多样性，跳脱出意

---

[121] 意大利式庭园遍布法国境内，但勒诺特式则仅集中在巴黎及其周围地区，形成一个大的庭园区。

[122] 中国花坛：是由满布草坪或修剪出特别形状的草坪组成，外侧则栽植花卉。

间隔花坛：是由四个对称部分所组成，内部则处理成旋涡形图案。

刺绣花坛：是把植物列队状种植成刺绣图样。

区划花坛：坛内全部是由对称形修剪过的植物组成，其中不杂有任何的草坪和花卉。

柑橘花坛：借柑橘的种栽植而培养成的花坛。

水花坛：借由环境草坪、树荫和花床的水流而形成的花坛。

大利式庭园中,以观赏为主的局限。

西洋楼景区的建筑园林在布局上,采轴线对称形式;造园的内容上,宫殿、迷园、喷泉、花坛、草坪、镶嵌铺地、线法画及修剪成几何形图案的树丛,在在都显示了受意大利巴洛克造园风格的影响。但相对于建在丘陵斜坡上的意大利式庭园,区内整体上地势应算平坦,虽然如此,却也不能就因而类比于勒诺特式。法国巴洛克式的建筑园林宽广辽阔,园林本身是造园的主体,建筑物在宏伟的自然景象中,反而退居于背景的次要地位。而西洋楼区内景物之主体,乃是各式水法和衬托这些水法的建筑,两者在营造观赏的焦点上,诚然不同。景区内又因范围狭小,在填满建筑、园亭、花坛、围墙和相关园路后,就形成了一个紧密的"内聚空间",一望无际的壮阔感,自然相对减低。固然在西洋楼区内,随处都能看见美丽的泉水,说这是一个被水装饰的景区,允为恰当。据称"大水法"的泉池规模,可以与凡尔赛宫的水池相媲美,但毕竟仅是以局部论局部而已![12] 所以,若与凡尔赛宫苑的园林相比,则不论从园区的面积、空间的开合和整体园林设计的深意等各方面来看,西洋楼景区的规划,也都不能算是勒诺特式的缩影或移植。

和西洋楼的建筑一样,景区中在造园内容和气氛营造上,融入了不少带有中国风格的手法。

从屋顶、门前、喷头、池中或池畔,大部分的石雕和青铜雕铸,都采取中国人所习用的动物与造型,如羊、鸭、鱼、狮及十二生肖。不少地方因视景区的需要,花草树木的配植也采自然风景式的布置,例如线法墙舞台布景周围,种植了高大的楸树;线法山东门两

---

[12] 《西洋造园变迁史》,第238页。

侧的水池后面,则有自然形态的假山石和混植花木。[124] 此外,造景时"虚隔手法"的运用,也是别具慧心。西方园林在景点的设计上,惯用以开门见山,一览无遗的手法,来呈现景象。意大利式的庭园内虽然常用绿篱和墙壁区隔,但其意义大异于中国传统中"隔景"的作用。西洋楼区内单体建筑里多建有回廊相连;而各幢建筑间也常借砌围墙、立园门或筑小桥以为贯通。自"养雀笼"以东至"海晏堂",其间两侧虽分别坐落了"方外观"和"竹亭"两幢建筑,唯因行道较宽广平直,乃引弯曲水流穿梭其中,其上并立一三面环水的八角石亭,亭两端各置小桥一座。石亭作为比较宽阔空间上的单点建筑,这种"虚隔手法"的运用,和围墙、绿篱或照壁的平面"隔景"及欲扬先抑的用意很不相同。景区内的整体面积较小,挡多了场景会显得局促,无法达到丰富壮丽的效果。但虚隔的作法,使视野既不会受限制,又可增加景的层次和深度,空间也不至于显得压迫。小桥、流水、石亭以及邻近小土丘上的花木,错落扶疏交相辉映,一派自然写意,跳脱了平直大道所塑造的呆板印象。[125] 以上的林林总总,说明了西洋楼景区中的园林形式,也糅合了不少的中国美学质素,显现出中西并举的融合精神。

总之,撇开细部的装饰与衬景,不论建筑的内容与结构、园林的空间安排和重要景点的设计,西洋楼景区的整体风格,可以算是意大利巴洛克式的再现,也是"西体中用"的实例。不过,它既坐落于皇家园苑之内,自然得符合、适应皇帝的品味和旨意;施工进程中,借助使用的又是中国的工匠、工具和材料。因此,如何配合当

---

[124] 金毓丰:〈圆明园西洋楼评析〉,《圆明园》第三册,第21页。
[125] 同上注,第22页。

地技术及材质的水平与特性,亦为要务。若再进一步究及主导设计者、监造者的那只推动的手,那么,乾隆独到的鉴赏心灵和较为强烈的中国审美倾向与气质,或许就可为"中体西用"、"洋为中用"的风格,做一诠释与注脚了。[126] 但不论是"西体中用"抑或"中体西用"之辩,都足以说明一个事实,即西洋楼景区是一个融合了中、西建筑园林美感与技术的范例。

四、中西建筑园林艺术融合的范例及其在文化交流上之意义

西洋楼景区内的中、西融合式的建筑园林,虽说造型和规模都属空前。然而,在许多学者的眼中,评价却都不高;甚至,若以杰出建筑的标准加以评比,还得出"那简直差得远呢"的结论。[127] 如此评价的理由不外乎认为,设计者系出自绘画师、传教士之手,并非熟谙巴洛克式建筑者,故而景区内的建筑与园林,乃是"充满耶稣会士想象力的作品,缺乏专业的训练"。[128] 无论从建筑史或园林史上看,都"只算是中西混合的初步尝试,并未能融成一体"。即使得到部分价值的肯定,但从艺术的角度观之,"则是不伦不类的凑合,既非西方建筑的典型,也不是中西建筑完美结合的产物,在建筑创作上并无多大意义"。[129] 刘敦桢更自圆明园整体景观的处理手法和意境表现上着眼,直陈"长春园中的西方建筑……对于整个园林

---

[126] 聂崇正:《宫廷艺术的光辉》,第 225 页。
[127] Osvaled Sirēn, *op. cit.*, p. 45.
[128] Michael Sullivian, *op. cit.*, p. 68.
[129] Osvald Sirēn, *op. cit.*, p. 45. 何重义、曾昭奋:〈长春园的复兴和西洋楼遗址整修〉,《圆明园》第三册,第 33 页。〈圆明园西洋楼遗址整修规划方案评议及学术讨论会发言摘要〉,《圆明园》第四册,第 193—205 页。

风格都是不恰当的"。⑬ 论者皆学界之耆老,一时之俊彦,其针砭之见自有可观之处。惟于盖棺论定之际,应自更宏观而多面的角度,深入历史的情境之中,予以同情而客观的了解,如此方能在重建历史的过程里,或可免除偏见于最小,而得较为公正的评价。

自文艺复兴迄洛可可艺术风格的西方古典时期,建筑本来就不是一门独立的"专业",建筑师常兼具绘画、雕刻、铸造及装饰等数种技艺与角色于一身,画家与建筑师二位一体比比皆是;米开朗琪罗就认为自己是一位雕刻艺术家,当然他也同时是一位绘画及建筑艺术家。彼时在某种意义上,建筑的内涵更偏重美术绘画的精神,注重造型和装饰,以景象如画为主要考量。所以,绘画流派或作坊师承,甚至会影响建筑的风格。只是文艺复兴时期建筑师的抱负,于设计建筑时,追求的是线条和平面的对称、匀整及比率的和谐之美,要取得的是内部空间与全貌间壮丽辉煌的效果。但巴洛克风格的建筑师们所强调的,已不再是单一平面的和谐或线条的清晰,而是不同面向的各种形态。透视缩短法、光线明暗对比和曲面的运用,都使建筑物的外貌,在视觉上产生运动、块状、立体或图绘的感觉;就像两座对称的塔楼,往往于透视中感受到不对称的外貌一样。这两种不同风格的建筑在视觉之美上,诚然不同;唯对建筑物的设计,从来也未就实用需求的角度上着眼,却极为相似。其中,巴洛克风格尤其不是"遵从材料与功能的建筑法则",而是"循绘画或说雕刻法则"而组成;这种状况在雕塑与建筑密切结合,而成为景点主体的巴洛克时代,尤其明显。巴洛克式建筑物的各个组成部分,如柱、窗、顶盘或门廊的设计,不是只用来迎合任何

---

⑬ 刘敦桢:《中国古代建筑史》,中国建筑工业出版社1987年版,第303页。

结构上的目的,而是在取得某种特殊的审美效果。换句话说,自文艺复兴以来至巴洛克时期建筑风格的艺术价值,正式奠基在"成功地满足和愉悦人的感觉"上。[131] 建筑师者并非一技一艺之专家,实乃具有全面技能与审美观之艺术家的别称。由此观之,郎世宁虽因绘画闻名于中国,但其所受之技艺训练与文化教养,胜任图绘式巴洛克建筑的设计者,应是极为自然的结果,"不是专家、没有价值、不熟谙巴洛克建筑"之论,反突显历史知识的盲点与倒错而已!

就建筑本身而言,西洋楼景区中各幢宫殿的立面,较多地呈现出矩形体的对称组合;直线的矩形体量容易产生静态感,同时也予人稍嫌单调沉闷之感。然而,中国式"重檐庑殿"大屋顶的优美曲线和亮丽曲面,却正好中和了这样缺失,为建筑形体的流动感添抹一番风姿神韵。况且,在各个立面及屋顶,又饰以各色壁画彩绘、各类雕镂铜塑;墙体上的玻璃门窗,也促使内部空间得以伸展。这些都不仅强化立面的纵深感,无形中也将建筑平面导向了三度空间的形体美,并反映出建筑外部的精致素质。从比例和构图来看,喷泉以外的西洋楼区建筑,不失平面几何图的端庄清丽;而自体积、体量及体态上观之,又能产生"不动之动"的效果。在动静之间的整体造型上,实已充分展现了典雅明媚、赏心悦目的均衡触感。广义地说,凡与建筑有关,供人生活居住和活动使用的场所,无论其围合的角度如何、开敞的程度如何,无论是室内或室外,都可以视为建筑上所谓的空间,其中地处一隅、自成一区的西洋楼景区,

---

[131] Herbert Read, *The meaning of Art*, p. 108.

可以算是一个围合感较强的"内聚空间"。[132] 这种空间因具备完整、单一、隐蔽和独立的特质,往往能呈现安谧的静态美,宗教寺院是最具有这种气氛的地方。自单一宫殿及其所属的庭园、喷泉、院落和广场而言,"养雀笼"、"方外观"及"海晏堂"等,的确都自成方圆别有洞天。但就整个景区的安排着眼,借由园路、回廊、小桥的曲折联系,人于漫游行进其间,无形中却跳脱了单一围合空间的限制。巴洛克建筑的宏伟及动势,透过凹凸的线条或曲面、造型各异的雕塑和纹饰,使人的视觉焦点不断变化,目不暇接,惊奇迭起;喷泉一旦启动,且可尽得声色之娱,增加了视听的效果。陪衬各幢宫殿建筑的景点布置,或疏密或虚实,水、花、石、山、木、草等的自然景物,亭、台、楼、廊的联系分割,加深了观景者对层次丰富和变化多端的感受。所谓"动出于静、静寓于动",空间之美至此已动静相兼矣!

最后再从建筑环境的要素,来看看景区中的美感创意。自文艺复兴到洛可可时代的古典建筑艺术,倾向在建筑的过程中,无论整体的风格抑或局部的技巧,力求止于尽善尽美之境;因而也容易形成制式的、绝对的法则。但是现代建筑的观念,往往不在求得建筑自身形象的尽善尽美,而在取得它与整体环境中多彩而和谐的结合。[133] 换个角度来看,美的认可是界定在建筑与环境中各要素的有机结合上。喷泉及其相关宫殿建筑之整体布局,固然是西

---

[132] 汪正章:《建筑美学》,台北:五南图书公司1993年版,第173页。日本建筑学者芦原信义将人类生活环境中的外部空间,分为两类:一是围合感、聚合感较强的称为"积极空间"(PS);二是围合感、聚合感较弱的称为"消极空间"(NP)。而建筑空间的美感与价值,则受围合形态和审美机制两项因素的制约。

[133] 同上注,第183页。

洋楼景区中的主体,但那些满布户外的水池、山石、花木、盆栽、绿篱、园路、栏杆、小桥、楼阁和亭台,都成为建筑环境中的组成部分之一;室内的陈设、家具、雕塑、地毯、壁画和自鸣钟等的摆置,也直接间接地可为整个环境,添加美的气韵和生机。人置身其中所感受到的美感,是多重而复杂的交织、理性与感性的激荡:静态和动态、单纯视觉和视听结合、素材的冷硬和温暖、色彩的瑰丽璀璨和洁白纯一、气质的妩媚雅致和端庄清丽……不一而足。缘此,造型美、空间美和环境美三者兼具,至此,西洋楼景区建筑园林之形态美则美矣,誉为中、西技艺绝妙的搭配谁说不宜?耶稣会教士皮卡德(Rend Picard)就特别推崇:"这么完美真是少有,值得深情的凝视。"[⑬]"非西方建筑的典型、不是中西建筑完美结合的产物、于创作上无多大意义"的论断,似乎也经不起现代建筑美学的检证?

西洋楼景区纯粹是一个人工园区,是乾隆猎奇游赏心情下的产物,加上喷泉的理水性质及为园林所起的观赏作用,比之于"依山取势"且集中国传统审美观点与技法于一炉的圆明园,在意境情调上差异自然极大。但与其以圆明园为主体,而来论断景区在园林造景和意境营造上的不谐及败笔,何妨视其为勇于创新、迭有创意的试验?

受西方建筑工艺之浸润至今虽有二百余年,但中国因内忧外患战乱频仍而疏于建设。在内地目前遗留至今的西式建筑,属于鸦片战争前的原物,已然十分稀少。较完整的一座当属清顺治十

[⑬] Picard, *op. cit.*, p. 92. 皮卡德认为西洋楼景区中的建筑园林,与凡尔赛宫苑有完全不相似的地方,例如大河渠的规划。因此,比较上而言,它就更像五彩缤纷且令人着迷的德式小宫廷。

四年(1657),建于北京宣武门内的天主堂,俗称南堂。19世纪末随着外国势力的涌入,各殖民国家在商埠、租界地或各大城市中,纷纷构建具有欧洲古典式的洋房、使馆、银行和教堂。清政府则在办"洋务新政"的背景下,一些大型建筑如陆军部、海军部、大理院、学堂和总理衙门等,也采用欧式风格。20世纪二三十年代,与外国建筑形式存在的同时,不少的中国建筑师,也开始致力于自己民族建筑风格的探索;他们尝试将中西不同的建筑形式,进行融合创作,故而出现了不少"宫殿式"、"混合式"的建筑。[13] 其间容或有精彩之作或启示性成果,但碍于人力物力的困乏,也多以实用为目的或单体独栋建筑为主。近五十年来,海峡两岸的整体大环境都在稳定中发展,西方的建筑观念、风格、法则及理论,以排山倒海之势迎面而来。于此之际,似乎也没看到任何能与西洋楼景区中之建筑园林,足以相媲美且试图融合中西技术与精神的建筑群和园林规划。喷泉虽然已成不少花园造景或休闲中心的点缀,但在造型上,无论全仿西式或就地取样,都显得单薄孤伶。九族文化村与西湖度假村庭园建筑的设计,就是一个很好的例证,规模格局都不能

---

⑬ 王绍周主编:《中国近代建筑图录》,上海科技出版社1989年版,第92、105—104、280—287、293页。

1. 20世纪二三十年代,著名的西方古典式建筑如北京真光剧场、北京参谋本部、北京的大陆银行、上海的金城银行、天津的盐业银行、沈阳的东北大学及京奉铁路沈阳总站,而重要的中国设计师有贝寿同、庄俊、沈理源和杨廷宝等人。

2. 宫殿式建筑,主要注重平面布置的功能要求,用钢或钢筋混凝土结构或砖石承重的混合结构支撑。外观保留宫殿式,在建筑体量上,突出传统中国大屋顶的手法,来表现民族风格。其中南京中山陵和广州纪念堂,是此一形式的杰作;设计者为近代中国的建筑大师吕彦直。

3. 混合式建筑:立面除重点部分模仿中国古典建筑形式外,其余多采用平屋顶。南京中央体育场、北京交通银行、上海中国银行和南京国民大会堂等,都是典型的实例;其间奚福泉、杨廷宝、陆谦受及董大酉诸人,均为重要的设计人。

与之相提并论。回顾西洋楼景区中建筑园林的设计,郎世宁和蒋友仁等人,其实是把当时欧洲已具有的水平,因地制宜地介绍进来。设计者不仅将一栋栋建筑的各个部分,如台阶、楼梯、门廊和窗棂等,以艺术构图的手段,有效而美化的组织起来;并且还将之与雕塑、喷泉、院落、绿化、花卉和道路等安排,做了挺好的配合,使整个景区呈现出统一的和谐特质。中式风格的建筑构件和动物铜塑之安置,反而愈显其画龙点睛之神妙。所以,不管自中西文化交流史或造型艺术的创意性与融合性而言,西洋楼景区中的建筑园林,都具有承先启后的历史意义和示范作用。

第四章 精致文化与乾隆时期

何谓精致文化？对于这一概念的内涵，我将自以下三个方面加以说明。第一，形上学是文化发展中，行为规范与知识追求的动机或向往。因此，文化整体表现出一种历史的规律性及目的规划性。第二，社会阶层的形成往往是因形上理想，落实于形下的一种目的性规划的结果；随之，衍生造就出一批文化贵族。第三，气象宏伟的公共工程与物质建设，可视为精致文化的一项器物表征；且多在中央集权的体制下营造，显现出资源运用与管理上的集中特色。因此，无论个人或集体的创作、行为或社会律法的规划，若为精致文化表现的一面，必然会或深或浅、下意识或有意识地，将文化深浅结构的终极价值和审美意识，落实于现实生活及创造中。"乾隆时期"为中国古典精致文化最后的高峰，故以为论述的取材。

本章前两节将以"乾隆时期"为一例举，讨论其各项物质建设与公共工程的背景因素。先以该时代丰厚的物质基础，交叠衬托出乾隆个人品味和特质性向。其次，进而再从教育理念、才华秉性和庆典礼仪等角度，呈现出文化深层结构对审美意识的孕育和制约性。借由制度、教育、规范、个性与爱好的多样并举，望能逸脱仅以单一观点评价乾隆事功的既有论述。第三节，试图以"精致文化"这个概念的内涵，去剖析18世纪中西方文化的归趋，纵论古典文化社会的特质；并在上述讨论的基础上，进行概括式的比较。最后,则对现今的文化社会现象,做一些反省与思考。

第一节 雄伟气象与国力顶峰

自诩为"十全老人"、"五福五代堂古稀天子",人誉之为"十全五福"福命最好的乾隆皇帝,①一生在位 60 年,外做太上皇 3 年多,总计柄政几达 64 年之久,嘉庆四年(1799)正月三日寿终正寝,享年 91 岁。一如历代雄才大略、精力充沛的君主,乾隆征伐频仍开疆拓土,巡幸各地以固四方。蒙祖余荫,在康熙、雍正励精图治所积累的基础上,一生当中于该做、要做、想做的诸般事务,无不乘心快意。闻名的"十全武功"②自乾隆十二年(1747)入川进剿大金川起,自五十七年(1792)八月,以福康安击败廓尔喀第二次入侵止,长达 45 年间持续用兵,耗费超过 1 亿 5100 万两银子。③ 于此,也同时把中国的疆域推向另一个历史的高峰:东面滨海、西至中亚细亚、北越蒙古高原、南迄中南半岛。当时的中国属国多,声威远播,直追汉唐,而统治基础的稳固则有过之。清代的文治武功至乾隆朝而达于鼎盛,若细数那个时代各项文化成果、仪节庆典及物质建设,都会感受到一些共同的特色:规模大、形体巨、数量多、质地精、耗时久且花费高,这份宏伟气魄的展现,反映在国家财力

---

① 庄练:〈十全五福乾隆帝——福命最好的皇帝〉,《中国历史上最具特色的皇帝》,台湾商务印书馆 1992 年版,第 287 页。《书经·洪范》篇中有"五福"之说:"一曰寿,二曰富,三曰康宁,四曰修好德,五曰考终命。"

② "十全武功":指两次平定金川、两次平定准噶尔、一次平定回部、两次反击廓尔喀入侵以及征缅甸、安南和台湾。

③ 庄吉发:《清高宗十全武功研究》,台湾商务印书馆 1982 年版,第 494 页。此一数目包括了安南之役军费 100 余万两在内。

之丰厚,已不言而喻。以下就从他巡幸谒陵、诗文创作、文献活动及各类工程等方面,看看那个时代的气象,借由各项花费的粗略估计,对当时国家之国力或可知其半矣。

一、几项呈现雄伟气象作为的举证

乾隆一生先后曾六次南巡,到苏杭、南京;八次东巡,至泰山、曲阜;四次赴盛京、谒祖陵;五次西巡,去五台、开封、洛阳和嵩山;若加上视察河汛、热河避暑及木兰秋狝,④综合其在位时期的巡幸活动,林林总总竟高达 150 次之多。⑤ 单就东巡盛京为例,仅粗略估计其一次的用度,以说明其花费之巨。在东巡之前准备的工作,分别是由京城及盛京两方面交替进行。京城方面主要安排的事项,包括皇帝的随行人员、赏赐用的绸缎银两、御用及随员的粮菜、銮驾仪杖、相关的马匹车辆及沿途桥道之垫修。盛京方面除了要对祭祀时所用的金银铜器、祭文褾纸、包祭文的黄云缎、搁祭文之架桌、桌套及相关祭物等项,敬谨预备之外,祖陵内的各项设施如殿门、暖阁等处的帐、幔、拜褥、桌套、凉棚及宗祠庙寺中各塔的幡挂和桌围,自须布置修缮一新。此外,升殿大典之陈设如宝座、靠背、手搭、脚登的安置,仪式进行中所奏中和大乐、丹陛大乐的乐器

---

④ 姚元之:《竹叶亭杂记》第三卷,台湾中华书局 1957 年版,第 64 页。木兰为校猎之所,又谓之哨。哨者,哨鹿也。每秋驾临,以行秋狝之典。赵翼:《簷曝杂记》,台湾中华书局 1957 年版,卷一,第 15 页。木兰在热河东北三百余里,本蒙古地,康熙中近边诸蒙古献出,以供圣祖秋狝。满清王室乃崛起于关外的游猎部族,入关之后,为不忘其世代相传的骑射之风,故咸丰朝以前的历代皇帝,经常于秋天之际前往热河围场狩猎,借以保存其优良的尚武习俗。

⑤ 戴逸:《乾隆帝及其时代》,中国人民大学出版社 1992 年版,第 27 页。

检修,以及筵宴祭神等各项细节与物料的备办,也都务求详尽清楚。⑥ 从行驾的规范来看,征用的车子有 416 辆之多。若以四头骡马拉一辆车的适中载重量 1600 公斤计,则乘用及载运的骡马即需 1664 头,依此类推,由京师所携运至盛京的物品就多达 665600 公斤。⑦ 马匹的使用量也是一个指标;展谒祖陵随营乘骑马匹计需 230 匹,⑧但因长骑行远难免困乏,故分二班以备中途更换,为要逐程抽换疲马,乃自驿站中调拨出 460 匹,或凑足 500 之数候用。⑨ 至于东巡扈从官兵及銮驾所需之马匹的数量,就更为庞大;以乾隆十九年为例,东巡前"自京运到马 5000 匹",由盛京方面先期喂养,以备择替之用。⑩ 而扈驾东巡人数究竟若干?万乘之尊的皇帝出巡,自然有上自文武大臣,下至太医、太监、厨役及兵丁随侍,除皇太后、皇后等的"内廷主位"外,举凡在京师为内廷服务的各官署衙司,自当一应俱全无所遗漏。以嘉庆十年巡幸盛京为例,扈驾东巡之官兵随从共计 4000 余人,⑪另有部分八旗兵护送至山海关,再与盛京接驾官兵交接,总计人数达万人。⑫ 嘉庆巡幸盛京之规模,自然无法与乾隆时期同日而语。因此,乾隆时扈驾东巡者,以 1 万人计应当是一个极为保守的数字。论及修缮、筵宴及相

---

⑥ 姜相顺:〈有关乾隆帝东巡盛京的两个问题〉,《清代宫史探微》,第一届清代宫史学术讨论会论文集,紫禁城出版社 1991 年版,第 384 页。

⑦ 乾隆八年一月至十二月内务府来文,礼仪类,卷号 1,第三包制,第一历史档案馆。在靠近北京地区的 9 个州县,如大兴、宛平、通州、房山、良乡、涿州、东安、固安和武清,被命负责雇觅车 416 辆,作为运输乐器、账房、缎匹、拆合桥、米粮及桌张等物品。

⑧ 《总管内务府行文档》,乾隆八年闰四月起至八月底,第一历史档案馆藏。

⑨ 黑图档 507 号,辽宁省档案馆藏。

⑩ 同上注,第 439 号。

⑪ 《内务府来文 3086 号》,第一历史档案馆藏。

⑫ 陆海英:〈简述嘉庆十年巡幸盛京耗资概况〉,《清代宫史探微》,第 405 页。

关支出部分，尤其惊人且无定论。根据乾隆八年档案纪录，在清宁宫祭神活动中，为烧坑、做祭物及筵宴，自七月十六日起至九月八日止，共支取木材 27250 斤。⑬ 至于筵宴时所需之油面、干鲜果品⑭及桌张器皿⑮等项物料，数量样式更是繁多(见附表一)。一趟东巡下来草料银、车驾银、修缮银、兵丁钱粮、祭神筵宴和赏赐御用的物品……各种花费名目实在不胜枚举。乾隆年间修缮盛京宫殿的支出，是由盛京户部核销，随营马匹是由盛京内务府庄头负责喂养。至于东巡车辆、修垫桥道、祭神筵宴、御用赏赐和随行人员粮菜，则多由国家钱粮予以报销。唯，巡幸盛京支出的准确数字，仍然难以完整估算；从个别的事项或可略思一二。乾隆东巡时所用仅车辆一项，每车重载日给脚价银七钱二分，守候、回空日给草料银五钱二分，合计就需付车价银数万两。⑯ 嘉庆十年三月，在巡幸启銮之前内阁奉谕旨："着于户部库内拨银 150 万两，广储司库内拨银 50 万两，愿例解往盛京存贮备用。"⑰这些计 200 万的银两，应该是为御用赏赐、祭祀庆典和兵丁钱粮等开销而准备。但在嘉庆时期，皇帝及其扈从官员在盛京地区之驻跸、筵宴或祭祀，却多由盛京将军辖区之皇庄进膳或地方官进贡。造成这个现象的原因之一，仍在政府财力的日渐困窘，从而将开销转嫁给地方。⑱ 因

---

⑬ 黑图档 351 号和 580 号。在 351 号档中记载，清宁宫烧坑用了约 6000 斤左右的木柴，筵宴及做祭物则用了 20000 斤。但在 580 号档中，则记清宁宫祭神前的熏坑及做筵宴，共用木柴达 27000 斤。姜相顺，同注⑥，第 398 页。姜相顺在文中则指出，自七月十六日至九月初八日，共容取过木柴达 27250 斤。

⑭ 黑图档 510 号。

⑮ 黑图档 614 号。

⑯ 《总管内务府上传档》，工字 24 号，乾隆八年正月至四月，第一档案馆藏。

⑰ 《清代宫史探微》，第 410 页。引自嘉庆十年三月，《汉文起居注》。

⑱ 同上注，第 406—408 页。引自〈东巡记事〉，载于《辽海丛书》。

此，上述 200 万银两自非支出之总数。况且，内务府与户部支借给先行之车辆兵丁的路费银两、地方政府和盛京将军衙门为巡幸而筹借之银两，都还未计算在内。若以这些考量为基准，乾隆时期东巡谒陵一次的花费，就绝对不止这个数目了。

　　康无为在论及乾隆帝之所以赢得气象宏伟的声名时，曾指出："并不是因为在战场上的表现，而是因为在收集与支持文艺上的成就。"⑲乾隆帝资性颖悟兼具才情，酷爱书法、绘画和文物，而且鉴赏力极高；时至今日，乾隆时期的收藏仍是艺术珍品的保证。他也精娴音律、热衷园林建筑、研经习史、作文赋诗，真可以说是全面通晓并神入了古典中国文化的精髓，同时也塑造了一种"通才"的人格典范。在精通汉文之外，他也还熟谙满文，且能以蒙古语、维吾尔语和藏语，与来朝的各民族领袖交谈；金川之役前后，又学会了金川土语。其实这一切才能的培养，与清代对皇子（孙）们完整教育制度的建立及严格的管理，有着密不可分的关系。自雍正帝设立上书房，诸皇子（孙）六岁以上，每日五鼓时分即就上书房读书。⑳况且，乾隆又敏而好学，博闻强记；即位之前每天花在习作

---

　　⑲　康无为：〈帝王品味：乾隆朝的宏伟气象与异国奇珍〉，《读史偶得：学术演讲三篇》（台北：中央研究院近代史所 1993 年版），第 66 页。

　　⑳　赵翼：《簷曝杂记》，第 8—9 页。内府苏喇是指内府供役之闲散白身人。赵翼《簷曝杂记》中写道："本朝家法之严，即皇子读书一事，已逈绝千古。余内直时，届早班之期，率以五鼓入，时部院百官未有至者，惟内府苏喇数人往来。黑暗中残睡未醒，时复倚柱假寐，然已隐隐望见有白纱灯一点入隆中门，则皇子进书房也。吾辈穷措大专恃读书衣食者，尚不以早起，而天家金玉之体乃日日如是。既入书房，作诗文，每日皆有课，未刻毕，则又有满洲师傅教国书、习国语（按指满文）及骑射等事，薄暮始休。……因忆着人所谓生于深宫之中，长于阿保之手，如前朝宫廷间逸惰尤甚，皇子十余岁始请出阁，不过官僚训讲片刻，其余皆妇寺与居，复安望其道理、烛事机哉？然则我朝谕教之法，岂为历代所无，即三代以上，亦所不及矣。"

的时间，约在 10 个小时上下。㉑ 12 岁稚龄因背诵周敦颐《爱莲说》并陈义辞无遗一字，而深受皇祖（康熙帝）奖悦。13 岁时即已熟读《诗经》、《尚书》、《春秋》等儒家经典和《史记》、《汉书》及《通鉴纲目》等史籍，其问学功夫可见一斑。张廷玉赞曰："朝有课，夕有程，寒暑靡间。"㉒胡煦誉之"皇四子（按指弘历）无日不酌古准今，朝吟暮诵，无日不构思抽密，据案舒卷"。㉓ 若就文治方面的素养而论，比之于秦皇、汉武和唐太宗，乾隆非但不遑多让，且似乎更像一位饱学的书生皇帝。

乾隆一生史论诗作极多，单以在位 60 年间所写的《御制诗集》，共得五集 434 卷，收诗 41800 首；而这些还不包括即位前《乐善堂全集》中的千余首以及退位后的作品。㉔ 他写诗的速度极快，顷刻之间即得诗数首，甚至，数日几十首者，犹如辞理精熟水到渠成，万斛泉源随地涌出。乾隆三十六年（1771）乘船游昆明湖，不到一小时写就诗 8 首。四十九年（1784）赴香山五日，得诗文 67 首。

㉑ 李绂：〈蔡世远墓志铭〉，《国朝耆献类征初编》（广陵古籍刻印社，1990 年），卷 69。蔡世远于雍正元年六月，入值上书房达十年之久；每每卯入而酉出，未尝一日辍。蔡世远字闻之，福建漳浦人，康熙四十八年进士。他和父亲两代主持福建鳌峰书院，为全闽学子师。先生为一崇拜宋儒的理学家，与桐城派的创始人方苞成为莫逆。

㉒ 张廷玉：《乐善堂文钞序》，引自戴逸：《乾隆帝及其时代》，第 84 页。

㉓ 胡煦：《乐善堂文钞序》，《乾隆帝及其时代》，第 84 页。张廷玉和胡煦皆曾任乾隆帝的老师。如意室，补桐书屋（在南海瀛台）、乐善堂、日知阁（在南海）、桃花坞（在圆明园，后改名为武凌春色）、荫榆书屋、裕性轩、淡思书屋（在南苑）及万壑松风（在避暑山庄）、含碧堂（在长春仙馆）等地，都是弘历自幼年至青年时代的书房。雍正八年秋，他年仅二十岁，将十四岁以前的诗文挑出部分，辑成文集，并以自己书房的名字取名《乐善堂文钞》。此后曾多次修订，最后在乾隆二十三年，由户部尚书蒋溥等人奉命重辑，定名为《乐善堂全集定本》，共三十卷；内中皆为雍正十三年前的作品，今存于《四库全书》集部。

㉔ 《乾隆帝及其时代》，第 66 页。康无为称乾隆创作了 42000 首以上的诗，但也并未指出明确的数目。

在〈过广源闸换舟遂入昆明湖〉诗中云:

舟行十里诗八首,却未曾消四刻时。

于〈香山旋跸于玉泉山静明园传膳视事作〉中写道:

五日香山小豫游,几曾解闷只增愁。便宜六十篇新咏,亦未万几政久留。

适可言旋沼宫近,便因传膳奏章酬。静斯公矣明斯达,两字端标出治由。㉕

乾隆的诗作风格雅正清真,不拘雕琢格律,往往信口拈来便成篇什,故每以"拙速"自评。㉖论者尝谓乾隆诗作很多的原因,在于不少是由朝臣代笔或续成,抑有"口授一过,退即以片纸呈进";故"御制"者徒具虚表好大喜功而已。㉗唯赵翼论及上圣学之高深真假时,有二则文字也颇堪玩味:

上圣学高深,才思敏赡,为古今所未有。御制诗文如神龙行空,瞬息万里。平伊犁所撰告成太学碑文,属不过五刻,成数千言。读者想见神动天随光景,真天下之奇作也。寻常碑

㉕〈过广源闸换舟人昆明湖〉,《清高宗后制诗文全集九:御制诗二集卷九十九》,台北,故宫博物院,1976。〈香山旋跸于玉泉山静明园传膳视事作〉,《清高宗后制诗文全集九:御制诗五集卷十五》,台北,故宫博物院,1976。

㉖〈至保定府行宫驻跸〉,《御制诗五集卷二十二》。

㉗瞿宣颖:《枢庐所闻录》,引自庄练,《中国历史上最具特色的皇帝》,第299页。

记之类，亦有命汪文端具草者，文端以属余。余悉意结构，既成，文端又斟酌尽善。及进呈，御笔删改，往往有十数语只用一、二语易之，转觉爽劲者，非亲见斧削之迹，不知圣学之真不可及也。（圣学一）

上每晨起，即进膳。膳后，阅部院所奏事及各督抚折子毕，以次召见诸大臣，或一人独见，或数人同见，日必四、五起。最后见军机大臣，指示机务讫，有铨选之文武官，则吏、兵二部各以其员引见。见毕，日加巳，皆燕闲时矣。或作书，或作画，而诗尤为常课，日必数首，皆用朱笔作草，令内监持出，付军机大臣之有文学者，用折纸楷书之，谓之诗片。遇有引用故事，而御笔令注之者，则诸大臣归遍翻书籍，或数日使得；有终不得者，上亦弗怪也。余扈从木兰时，读御制雨猎诗，有"着制"二字，一时不知所出。后始悟《左传》齐陈成子帅师救郑篇"衣制杖戈"，注云"制，雨衣也"。又，用兵时谕旨有朱笔增出"埋根首进"四字，亦不解所谓。后偶阅后汉书马融传中始得之，谓决计进兵之。圣学渊博如此，岂文学诸臣能仰副万一哉？余直军机时，见诗片仍汪文端、刘文正所书，其后刘文定继之。由诗片钞入诗本，则内监之职。迨于文襄供奉，并诗本亦手字缮写矣。（圣学二）㉘

无论是诗文、碑记及其他类文稿，由朝臣代笔、具草或续成，是一个存在的事实。但也并非所有文章皆由代笔，况且成文（诗）之前，迨御笔删改方才定夺，其格调与时下胸无点墨专以幕僚捉刀、

㉘ 赵翼：《簷曝杂记》，第7—8页。

尽吹捧之能事者，自不可同日而语。

除了诗作之外，乾隆也留下了1355篇的散文史论以及70余卷的朱批奏折。㉙ 至于《四库全书》的编纂更是在文化传承、史料保存上，具有重大的历史意义。

类书之编纂是我国学术发展上优良的历史传统之一；这是一种博采群书，以类相从而编成的百科全书式的资料汇编。由于其中所辑录的材料非常丰富，包括历史事实、文物制度、诗赋文章、成语典故及名词解释等；而所谓"以类相从"，正是只对丰富资料分门别类的加以辑录。类书旨在辑录、编纂，而非著述，作为一种治学的工具书，因书究学，十分有益。同时，因能保留久已散佚的典籍，故往往也成为校勘古籍、辑佚古书的重要依据。我国最早的一部类书是三国时期魏文帝敕编的《皇览》；有唐一代由于经济文化的繁荣，类书的撰写规模愈见庞大，其中《北堂书钞》被视为私编类书并流传至今的第一部。北宋年间，官修两部大型类书《太平御览》、《册府元龟》，也保留到今日。明清以来类书的编纂，在官方的推动下，又有新的发展并形成鼎盛期；不但种类繁多、形式多样、内容充实，于人力物力之投入皆为空前。

乾隆三十七年正月四日，降谕旨搜集古今群书，开启了编纂《四库全书》的序幕：

> 朕稽古右文，聿资治理，几余典学，日有孜孜。因思策府缥缃，载籍极博。其钜者羽翼经训，垂范方来，固足称千秋法

㉙ 《宫中档乾隆朝奏折六十卷》，台北：故宫博物院，1992年。《乾隆朝上谕档十八卷》，档案出版社1991年版。

鉴。即在识小之徒,专门撰述,细及名物象数,兼综条贯,各自成家,亦莫不有所发明,可为游艺养心之一助。是以御即之初,即诏中外搜访遗书,并令儒臣校勘十三经、二十一史,遍布黉宫,嘉专后学。复开馆纂修《〈通鉴〉纲目三编》、《通鉴辑览》及三通诸书。凡艺林承学之士,所当户诵加弦者,既已荟萃略备,第念读书固在其要领,而识前言往行以畜其德。惟搜罗益广,则研讨愈精。如康熙年间所修《古今图书集成》,全都兼收并录,集方策之大观。引用诸编,率属因类取裁,势不能悉载全文,使阅者沿流溯源,一一征其来处。今内府藏书,插架不为不富,然古今来著作之手无虑数席百家,或逸在名山,未登柱史,正宣及时采集,汇送京师,以彰千古同文之盛。其令直省督抚会同学政等通饬所属,加以购访,除坊肆所售举业时文及民间所无用之族谱、尺牍、屏障、寿言等类,又其人本无实学,不过嫁名驰鹜,编刻酬倡诗文琐屑无当者,均无庸采取外,其历代流传旧书,内有阐明性学治法,关系世道人心者,自当首先购觅。至若发挥传注,考核典章,旁暨九流百家,有裨实用者,亦应备为甄择。又如历代名人洎本朝士林宿望,向有诗文专集,及近时沈潜经史,原本风雅,如顾栋高、陈祖范、任启运、沈德潜辈,亦各著成编并非剿说危言可比。均应概行查明,在坊肆者或量为给价,家藏者或官为装印。其有未经镌刊,只系钞本存留者,不妨缮录副本,仍将原书给还。并饬所属一切善为经理,毋使吏胥借端滋扰。但各省搜辑之书,卷帙必多,若不加之鉴别,悉令呈送,烦复皆所不免。着该督抚等先将该书叙列目录,注系某朝某人所著,书中要旨何在,简明开载,具折奏闻。候汇齐后,令廷臣检核,有堪备阅者,再开单行知取进。庶几副在石

渠,用储乙览。从此四库七略,益诏美备,称朕意焉。㉚

在这篇谕旨中,乾隆述及自登基以来,即倡导处理文献之编纂;但同时也点出康熙时代纂修《古今图书集成》的不足之处。为正"因类取裁,势不能悉载全文,使阅者沿流溯源,一一征其来处"之弊,进而达致"四库七略,意诏美备"之境,《四库全书》的编纂工作就在乾隆的主导之下,次第展开。㉛ 他先后颁布多次谕旨,向民间之大藏书家、商人之家,收集藏书,并谕令各地督抚购求或充分利用官方藏书。据统计,经多方搜集所得之书共12900余种,包括不少的善本和孤本,共168000余册。其中各省督抚进书约11000余册,私人献书近1000册。自《永乐大典》辑出失传书籍,计经部66种、史部41种、子部103种、集部175种,共4926卷。这些近13000种书籍的征得,为《四库全书》的编纂奠定扎实的基础。㉜ 这部巨帙浩繁书籍的分类原则,由乾隆亲自裁定;按经、史、子、集四部分类法,跳脱出《永乐大典》依韵分字编排的分类法。㉝ 为了编《四库全书》,乾隆还建立了一个组织庞大的四库全书馆;由正总裁总揽编务、副总裁襄助之。其下设有总阅官,总理阅定群书;总纂

㉚ 〈圣谕〉,《四库全书总目·卷首》,中华书局1965年版,第1页。
㉛ 〈大学士刘统勋等议奏校办永乐大典条例一折〉,乾隆三十八年二月二十一日,同上注,第2页。奉旨,依议,将来办理成编时,着名《四库全书》。
㉜ 据涵秋阁钞本,《各省进程书目》,引自唐文基:《乾隆传》人民出版社1994年版,第302页。同上注,第2页。为奖励踊跃献书,对浙江鲍士恭、范懋柱、汪启淑以及两淮之马裕等四家,献书达五六百种者,乾隆降旨赏以《古今图书集成》各一部,对献书达百种以上者,赏给内府初印《佩文韵府》一部。三十九年六月,乾隆又令馆臣,对进书最多者,择其中善本10余种,应御制诗句。七月,再着令凡一人进书百种以上,即应将其姓名附载于各书提要末,并可称誉其为藏书之家。
㉝ 《四库全书总目·卷首》,第1页。乾隆三十八年二月十一日上谕。

官,总理编纂之事;总校官,总理校订。武英殿提调官、翰林院提调官,执掌两处藏书提调;总目协勘官,管理协定全书总目;缮写处,专管抄书。在总纂官之下,又有纂修官,分任编书之目,其职又分四种:校勘纂修官、校办各省送到之遗书纂修官、黄签考证纂修官以及天文算学纂修官。总校官之下,又有篆隶分校官和绘图分校官;缮书处也有总校官、分校官和篆隶分校官。此外,尚设有督催官、收掌官及监造官等共360多人。其中还包括皇六子永瑢、皇八子永璇和十一子永瑆;而所网罗的士子,皆为当代一时之俊彦,且各擅胜场。总纂官纪昀"学问渊通,撰四库提要,进退百家,钩深摘隐各得其要旨"。㉞邵晋涵和陆锡熊则以史学著称于世,周永年以校勘细致闻名,姚鼐擅长经学和理学。戴震虽为桐城派考据大师,亦精通天文、地理及训诂之学;翁方纲则优游于书画、金石、词章和谱牒⋯⋯《四库全书》自乾隆三十八(1773)闰三月,批准大学士刘统勋荐举,任命纪昀、陆锡熊为总纂,姚鼐、翁方纲、任大椿等为纂修,以周永年、邵涵、戴震等在分校上行走后,随即开始了汇编的工作。把已有的书籍依据搜罗集中、考证校订、分类提要、誊写缮录的程序,至五十二年(1787)共缮录七部大书,前后费时达15载。参加缮写人员共3800多人,收录书籍3488种,存目达到6783种,其中380种佚书失而复得;七部书计缮写1600万页,每页18行,每行21字,七部书共写了60亿个字。㉟在编纂《四库全书》期间,

---

㉞ 赵尔巽:《列传》,《清史稿》,台湾中华书局1977年版,卷一〇七。

㉟ 唐文基:《乾隆传》,第306页。戴逸:《乾隆帝及其时代》,第371—372页。康无为:《读史偶得:学术演讲三篇》,第66—67页。

康无为指出《四库全书》是在1773年至1785年十二年间,雇用了约15000人抄写;出版了3462种书,总计36000卷;被焚毁或查禁的书有2262种。

相关书籍禁毁的数目也极为可观,据地方官上报的数字有 2629 种。㊱ 若依《四库全书纂修考》的统计,全毁书计 2453 种、抽(半)毁书目 402 种、销毁书版目 50 种、销毁石刻目 24 种,共计也有 2629 种。每种数部或数十部不等,销毁总数至少在 10 万部左右。㊲ 总而言之,不论毁弃与编整,其数量与耗用的财力、人力都前所未有。

二、无法精确估算的庞大财物支出

以北京城及其周围郊区为中心,所开启之各类工程与园林扩建,则是另类能具象又传神地说明乾隆朝气魄和格调的范例。

乾隆对物质建设的规划,主要着眼于宫苑的兴建或改筑、园林的扩增或新辟、河流湖泊的疏浚或开挖以及联系市政建设的各类工程,例如道路、桥梁、沟渠和城垣的整修等方面。至于相关宗教祭典、历史文物的建筑如太庙、文庙、天坛、法源寺、白塔寺、普度寺等的修缮或增筑,固然在数量上容或不少,在建筑美学与文化保存的意义上,尤其深远;但就在整个乾隆时期的兴筑比例和花费上而言,则犹如沧海一粟,渺小得很。对坛庙寺观,乾隆基本上采取鼓励修缮旧庙,不事建立新寺的原则。新建的佛寺或道观,几乎全在御园之内,以配合园林增建工程的规划,例如长春园中的"法慧寺"、清漪园内的"大报恩延寿寺"、香山的"宝相寺"、北海的"万佛寺"、圆明园的"安佑宫"等。而北京城内其近郊的名刹古寺,就以修缮来恢复其盛容,进而达到美化景观的目的;据粗略的估计,前

㊱ 雷梦辰:《清代各省禁书汇考》,书目文献出版社 1989 年版,第 186 页。
㊲ 郭伯恭:《四库全书纂修考》,上海商务印书馆 1937 年版,第 54—55 页。

后修缮过的寺庙道观，达 44 处之多㊳（见附表二）。明代宫殿苑囿的宏伟美盛，经李自成之乱泰半焚毁殆尽，满清入关所得之明故宫，规制遗迹虽在，谅必荒芜倾圮。因此，清代对皇城的初步建置，厥在修复原状，㊴这项工作在康熙二十五年（1686）方告完成。自此之后，直到雍正十三年（1735），前后两代皇帝执政的 50 年间，宫中重要的兴建不过 15 项而已。乾隆即位后，乃开始对皇宫中轴线东、西两路的部分，进行增修扩建，相关工程达 34 则之多。的确，华美、壮丽又宏伟的故宫，虽然早自明永乐四年（1406）就着手兴建，但吾人今日所见的这个规模，却是历经三个半世纪的风雨，要到乾隆时期才终告完成；论者亦谓，清代宫阙体制至此而大备矣。皇城自兴建以来所消耗的自然资源与人力智力，数量诚然无从估算，单是乾隆时期对宫苑的重建和增建，就花费了 7648 万 2967 两银子㊵（见附表三）。

乾隆即位第三年（1738）自皇宫大内移居圆明园，之后并经常驻跸于此，从此开始了对园林的扩建新辟，以及相应而生的大规模营建三海（即北、中、南三海）和整治水系的工程。除了扩增圆明园的范围，并将长春园和绮春园纳并其中之外，还新开辟了香山

㊳ 戴逸：《乾隆帝及其时代》，第 473—480 页。表（二）内的工程，并不包括御园内新建的寺庙道观。

㊴ 刘敦桢：〈清皇城宫殿衙署图年代考〉，《中国营造学社汇刊》第六卷第二期（北京，1936），第 26 页。谓惟武英、保和、钦安三殿，未遭火劫，但其余殿阁是否全部付之一炬，无从查考。《明史·流寇传》中称：崇祯十七年（1644）四月二十九日，李自成即位武英殿，是夕，焚宫殿及九门城楼西遁。朱偰：《明清两代宫苑建置沿革图考》，北京古籍出版社 1990 年版，第 38 页。指出大内及十二宫，为李自成焚毁殆尽；此外，西苑万寿宫及太液池东北西三面行殿之毁，亦与李自成焚大内有关。

㊵ 朱偰：上引书，第 90—96 页。Yu Zhuoyun, *Palaces of the Forbidden City* (London, 1984), pp. 326—327.

的静宜园、万寿山的清漪园、熙春园、春熙院和盘山上的静寄山庄;对康熙时所建的畅春园和静明园,则加以增建或翻修,奠定了北京西部三山五园的园林格局。在营建三海的工程中,以修治北海的规模最大,时间持续长达三十年之久。时至今日,该地所留的景点和建筑,仍可见当时的用心。在此再列举一些数字,或许更能有助于吾人对这一庞大的建筑群,产生具有震撼性的想象力。单以建筑而论,试问圆明三园(即圆明园、长春园、绮春园)究竟有多少座、多少间建筑? 乾隆八年(1743)十一月一日,传教士王致诚致友人达索(M. d'Assaut Toises)函,文中述及圆明园内的宫殿情况:

> ……每一山谷中,必有一宫殿。……缘其室足以处欧洲最大国之君王及其从者而有余也。造屋木材,有用老松,由五百里外,费巨值运来者。此等处所,在园内共有二百以上。内监之官舍尚不在内……㊶

但上述的记录由于时间甚早,自然不是圆明园内全部的建筑实况,也不可能包括长春和绮春两园内的殿堂;况且,王致诚对"宫殿"一词的含义,也未厘清。一般而言,圆明三园最盛时期共有园林风景群 100 余处,另有重要的独立风景点 50 余处。㊷ 在这些风

㊶ 舒牧、申伟、贺乃贤编,〈圆明园记事书札(一)〉,《圆明园资料集》,书目文献出版社 1984 年版,第 85—86 页。

㊷ 张恩荫:《圆明园变迁史探微》,北京体育学院出版社 1993 年版,第 110 页。圆明园有多少风景群,各方指称不一,150 余景、140 余景、120 余景皆有所据。会有这样的差异,关键在于一无统一的划景标准;二为名园已毁,各方所参证的资料不一所致。

景群内的各式园林建筑，包括殿堂、楼阁、亭台、游廊、馆榭和轩斋等，总数不会少于900座。[43] 那么，其中又有多少间房？仅圆明园福海中的“蓬岛瑶台”一景，其殿宇、亭座、游廊、房间共23座，计104间；“海岳开襟”游廊4座得36间。[44] 今以一座5间房为基准做最保守的估算，则圆明三园中的园林建筑，最少也有4500间的各式殿堂。这其中尚未将园内的八旗护军营房、库房、养花房、档案房、僧房和园户住宅，以及静明、静宜、熙春、畅春、清漪、春熙院和静寄山庄等园子的宫殿与房舍，计算在内。自乾隆十四年二月二十五日《海旺等奏销算圆明园盖造八旗护军营房银两折》中可知，仅为圆明园内八旗军所添盖的护军房就有2328间、院墙门楼776座，……筑打灰土墙并土墙凑长11362丈，开挖水沟平垫地面凑长665丈。[45] 若把所有园子的建筑一并合算，总计数万间的建筑规模，并不夸大。至于宫殿内的陈设摆饰、彩绘粉漆、粘贴裱褙、雕镂镶嵌；殿外的假山叠石、林木花草、游船码头、桥梁水道等的配套设施，更未算于其中。乾隆帝治水的工程，主要集中在西郊的玉泉山水系和万泉河水系、南郊的凉水河和北京城内。疏浚河流开挖湖泊，固然是为了美化园林景色，而沟渠畅通水流大增，也便利了居民的生活；但这一切都所费不赀。另外，还陆续开启了不少道路、桥梁、民房、沟洫和城垣的修建工作，在乾隆三十年后，工程尤其全面。其中除了城垣修缮曾掀起了一股全国性的浪潮外，其他各类工程大都以北京城及其郊区为范围，从而为北京城市的整体

---

[43] 张恩荫：《圆明园变迁史探微》，第83页。其中圆明园有600座、长春园200座、绮春园100座。

[44] 〈和珅等销算方壶胜境等处园工银两折〉，《圆明园》上册，第274、302页。

[45] 〈海望等奏销算圆明园盖造八旗护军营房银两折〉，乾隆十四年二月二十五日，《圆明园》上册，第58页。

规划,奠定了良好的基础(见附表四),⁴⁶而这些建设,也与为皇帝个人和皇室之游娱、起居、享乐所建的园林景点及宫苑陵寝,有着极为不同的意义。

在乾隆当政期间,兴建、增辟、开挖、修葺、疏浚或翻新的各项工程,始终未曾中断,征伐与巡幸也交替进行。这一切都需要开销;无论一兵一卒、一纸一绢、一瓦一泥、一木一工、一车一斗、……那样不是钱,又那样不花钱?根据《内务府奏销档》的记载,清漪园建园时共计"用过银489万7372两3钱4分6厘"。⁴⁷而圆明园的修建支出,则依《内务府奏案》、《内务府奏销档》、《营造司呈稿》和《内务府堂呈稿》等现存资料,估算得229万6046两8分3厘(见附表五),⁴⁸唯细查上述圆明园档案呈稿奏折之内容,多以单项工程的增建、装修、拆砌、粘补、裱糊、开挖或疏浚之报销为主,同时工程则例也并未尽列所有的景点。若论相关属园或增辟新园的整个花费资料,就更显得笼统与支离,欠缺一份类似建清漪园时的完整支出证录。以长春园中的西洋楼为例,只见自乾隆四十五年(1789)迄五十七年(1792)共十六则因翻修、拆安或滴焊工程,用过工料银1282两8钱1分8厘的确实记录(见附表六)。而在此之前,所有建楼和维修工程的支出,皆付之阙如。西洋楼只能算是长春园的属园、圆明三园百余处风景群中的一小部分,由账面的用银

---

⁴⁶ 《乾隆实录》,台湾中华书局1986年版,卷七十三、四五五、七二五。〈重修朝阳门石道碑文〉,《清高宗御制诗文全集一:御制诗初集卷21》。〈工部·桥道〉,《大清会典事例》,台湾中华书局1991年版,卷九三四。〈工部·城垣〉,《大清会典事例》,卷八六七。〈京畿〉,《钦定日下旧闻考》卷一〇八,引自戴逸《乾隆帝及其时代》,第492页。

⁴⁷ 内务府奏案第165包,第26号,乾隆三十二年七月十七日傅恒等奏,第一历史档案馆藏。

⁴⁸ 《圆明园》上册,第58—367页。

来看，其修葺之工料花费仅占圆明园已算得用银的千分之五而已。以圆明三园占地之广，其建筑之耗用自当数倍于清漪园矣！倘将所有园子营建、修葺的花费合并计算，恐将不下于"十全武功"的支出？甚且犹有过之！

三、自整体财经政策上看乾隆盛世

乾隆执政时人口由六年(1741)的 1 亿 4341 万，至六十年(1795)变为 3 亿 1300 万，短短半个多世纪增加了一倍又 2602 万的人口。⁴⁹ 全汉升教授在《明清经济史研究》中提出，18 世纪中国人口的增加率，每年约 1.485%；但乾隆时期所增加的幅度尤其惊人。⁵⁰ 在米粮的价格方面，虽然直隶、长江三角洲各地的米价指数不尽相同，但也有逐渐高升的趋势。由初期的每石 1.1 两涨至晚期的 3.5 两，涨幅达 30%。⁵¹ 若依马尔萨斯的人口论，在这样的状况下，一般人的生活应该愈趋困苦才是。乾隆初期的确有省份如湖南，因粮食不足迭有饿殍，尝以米贵为患；或且仰赖进口洋米以调剂时需者，如福建、广东二省。不过，一个值得推敲的现象是，乾隆朝中晚期的生活情况，并未因人口增加和米价上涨的压力，更陷入困境，反而有"今米常贵，而人生尚乐"的记述。⁵² 自乾隆六年

㊾ 戴逸：《乾隆帝及其时代》，第 308 页。唐文基：《乾隆传》，第 482 页。乾隆六年，清代举行第一次全国人口和仓谷存储数字的造报，故笔者以该年为分界时间，计算乾隆时期的人口变化。学者罗庆泗、唐文基、林满红、全汉升等皆持，乾隆六十年人口达 3 亿 1300 万的主张。戴逸于书中则指人口为 2 亿 9696 万。自乾隆六年的 1 亿 5945 万算起，54 年净增人口 1 亿 5355 万，平均每年增加 284 万，人口年增加率为 12.9%。

㊿ 全汉升：《明清经济史研究》，台北：联经出版社 1994 年版，第 55 页。

㋛ 林满红：〈世界经济与近代中国农业：清人汪辉祖一段乾隆粮价记述之解析〉，《近代中国农村经济史论文集》，台北："中央研究院"近代史所 1994 年版，第 298 页。

㋜ 汪辉祖：《病榻梦痕录》卷下，乾隆五十九年条。

到三十年执政的前半期,各省仓储总量大体上都保持在每年3000万至3500万余石之间,约居全国粮食总产量的4%;而后半期也不会低于这个数目。㊳ 户部银库收支的情况也可以为这个记述再添一个有力的旁证。自乾隆元年3395万9624两的库存,到三十年已增至6033万6375两(见附表七)。迨他六十年退位时,国库存银高达7300余万两,只有增无减。㊴ 本文并非着眼于人口、粮食、货币和土地利用等变数,与营生难易之探讨,端在凸显粮价虽高,人口有增无减,而民生仍富的事实。造成这种结果的原因,除了内战的弭平所带来政治局面的稳定外,经济的发展是国力达于顶峰,并能支持大规模工程修建及文化活动的最好证明。以下即自土地、税收、工矿、贸易、雇佣及整体的经济政策,再加论述。

经济史学者论及清代富裕之期时,常有"康熙盛世"或"乾隆盛世"之辩。㊵ 但不管持何种论断,乾隆朝之为盛世迨无疑义;盖自整体的国力观之,无论在文化、政治、军事及经济等各方面的成就,都有迈越前期或为后代所不及者。前面所述及人口、仓储和存银的增加,正是借助量化的数据,反映经济繁荣的事实。18世纪中叶,也就是所谓清代鼎盛的乾隆初、中期,堪称为经济成长的黄金

㊳ 高王凌:《十八世纪中国的经济发展和政府政策》,中国社会科学出版社,1995年版,第153页。

㊴ 〈降旨普免天下正供诗以志事〉,《清高宗御制诗文集六:御制诗三集卷八十五》。万依:〈试论弘历的经济政策思想〉,《清代宫史探微》,第138页。文中论及康熙初年库存实银只有200余万两,而以乾隆六年的3146万3539两增至三十九年的7390余万两,比之于康熙六年,增加29.699倍。对此一论证的数据,个人持保留态度。首先,我没有找到乾隆三十九年库存实银的记录。其次,以乾隆三十年库存实银6033万6375两的数目,不可能在短短的九年之内即跃升1000余万两,因此,文中的叙述或为年代印刷之误。

㊵ 高王凌:《十八世纪中国的经济发展和政府政策》,第232—233页。

发展时期。一般人生活的水平与生产的增加,都达到清代的最高点;此后水平逐渐下降,产量的增加也不再那么快速。㊾ 清代初期在经济的发展上,提出了一系列承先启后、充满生机、空前活跃且具有开创性的政策与措施,其中尤以乾隆时期将之实行达至顶点。乾隆即位后,在农业上,继康熙朝"滋生人丁永不加赋"、雍正朝"地丁合一"的政策,也对"零星地土"采取"免其升科"的决定,并经常颁布蠲租免赋的措施,且大规模从事熟荒地的开拓。但重要的是在经济的主道思想上,则朝一个更积极而全面的生产方向上发展。首先,农业方面有"劝农政策"的推行;政府强调因地制宜的方针和小块土地的利用价值,要求农民根据自己所有土地的情况,种植并发展适宜自身的产品,例如蚕丝、麻、染料、烟草及棉花等高价位的商品作物。㊿ 其次,在工业方面则推广农家手工业,鼓励丝棉纺织业的发展;继之,解除矿禁允许民营。这些政策重心的转移,不但使各种纺织品产值得到提高,伴随而生的染料业与原料的需求也日益扩大。至于矿藏,则以铸钱币的铜矿最重要。清初中国铜矿的生产原本不多,国内所需一大部分仰赖日本进口。乾隆三年云南巡抚张允随奏"定滇铜运京条例":

一、停铸运京钱所定四百万斤铜,分八运解京。

二、运铜分为两路,各两百万斤。

三、每百斤铜加耗铜八斤,一并交纳。

㊾ 高王凌,《十八世纪中国的经济发展和政府政策》,第231页。
㊿ 同上注,第29页。

四、铜斤经过地方文武各官均有巡防之责。

五、办铜工本及运费每年需约六七十万两,请就近拨银一百万两存库陆续动用报销,有余即作下年之用。[58]

同年,朝廷乃定江浙应办京局额归云南办解。按江浙两省原额办洋铜二百万斤,后直隶总督李卫以滇铜富藏,故而奏请归云南办解。经九卿等议定:

> 自康熙四年始,江浙应办铜二百万斤,即交滇自办运。

从此京局消费不复再用洋铜,而全由云南负担。[59] 此后,清代铸造铜钱,百分之九十左右的原料都源自于此。同时,矿藏也开放给民间采办;采矿者可以向政府贷借资金,再依政府规定的价格售予或缴纳给政府。自乾隆四年至三十年,政府每年的采铜量都维持在751万到1200万斤之间。[60] 据全汉升教授的研究,乾隆三十一年则达到1460多万斤,相当于8700多吨,是有始以来的最高纪录。[61] 当时全世界铜的生产量才50000吨,中国一地方的产量就占世界17.4%,生产力与使用量都十分惊人。此外,由于手工业的迅速发展,导致雇佣制也普遍地建立起来。为此有学者认为,18

---

[58] 《清朝文献通考》卷十六,上海商务印书馆1930年版,第1994—4995页。

[59] 同上注,第4994页。严中平:《云南铜政考》,中华书局1957年版,第13页。

[60] 《清代的矿业》上册,中华书局,152页。郭成康:《清史编年(乾隆朝)上》,中国人民大学出版社1990年版,第359、476页。乾隆十四年采铜量最高达1192万400斤,十八年较低为751万100斤。

[61] 全汉升:《明清经济史研究》,第83页。

世纪中叶江南经济的重心,已在于工业而不在农业,江南地区其实已发展成一个"传统的工业区",而农村工业也成为长江三角洲地带许多人营生的主业。[62] 正因为经济的发展,已迈向了一个新的历史阶段,加上库藏充裕,而天地生财自当宏敷渥泽俾之流通,况且国用度支原有常经,自毋庸更言撙节。乾隆三十年的谕旨中即言道:

> 现在军需已罢,各省多报有收,正府库充盈之际,而朕所念者,库中所存者多,则外间所用者少。即当动拨官帑,俾得流通,而城工借以整齐。[63]

由此可知乾隆欲借开启重大工程,以流通货币之用心与认识,是即符合当时的经济发展环境。不过,话说回来壮观成群的园林建筑、质优量多的公共设施、寺院坛庙以及连续不断的对外战争,毕竟也不是几千万两钱财就能够解决。殷鉴历史,不少穷极奢欲的君主王朝,确实因过度耗用民力而致败亡。然而,何以乾隆时期虽耗资不断,却非但国力鼎盛,且存银与仓储迭有增加?此乃全方位的经济政策藏富于民,方得以致之。另外,雇佣制的推行也是使各类工程,能达到不扰民的关键。原来在清朝以前,中国历代王朝的土木兴作,大都是无偿榨取或掠夺。役夫由拘押或征召而来,采义务劳动;建筑工具和物料,则多由地方分摊或自备。清政府大兴土木之时,工匠采计日给酬,物料也由官府采购,都不是无偿的劳

---

[62] 全汉升:《明清经济史研究》,第 201 页。
[63] 《乾隆实录》卷七四八。

役、征调或摊派。又，在工程分类上，凡河工、城郭、道路、郊庙与京城宫殿之修筑工作，皆动用正帑、雇匠役，由工部营缮司承办；至于园林、亭榭和陵寝的兴建，并不用正帑，率以内务府余钱给价，由内务府营造司承办。关税盈余和盐课捐纳，是内帑的主要来源；自乾隆元年至三十年，光捐纳一项就为内务府累计了 2508 万 6733 两银钱。㊽ 另外，宫廷与长芦、两淮地区的盐商，也形成一种十分特殊的关系。一方面是该两处地区的盐商，每年自盈余中提 15 万两交内务府备用；另一方面宫廷又从内帑中，直接以银两贷放盐商，按一分五厘或一分的利率起息，双方各得优惠、互蒙其利。㊾ 盐商报效之例，始于雍正年间；乾隆时期盐商的报效遍及军需、河工、救灾及庆典等各方面，自三年至六十年，共达 2769 万 8000 余两。㊿ 在有关圆明园的档案资料中，我们也可以看到不少长芦盐政和天津税关，将额外盈余银两交圆明园银库的折子。清初以来本就对人民有轻赋的政策，而直到 18 世纪下半叶，借着茶叶、丝绸和瓷器的对外贸易，中国仍是一个大量出超的国家，白银大量内流的结果，使作为货币之银的数量也相对增加。㊼ 货币积累既多，自需使之流通，流通量大也就反映经济荣景的不同面向。况且，朝廷雇募匠役，以工代赈进行施工，给值又较一般民间为高，也使小民均资受益。依乾隆三十七年十一月《内务府奏案》的记录：壮工如运夫、拆夫、堆码头和清理夫，每天给银 8 分；瓦、木、石、雕、裱及窑等技

㊽　郭成康：《清代编年（乾隆朝）上》，第 34—79 页。此一数字是各个年份捐纳款项的总和。

㊾　万依：《试论弘历的经济政策思想》，《清代宫史探微》，第 159 页。

㊿　同上注，第 158 页。引自薛宗正从《清盐法志》中的统计。

㊼　全汉升：《明清经济史研究》，第 74 页。据全教授的研究，在 1771 年至 1789 年的 15 年中，各国输入中国的白银超过 3100 万元。

工,每天给银1钱5分4厘。⑱ 康熙中期以后,棉花与布匹的价格,逐渐恢复到明末动乱以前的稳定价格。最好的白棉每担(百斤)值银1两3—4钱;棉布依粗精之分,每匹1钱4分到2钱之间。因此,在总收入中工业约为农业部分的三倍。⑲ 又,依康熙六年《豳风广义》一书记载:

水丝1斤货银1两4—5钱,可买棉20斤,足中人阖家一岁之衣;若能取丝数十斤,便为中人之富矣。⑳

乾隆三十年,江苏常熟县沙头里所织之细布,每匹值价260文左右;同一时期邻近昭文县邑的棉价,每担"不出三千",其工业部分的收入约为农业的1.9倍。㉑ 又,若将江南米(包括苏州、扬州、浙江等地区)与广州丝的价格变动,互相比较,则后者较前者约增加3—4倍。㉒ 这些数据,固然反映出18世纪中叶,在大众生活中部分工业收入的比重,已远远地超出了农业所得。但是,另一方面也足以说明雇佣工资的收入,与当时最起码的生活水准和物价指数之变动,极为吻合。

清王朝本是以农立国,承继清建国以来的劝农政策,乾隆即位

---

⑱ 〈福隆安等奏销算天心水面楼工程银两折〉,乾隆三十七年十一月十二日,同注㊹,第167页。
⑲ 叶梦珠,《阅世编》,卷七,引自高王凌,《圆明园》上册,第201页。
⑳ 杨屾,〈解桑多蚕广做法〉,《豳风广义》,引自高王凌,同上注,第40页。杨屾为雍乾时期陕西兴平地方的监生,曾在家乡倡道蚕桑之利,著《豳风广义》一书,并于乾隆六年上书朝廷。杨屾,〈地卑水浅处宜树桑说〉,《豳风广义》,第41页。
㉑ 乾隆朝〈沙头里志〉,《豳风广义》,第202页。
㉒ 全汉升,《明清经济史研究》,第75—76页。

后,除多次减免各种农业佃租税收外,更大力倡导开垦荒地、兴修水利、疏浚河道、推广新品种与高产作物、改进耕作技术、增加复种面积,甚至,订定奖励勤耕有技术的优秀农民,因此造成耕地面积与粮产的大幅增加。⑬ 经济作物的栽植与棉纺织业的发展,也使得华北、长江三角洲及粤江流域的千万农民,得以借工业而获得更高的收入。所以乾隆时期米价虽涨,但因农村收入来源的增加和多样化,生活反而富裕。加上各地都设有仓储以平抑米价,使粮价的波动也不致造成社会的恐慌。有些地区如福建,虽因产量少、运费高,故米价昂贵,但却可以借茶或瓷器的对外贸易,赚取大量的银子平衡生活所需。雇佣制的建立,使劳役不再成为人民的负担,重大工程的开启,反而造成就业机会的增加。因此,无论从整体的财经政策上考量,抑或自个别施政作为着眼,乾隆时期所表现的雄伟气象,实在是奠基在一个丰厚又健全的制度与物质基础之上。

第二节 帝王品味与审美意识

品味(taste)一词和品味文化(taste culture)这个概念,在1960年代后逐渐为文化学者所引用。尔后也启发了许多史学工作者,以这个概念致力于流行文化(popular culture)大众文化

---

⑬ 梁方仲编著:《中国历代户口、田地、田赋统计》,上海人民出版社1980年版,第248—249页。作者依据《皇朝文献通考》、《大清会典》及《户部则例》等官书的统计,耕地面积的变化如下:顺治十八年(1661)549257633亩,康熙二十四年(1685)607841992亩,雍正二年(1724)723632411亩,乾隆十八年(1753)734974260亩,近百年间增加约1亿74余亩,在农产品种上,则推广甘薯、玉米的种植至河南、直隶、山东等华北地区,缓和了粮食的匮乏。

(mass culture)和秀异文化(elite culture)的讨论。[74] 唯上述几种文化观念之内涵,不论以普罗大众、士绅或秀异分子为研究主题,都说明了工业革命后,大众社会的出现以及社会现象研究的趋势。品味文化被一些文化理论者,视为一个内蕴丰富的概念,涵盖了几个不同的面相:一是价值系统,尤其指涉的是美学的价值(aesthetic values)系统,以便与功利的价值(utilitarian values)系统明显区隔;二是表现此一价值的文化创作形式,如雕刻、建筑、音乐、商品乃至媒体。也有不少人将品味文化的意义,局限在休闲文化(culture of leisure or free time)的认知中;甚至,将之与政治的价值标准(political values)、具有政治性的暧昧意涵,结合在一起讨论。[75]

一、帝王品味在创作上的两面性

虽然立论和研究面相各异,但至少透露出品味格调的养成,与一个人的身份和文化整体的趋向,有着密切的关系。康无为在〈帝王品味:乾隆朝的宏伟气象与异国奇珍〉一文中,谈到"品味"问题的时候,曾直言让他感到兴趣的,并不是绘画研究之类的艺术鉴赏,而是它可以被视为一种"权力的论域"(a discourse of power);也正由于有这种权力,帝王才能纵情恣意于宏伟气象之中。[76] 康无为纯以政治经济学的观点,诠释乾隆皇帝的品味,实在是一个既

---

[74] 许多学者在讨论文化阶层时,也喜欢将之分为高等文化(high culture)、低等文化(low culture)、上中产阶级文化(upper-middle culture)和下中产阶级文化(low-middle culture)等类型,作为切入讨论的方式。唯个人以为"精致"一词,更能表现并概括高等文化的内涵,故以精致文化作为文章讨论的重心,相关论述详见第三节。

[75] Herbert. J. Gans, *Popular Culture and High Culture:An Analysis and Evaluation of Taste*(New York:Basic Books, Inc., Publish, 1974), pp.10—11.

[76] 康无为:《读史偶得:学术演讲三篇》,第57页。

便捷又具体的路向。况且,无论文治武功或绘画建筑的任何领域,乾隆同时扮演了决定者、主导者、创造者及审查者的各种角色。在内务府的档案中,随处都可以看到"画样呈览,准时再画"的记载。举凡画出草图,然后交由太监呈交皇帝审查,经过一次或数次的修正与最后的同意,才能正式作画或作烫样。例如〈乾隆平定西域战图〉铜版画,是记述乾隆二十年时,平定新疆厄鲁特蒙古族达瓦齐和维吾尔大小和卓木分裂叛乱战争的画。此画共有16幅,乾隆二十九年先命令郎世宁起草图1幅,三十年再命王致诚、艾启蒙与安德义(Joannes Damascenus Salusti)起草另外3幅,⑰并规定其余12幅草稿分三次呈进,最后都是在皇帝同意后,才交由广东海关送往法国制成铜版印刷。长春园内西洋楼铜版图20幅、西洋楼景区内建筑、匾额和景点的设计,也都经由这个程序方才定制;这些都在前面各章节中,已有过详细的论述。除了题材与形制等原则性的选择外,乾隆往往也会在筹划的过程中,对什么地方该建幢什么样的宫殿,有什么用意、该装饰怎样的画、由谁画和画的尺寸色彩等细节,详加考量并给予具体的指示。缘此,即使一流的画家、文学家、设计家乃至军事家,都只能算是皇帝驭使下的工具,权力之无远弗届、无所不能,夫复何言!然而,虽然权力的大小与资源的多寡,确实可以左右品味表现的质量和幅度;物质建设上的雄伟气象多少是得靠财富的堆砌。不过,权力固然可以促使帝王纵情恣意于所好,但不一定能陶冶高尚的品味和高贵的心灵,否则就容易坠入因果必然论和权力决定论的陷阱。就一个个人而言,由于禀赋、教

---

⑰ 安德义为意大利人,属于奥斯汀修会的传教士,生年不详。乾隆二十七年进入宫廷内供职,三十八年离开宫廷,任天主教北京主教,四十六年卒于北京。

养、才情、努力、意志、信仰、爱好、情绪、理想与个性等主客观条件因素的不同，自然会陶塑出形式、性质和深度各异的气度与器识，而这也常会成为人在心灵创作与兴味选择时的指标。就集多重角色于一身的个人而论，乾隆拥有发挥创意的最大空间，但他在各领域中的鉴赏力与创作力，也必然会受到后世的品评。若自文化整体的角度来看，身为专制政体中的帝王，乾隆立于政治阶层的顶端，握有绝对的权力，他的品位以及涵养其品味的审美意识，必然与当时的文化价值和伦理规范紧密衔接，并符合社会整体的共同期望，展现一种创作成就或行为的典范。例如建筑艺术上所谓"乾隆风格"的建立，其形成绝不是某一个人单纯灵感的凸显或呈现，而是传统经验的累积、承接、创新与综合的结果。丰厚的财力固然成为品质的保证，但也是建基在整体政治、社会经济和工艺水平基础上的产物，具有历史传承性的意义，也同时是一个文化内在美感认同和集体品味的投射。因此，在探究乾隆时期物质建设的时候，就不能够只以权力政治的角度，着眼宏伟、庞巨、量大、质优、奇异等外在的、形式的成就，而要更进一步自气质与教养的角度，剖析那主导个人创作风格的深层审美意识，以及孕育此一意识的社会规范和文化价值。

二、审美意识养成的主客观条件

论者每好以经济繁荣、社会安定、户口大增和边境统一等事功，称颂乾隆盛世；唯若以中国文化道德政治的传统言，这些都只能算是政治理想与信念实践的一环。在长期而严格的教育过程中，对乾隆政治观念影响最深者，当推宋儒理学，这可能与授业老师有密切的关系。乾隆自幼入值上书房，陪侍读书的老师虽然不少，但他真正认定的老师只福敏、朱轼、蔡世远三人，而他们皆以理学见长。《乾隆御制诗四集》卷五十八中，述及三位先生对他的影响：

福敏,康熙丁丑翰林,……服官政绩无所表现,而方正严惮且能多方诱迪于课读为长。余初就外傅,始基之立实有以成之,……于先生吾得学之基。

朱轼,康熙甲戌进士,……究心经学,著有周易注解仪礼节略及历代名臣名循吏传诸书,余从学十余年,深得讲贯之益,学之全体于先生。……每为阐经旨,汉则称贾董、宋惟宗五子。恒云不在言,惟在行而已,如坐春风中,……于先生吾得学之体。

蔡闻之(名世远),庆熙己丑翰林,……皇考命入尚书房授读,余时学为古文,先生谓当以昌黎为,且言惟理足可以载道,气盛可以达辞,至今作文资其益,所著有二希堂集,尝为之序,渊源所自从可知矣。……八载寒暑共,常云三不朽,德功言并重,立言亦岂易,……于先生吾得学之用。⑱

福敏服膺程朱理学;朱轼尤其是著名的理学家,以张载的学说为本,主张身体力行,他不仅治学严谨,为政多躬亲治事,生活则俭约朴素。蔡世远也是一位崇拜宋儒的理学家,论讲修身治平之道,咸以程朱为训。乾隆自幼即记诵熟读诗书,12岁朱轼担任授读后,进一步讲解儒家经典和理学的意蕴,兼及社会现实、兴衰治乱和民生疾苦。无形中他将儒家内圣外王、修齐治平、圣君贤相、仁民爱物等知识观念与行为准则,教导并传授下来。所谓立身以至诚为本,读书以明理为先,由自我道德完善始,以迄治国天下平。深受仁义礼乐和圣君明王的教养熏陶,这对乾隆皇帝在性格、志向、事功、品味和知能上,都能产生潜移默化的作用。在许多文章和经筵讲论中,他就不时抒发或诠释各种见解:

---

⑱ 〈三先生三首〉,《御制诗四集》卷五十八。

> 治天下者,以德不以力,故德盛者王,德衰者灭。⑦⑨
> 圣帝明王为治,莫不以礼为本,然后渐之以仁;摩之以义,和之以乐,而天下化成。⑧⓪
> 力耕桑而不得饱煖依,斯其艰也。……治人者岂可不思其艰乎?思斯艰当图其易。而易正不易图也,必也生众食寡,为疾用舒。⑧①

又云:

> 所谓明理者,明其所当然与其所以然。所当然者,父子当亲,君臣当义,夫妇当别,长幼当序,朋友当信之谓也。所以然者,父之所以慈,子之所以教;君之所以仁,臣之所以忠;夫之所以率,妇之所以从;长之所以爱,幼之所以恭;朋友之所以责,善辅仁之谓也。⑧②

短短数言,已将德治心怀、伦常所系、淑世用心及天道人事,了然表明。乾隆熟读史籍,好作史论。《御制诗四集》卷四十九中,他以77首诗,分别对自唐尧以迄明福王诸帝的作为,或褒扬嘉许,或针砭品评,洞悉精微,可见其勤于问学、深于思虑。在《右总结》一则诗中,有感而发曰:

> 四千余载,帝王洪业,……恶者吾戒,善者吾法,法匪虚

---

⑦⑨ 〈书新唐书兵志论〉,《乐善堂全集定本》卷六。
⑧⓪ 〈家人上九有孚威如终吉论〉,《乐善堂全集定本》卷一。
⑧① 《乾隆实录》卷五五六。
⑧② 〈读书以明理为先论〉,《乐善堂全集定本》卷一。

言。施政后甲,戒岂徒云,敕几先怵。敬天诚懋,爱民惠洽,莫忘祖宗。开创桓拨,爰告后人,钦承毋乏。㊳

不过,乾隆除娴熟历史中的治平兴衰之理、勤政亲贤之术的精

㊳ 《御制诗四集》卷四十九。本卷之诗共77首,其中全韵诗上去入声76首,古体诗1首。论及汉高帝之勇智大度谓:
　　大勇略小节,大智怯小巧,平生豁达度,天运归金卯。……约法三章宽,汉基四百肇,民苦秦久矣,久饥易为饱。
史称文帝仁俭,唯乾隆认为:
　　欲明其善政卓识,当观其大者远者,徒尔博采附会,转恐失真。
世人常喜秦皇汉武并称,然乾隆则谓其言未当,盖
　　秦皇阬儒武重儒,一端足以定高下……然其大过在钩弋,理无因子杀其母……
誉唐太宗:
　　御多仁闻能纳谏,治匪綮更爱民恩,无靳善政黟不胜,……
言玄宗:
　　起兵讨韦氏,识英而志健,……初政颇勤缉,吾瘦天下肥。……既而临莅久,太平符所愿,天宝易开元,志满心骄顿。姚宋亦已殁,李杨弄权涸,荒淫无不为,亲邪正人远。一人前后异,敬怠殊方寸,侵寻致播迁,自取夫谁怨。
对宋神宗之拒谏黜正,则言:
　　真是不知为治径。
而于有不共戴天之仇、偏安苟且一隅之高宗,非但不能成忍雪耻,反而亲小人害忠良,然却能优游德寿以善终,则叹曰:
　　盖幸叨天恩之滥。
论及明祚之衰:
　　肇自世宗兹由内乱,迫熹宗,非乳臭而倚乳母,溺近私任近习。禁左班之疏滕,恣东厂之事缉。……忠良徒然于呃,虽二十四罪已昭彰,而懵然不辨阉人,炀灶其横愈急,明政陵夷至是盖不可救药……
至于福王:
　　未尝不可比宋高宗之南渡,然史称高宗恭俭仁厚,继体守文则有余,拨乱反正则不足。其初立尚可有为,继乃偷安忍耻,以致贻讥天下。若福王则昏庸无识,声色是娱,始终昧于宴安酖毒之戒。自迨伊戚两君相较,福王实不及高宗远甚。……福王就执立甫一年而明亡,此固上天眷顾佑启我国家,亿万载丕之基。而明末君臣弗克善保绪,自速危亡亦足鉴奕祀耳。

义外,更能洞悉出史学背后所蕴涵的思想。换句话说,乾隆对历史的认识,其实已自资治知识的致用层面,层次性地提升到更深刻且富本质性的理解。若说历史是过去的政治,政治即是现在或正在进行中的历史;政治乃历史发展的必然。从经世的观点而言,既欲以德治为本,自当以仁民爱物为依归。则兴于史论,发为警惕,综论功过,以史为鉴,乃问学之基,修身之始也。落实于史实性或知识性因果关系的探究,是历史研究的一种方式。科学史学派尤其主张,以语言批判法对史料做严格的考证,割尽传奇的肉,好让事实呈现,作为历史研究精确追求的准则。不过,许多隐藏于历史史实和现象背后,那些更深邃、更广大意义的历史探究,是否应被视为一种更根源性的反省和思考,并是一种整体性的通观表达?否则孔子之道德史观、太史公之人性史观,岂非难以为立,更无以为继。爱新觉罗氏以少数民族统治者的身份,君临天下建立王朝,因此,乾隆极重视清王朝建国史的书写载录。他自己就不时地以诗作史论或在经筵讲论的场合,表彰先祖的功绩;《御制诗四集·四十八卷》中的十五首诗,即是对先人世祖、圣祖及世宗武功文治的显扬。[84] 此外,他更关心并着眼于少数民族政权,在中国历史上的定位问题,借以为清王室的正统地位寻求依据。

  正统思想在中国历史上的发展渊源深长,其内涵主旨有二:一为大一统的观念,并与孔子的"正名"思想,密切相关;一是五德终始说的理论,脱胎于邹衍的阴阳五行学说。秦汉之后,儒家与齐学逐渐融合,凡是政权的兴起,除诉诸五行的更替外,也同时定天下于一尊。而历代王朝领袖,在夺取政权之时,必先要诉诸正统,以

---

[84] 《御制诗四集》卷四十八。

求取合法的统治地位。由于政治上正统的争夺,自然影响到了史学上的正统之辨。自陈寿《三国志》以降,曾以宗室余脉、地势宽狭、文化传承或华夷之辨等各种不同的因素,来考量讨论正统的归属。源自宋代,有鉴于五代的纷乱、春秋学的兴盛以及史家因修史所遭遇的难题而产生的自觉反省,"正统论"的史学理论乃应运而生。宋代论及"正统论"的学者,北宋有欧阳修、司马光、章望之、陈师道及苏东坡等人,但以欧阳修为中心;南宋则以朱熹为代表。一般而言,北宋各家的正统论辩虽各有所重,如霸统、绝统、正闰之说,但大都以史学本身的讨论为主。⑧ 南宋朱熹在《通鉴纲目》一书的凡例中,言正统思想时,特别重视名分及政治上的合法地位:"只天下为一,诸侯朝觐,讼狱皆归,便是得正统。"⑧此乃指得大一统天下者为正统,并可得正名;但相对于北宋欧阳修尊魏为正统,南宋朱熹则以蜀为正统。究其原因乃宋高宗偏安江左,其势与蜀相仿;益之以金人南下牧马,故国山河变色所致。不过,尔后史家的正统观除了依循朱熹的看法外,却因自南宋后,汉民族屡遭异族侵凌,无形中华夷之辨成为正统论思想的核心之一,也是许多士大夫根深蒂固的观念。为此,乾隆大兴文字狱,并借编修四库全书,以厘清相关的文字与概念。乾隆对于清王朝的正统地位,是如何看待的呢?《乾隆实录》载曰:

  ……历代相承,重在正统,如匈奴在汉,颉利在唐。……即宋室运际凌夷,若自徽、钦以上,其主位号犹存,书法尚宜从旧。

---

 ⑧ 陈芳明:〈宋代正统论的形成背景及其内容〉,《中国史学史论文选集一》,台北:华世出版社1976年版,第393—395页。

 ⑧ 朱熹:《朱子语类》卷一五〇,《通鉴纲目》。

若五代时，中国已瓜分瓦解，不独石晋为辽所立，即梁唐诸代，亦难与正统相衡，犹之南宋以后，不得与汉唐北宋并论也。且朕意在于维持正统，非第于历代书法为然。惟我开国之初，当明末造，虽其国政日非，而未及更姓改物，自宜仍以统系予之。至本朝顺治元年，定鼎京师，一统之规模已定，然明福王犹于江南仅延一线，故《纲目》之篇及《通鉴辑览》所载，凡我朝与明交兵事迹，不令概从贬斥。而于甲申三月，尚不遽书明亡。惟是天心既已厌明，福王又不克自振，统系遂绝，……盖能守其统，则人共尊王，失其统，则自取轻辱，实古今不易之通义也。㊲

《乾隆实录》又云：

至于东夷西戎，南蛮北狄，因地而名，与江南河北山左关右何异？孟子云舜为东夷之人，文王为西夷之人，此无可讳，亦不必讳。但以中外过于轩轾，逞其一偏之见，妄肆讥说，毋论桀犬之吠。㊳

由实录之所载，吾人可以借以推知，乾隆对正统论所持的观点，涵盖了以下几个层次。一、失其统系者，失其统，而人共尊王者，盖能宗其统，所以，权力的取得、皇权的建立，实为正统与否的标帜。二、明代统系绝，所代表的也是清大一统政治地位的确定；而诸侯朝觐，讼狱皆归，自是正统，可得正名。三、俗云："夷狄入华

㊲ 《乾隆实录》卷一〇三四。
㊳ 同上注，卷一一六八。

夏则华夏之",圣人尚且为"夷人",则清之得正统实为治世纲常,无可非议。夷戎蛮狄一如江河山关,因地而名,人心归趋天命之谓也,华夷之辨徒显荒谬矣!

借由对正统论的肯定及相关思想的表述论辩,乾隆成功地确立了清王朝在中国的合法统治地位。虽然正统论之辩,基本上是以取得政权的法理性为出发点,但名正言顺后,圣王明君之治,仁义礼乐以化成,天道人事无相悖离,道德政治之至极也。由之,清朝以异族入主中国,乾隆恩威并施的治术固然令人震慑,而其洞明华夏文化大本与根器之睿智,何尝不令人敬服?

审美意识广义地来说,即是一种审美感受,与人们通常所说的美感具有相同的含义。其所代表的是在一定社会中,审美主体对于客观审美对象的创作、观念及反应,因此,又可以概括出三个主要的内涵,即审美情感、审美趣味及审美理想。[89]当代西方美学各个流派,关于审美意识的解释,强调的是某一心理要素,对主体创造者所产生的绝对影响性。[90]然而,无论自情感、趣味和理想的任何角度观察,任何单一的因素与现象,都无法彻底说明审美意识的

---

[89] 杨成寅主编:《美学范畴概论》,浙江美术学院出版社版,第226页。在美学史上,"美感"、"审美意识"和"审美经验"这三个概念的范畴,常被混淆互用。其实若将"美感"广义地解释为全部的审美感受,又将"审美经验"狭隘地理解为主体的心理经验,那么,这三个概念的内涵,确实就彼此相通。不过,"审美意识"这一个概念在西方美学史研究上,又可以分成三个蜕变历程:1.从古希腊到17世纪,以美感作为研究的主题。2.从18世纪到19世纪,以审美意识为研究的中心。3.20世纪则以审美经验作为研究的对象。其间各自研究的侧重面,又极为不同。其中对"审美意识"的探讨,尤其着重于主体与客体在审美关系中,所产生的整个意识和反映过程。

[90] 心理学派提出各种不同的观点,来解释审美意识,如直觉说、无意识说、幻觉说、意向说、否定说、信息说、移情说……等。这些派别角度内容或各有立异,但其共同的焦点则为主体的审美态度,是决定审美意和审美对象的前提。

复杂内涵,最终仍要回归到因社会历史的发展,所构成的民族的特殊性因素上,来做一全面性的检视。美感的民族性在艺术作品中呈现,是创作力表达的结果。任何一个创作的个人或某一时期的风格,都属于一特定的民族或文化,同时并在一定的地域、时代和阶级中生活。换言之,民族特定的物质生活、风俗习惯及思想观念,也塑造了创造者的审美意识。丹纳曾指出:"所有的艺术作品,都是由心境和四周的习俗所决定。"[91]孔孟以降的儒家美学思想,在中国传统美学思想中,占有主导的地位,其对审美情感的见解,包含在伦理思想之中。儒家对现世生命怀抱着高度的热情,孔孟也肯定现实的美与艺术,进而提倡"情从于理(礼)"的原则。孔子有"兴于诗、立于礼、成于乐"之语。[92]礼,是社会的伦理标准;乐,是个人的情感表现;但礼乐之事,贵乎合情饰貌。基本上,儒家比较轻视审美对象的外在形式美,以及艺术表达所带给审美者赏心悦目的作用和感官刺激。相对地,也比较排斥在审美活动中,情感上喜怒哀乐表现的独立性、孤立性与独特性,而以和谐及致"中和"为最高境界。归根结底,这一切都因中国独特形上美学精神所致。[93]中国旧时的所谓"乐",其内容十分广泛,音乐、诗歌和舞蹈固无足论,举凡绘画、雕镂、建筑等亦涵括其中。[94] 因此,所有的艺术创作既是生活感情的表现,也是审美思想与伦理价值相结合的表征。为此,中国美学中的趣味理论,讲究自情理统一的角度出发,以探

---

[91] 丹纳:《艺术哲学》,安徽文艺出版社1991年版,第47页。
[92] 《论语·泰伯》,《十三经注疏》册八,台北:艺文印书馆1989年版,第71页。
[93] 《礼震·中庸》,《十三经注疏》册五,第879页。《礼记·中庸》:"致中和,天地位焉,万物育焉。"
[94] 王世仁:〈中华民族的智慧与传统建筑的生命〉,《理性与浪漫的交织:中国建筑美学论文集》,台北:淑馨出版社1991年版,第1页。

索艺术的内蕴与意境的产生为主旨,而大异于西方自心理学角度,以微观逻辑的方式,分析审美快感产生的原因,也就不足为奇了。审美趣味来自于美感的经验,代表了作者的一种情感趋向、选择和品鉴能力。至于审美理想,则可以看成是审美意识内涵中,最深层结构的概括。表现于外者,则为经由长期教育、学习和生活的积累,而凝聚于观念之内,在艺术创作的过程中,印证、展现并揭示了对历史文化和社会理想的认同。

中国传统文化在西力东渐之前,既未发生根本性的改变,则无论自哲学、艺文、教育、医学、农学和政治的任何面相切入,都可见以天人合一的宇宙观为核心、以情理(礼)相依的伦理观为内容、以刚柔并济阴阳调和的审美观为表现、以工艺合一的创作观为方法的文化架构。作为自然界物种之一的人,与自然的"天"之间,存在的是一个相互依存、渗透和转化的和谐关系,所谓参天地之化育,而非对立、征服与控制的关系。缘此,"天人"、"情理"、"阴阳"乃至"工艺"之间,也都存在着相因相成的主从关系。从这一个观念来看,又可以为艺术之创作,绝非孤立于自然和社会之外的个别表现,做一个极好的注脚。因此,若说中国的艺术无论任何一项类别,其创作的终极目的,端在表达一最高的"理念"(如和谐、天道),亦不为过;这也说明何以中国的建筑与绘画,常被视为象征艺术的代表的原因。

作为一个个人,乾隆的审美品味表现出超乎凡俗的规模、豪华的优雅、规律与秩序。而作为一个帝王,唯天下之声威教化是赖,对于物质建设的要求,当绝不能仅以形体的庞巨、量多奇巧为满足,而要更高层次的、精神上追求,甚至,展现出文化上的终极理想。况且,乾隆时代的文化特质,也有一种回归正统的趋向,即所谓的文化内卷(cultural involution)。⑮ 因此,中国文化的价值伦常与美感形式,成为陶塑乾隆审美意识的质素,实在也是极自然不过的事。就以建筑为例,乾隆时期所建的天坛,以圆形为基本构图、以蓝色为基本色调、以林海为衬托、以天穹为背景,层层延展的圜丘和重重高耸的祈年殿,共同营造了当时人们对天认识的形象。⑯ 当人拾级而上时,周遭的宁谧、肃穆和安详的气氛,使人油然而生天人合一和谐之感。另外,从整体布局上看,紫禁城的各组建筑,都是在一条由南到北的中轴线上展开,彼此间保持了严格的均衡、对称且主次分明。由大清门到太和殿,地平标高逐渐上升,建筑物形体和面积也逐渐加大加高,借着高大宽阔、深邃气氛的营造,凸显出帝王权力的至高无上;而借由宫殿彩画殿顶的设计,也标示出阶层身份不同的特色。⑰ 以下就从书画、诗文、节庆游赏等方面的喜好选择与恪守示范,来考察乾隆在气质、品味、个性方面的表现,及其审美意识与民族文化的互关性。

三、民族文化终极价值的守护者

书画原来也是乾隆生平之所好,自青少年时代就已培养了应

---

⑮ 康有为:《读史偶得:学术演讲三篇》,第62页。
⑯ 同注㊸,第77页。
⑰ 万依:《故宫建筑的瑰宝》,北京大学出版社1991年版,第37—40页。故宫现存建筑的形体,大致可分成四个等级:
①庑殿顶或歇山顶,黄琉璃瓦,沥粉贴金双龙和玺或龙凤和玺彩画;例如乾清宫、天安门、端门及午门等,均面阔九间,进深五间,含"九""五"之数,意涵"九五至尊"之意。
②歇山顶,黄琉璃瓦或两色剪边琉璃瓦,多用苏式彩画;例如东西六宫及妃嫔们的宫室。
③硬山、悬山或卷棚房顶,苏式彩画;如宫内官员使用的房子。
④灰瓦硬山或悬山顶,没有彩画;为低级官吏、兵丁、匠役、太监和宫女们使用的房子。

具的修养与技法,虽说没有特别的画作传世,但很有鉴赏能力。在欣赏历代名画之余,乾隆尤其喜欢为各类画幅题诗、作诗;各园林景点、皇家园苑、寺庙道观及宫殿楼台,也勤于题名或赐匾。就以圆明园为例,150余处景点中,乾隆在40处分别以四字题名。每个题名都能切合该景境或其中建筑的设计,使各个景观更具特色,也丰富了整个园子的景致。例如"月地云居"一景,是仿效唐代僧儒〈同秦行纪〉:"香风引到大罗天,月地云阶拜洞仙"的诗意而建。"杏花村馆"的意境,是取裁唐朝诗人杜牧的诗:"借问酒家何处有,牧童遥指杏花村。""武陵春色"则是陶潜〈桃花源记〉一文的艺术境界,作为造景的题材。⑱ 对皇家园林建筑而言,皇帝的意愿直接影响了园林造景的创作选择和内涵,也决定了各种不同建筑的形式及其融合。除把江南的风景和各式园林仿建在御园中外,在寺庙的建筑手法上,更采取多民族并举的方式。将藏式、蒙式以"立体轮廓"为基调的建筑手法引入内地,取代传统上以"水平条"为基调的设计;而在建筑的形制上,则以"都网法式"为中心,构建出合汉、藏、蒙风格于一的新的寺庙建筑风格。⑲ 乾隆于艺术创作的表达

---

⑱ 张家骥:《中国造园史》,台北:博远出版有限公司1990年版,第195—196页。
⑲ 王世仁:〈承德外八庙的多民族建筑形式〉,《理性与浪漫的交织》,第169—170页。史理:〈甘南藏族寺院建筑〉,《文物》1961年第3期。王毅:〈西藏文物见闻记〉,《文物》1961年第6、8、9、10期。大多数藏族和相当一部分蒙古族的喇嘛寺,其札仓(经堂)和供奉佛像的拉康(佛殿),大都依山而造,甚至以山势为基座。影响所及,完成于乾隆年间,清漪园中的"大报恩延寿寺"(即颐和园的排云殿香阁)和"碧云寺"金刚座宝塔,都是利用地形,依立体轮廓而建。"都网法式":札仓和拉康是喇嘛庙的主要建筑,其地位、规模若为全寺之冠者,称"都网",这是由藏语音译而来,其意为大会堂。其建筑形制是纵横排列柱网,外围一圈楼房,装修向内,中部凸起形成天窗,平面像个"回"字,外形是周围平顶,中部凸起木构坡顶;这是一种定型化的建筑规制,故而又称"法式"。

方式和品味的选择呈现，个人认为，最具深意启发者，实非其艺术创作品的"本身"，而是那份具有原创性、多样包容且豁然开阔的艺术心灵和胸怀。此好有一比：宋徽宗一如乾隆，热衷园林建筑，玩赏珍禽奇石，性嗜画尤擅书法及诗词。其"瘦金体"书法，笔势劲逸秀丽，意度天成；所谓点似菊、撇捺似兰、横直似竹，虽字亦画。至于画风，以花鸟画堪称妙绝，在中国画史上且占有一席之地；而诗词亦清新绝俗，可谓诗书画三绝。⑩ 无可否认，徽宗拥有极为成熟的创作技巧、敏度极高的创作灵感、敏锐的观察力以及其他相应的特质。但这一切都却只能说明，他具有因天赋而流露出略带个人主义倾向的艺术家气质。就个别领域的艺术创作成就而言，乾隆或许不能与之比拟，但就作为一个皇帝，则因不辨贤奸，又好逸乐奢靡的生活，终招致"靖康之变"。史家言其器度，咸以轻佻无威仪论之，处士子则犹如弄臣待之；最后，徒遭金太宗"昏德公"之讥讽，岂能说是意外？⑪

乾隆受蔡世远影响，亦喜韩愈文、杜甫诗。从诗的创作风格上来看，自杜甫到张籍、白居易、元稹以降，唐代诗人逐渐跳脱了浪漫主义的唯美与幻想，而迸发出一股现实主义的理想与写实；深入真

---

⑩ 王世祯：《艺苑卮言》，附录四卷。庄练：〈宋徽宗错生帝王家——最富于艺术天才的皇帝〉，《中国历史上最具特色的皇帝》，第161页。王世祯指出，历代花鸟画，宋初徐熙入神品，黄荃入妙品，黄居寀次于其父，而徽宗又次于居寀，可见其绘画在中国艺术史上之评价。

⑪ 《金史·太宗本纪》册1，台湾中华书局，第61页。《金史·太宗本纪》："天会八年六月癸八，认以昏德公六女为宗妇。"此昏德公之称呼即指宋徽宗。王夫之于《宋论》中论之，徽宗待宰相蔡京如弄臣，而蔡京亦以弄臣自处。书曰："受宠（指蔡京）既深，狂嬉无度，见安妃之画像，形之于诗；纵稚子之牵衣，著之于表。父子相仍，迭为狎客。"又，根据无名氏《朝野遗记》的一段记载："瑜垣微行，黼以肩承帝趾，墙峻微有不相接处，上曰：'耸上来，司马光'，黼应曰：'伸下来，神宗皇'，君臣相谑乃尔。"描述皇帝和宰相王黼相偕越墙，出宫游玩且相互戏谑的情况，君臣之礼荡然无存焉。

实生活并反映民众的痛苦和愿望,成为诗人创作题材和灵感的重要源泉。杜甫一生流离颠沛的生活,不但是中唐以后,整个社会长年在战乱与饥饿中的缩影,更是那个时代的一面镜子。虽然历经劫难,他却始终热爱国家、遵守礼法、关怀政事,以儒家自命,以天下为己任。无论多么的失意、穷苦,他依然保有积极正面的救世热情。忧国忧民和任重道远的思想,促使他借由个人饥饿流浪的经验,得到对百姓苦难的体会与同情,并进而认识了社会上的各种难题。在他的诗中充满了悲天悯人的情感,对孤苦大众的关怀,把儒家的人本精神与人道主义,发挥得淋漓尽致,一种人性的高贵沛然生焉。乾隆在《读杜诗》中赞曰:

大雅止姬周,何人继三百,卓哉杜陵翁,允擅词场伯。歌谣写忠恳,灏气浑郁积,李韩望后尘,鲍谢让前席。缅想浣花溪,披读仰高格,读史非妄评,良足娱朝夕。⑩

韩愈文起八代之衰,文体辞藻平易自然,一洗魏晋以来骈文华丽雕琢之风。乾隆自幼接受圣君明王的教育,"内圣外王"的境界尤其是理学家们的终极理想,而他也以此深自期许。浏览乾隆的诗文,虽见叙事、论评、述史、寄旅、抒情、写意、写景……等各种不同的题材,终因其不喜檀板金筝、轻歌曼舞,故整个诗集中几乎遍寻不着饮酒歌舞的欢乐场面。乾隆深喜杜诗韩文,尤其仰慕杜甫忠恳高洁的人格,由此既可以看出他在气质与爱好上正大与理性

---

⑩ 〈读杜诗〉,《乐善堂全集定本》卷十五。

的一面,也彰显出谨严与崇高的生命素质。

衣食游赏和节庆活动,最能表现出一个民族风俗,习惯与信仰的内容,这些同时也与历史传统及社会生活关联密切,并具有集体制约性、规范性的作用。以下就从这个面向切入,来试图了解孕育并表现乾隆审美意识的另类形式。

随着政治局面的稳定和经济力量的厚植,为乾隆时期清宫内的节庆活动,奠定了有利的条件。但值得注意的是,借由饮食、服饰和游赏的严格规定与安排,乾隆使之逐渐形成一套繁缛而有序的体制,并与汉民族的历史记忆和文化传统相结合。至于他本人,对于节庆游赏的活动,尤其热衷参与,颇有依礼而行,以身示范的意义。

所谓一代冠服自有一代之制,清代冠服制度在乾隆朝达于完善。究其规格则是以汉族的长袍、图纹为主,另加上具有满族独特风格的马蹄袖和披领所组成。乾隆十三年颁谕旨:

> 朕惟绘绣山龙垂于虞典,鞠衣揄翟裁在周官。服色品章,昭一代之典制,朝祭所御,礼法攸关,所系尤重,既已定为成宪,遵守百有余年,尤宜绘成图式,传式法守。自朕之朝,朝服、常冠、吉服以至王公大臣、九品以上官之朝帽、朝衣,向来如何定制之处,著三合会同汪由敦、旺礼勒阿代详细商酌,考订章程,遵照式样,分析满、汉、蒙古各色,绘图呈览。俟朕酌定,以垂永久。[103]

---

[103] 〈史部·政书〉,《大清会典则例》,卷八十一。

自此，不但皇帝的冠服如朝袍、衮服、龙袍等都饰有十二章图纹，明黄色也成为皇家专用的色彩。[104] 而在各项节气中，其佩饰饮食也都依内涵之需要，而各有定式。祭天时穿蓝色龙袍，祭日时穿红色龙袍，祭祖及宫中大典穿明黄色龙袍。元旦迎新拴岁岁平安荷包，上元节拴五谷丰登荷包，清明节冠上插柳枝，浴佛节戴伽楠香朝珠、菩提子朝珠，端午节冠上艾草拴五毒荷包，中秋节拴玉兔桂树荷包，重阳节冠上插茱萸拴菊花荷包，冬至节拴三阳开泰荷包；除夕食素饺，浴佛节吃结缘豆素膳及端午节食粽子等。[105] 节庆令时其实不纯粹只是玩赏愉快的享乐而已，同时也具有展现身份、区隔阶层及明示伦理道德规范的用意。例如过年之前先于后妃居住的东、西六宫，张挂古后妃之有懿行者的图画，以示垂范孝道、恪

---

[104] "十二章图纹"宗、彝、藻、火、粉米、黼、黻、絺、绣之谓，早于周代即已开始使用，历经各朝代，虽有不同的变化，但都成为统治者的权力象征。此外，在中国历史上，黄色一直被视为尊贵之色。《周礼》一书中规定："天子亦冠黄裳。"唐代因袭隋制，天子服素黄及浅黄色袍衫，且规定臣民不可使用；由此可见清代冠服制度中的汉族传统。

[105] 吴振棫：《养吉斋丛录》卷十四，北京古籍出版社 1983 年版。〈乾隆二十一年穿戴档〉，《圆明园》下册，第 857—858 页。乾隆朝《膳单》，538 号，中国第一历史档案馆藏。引自苑洪琪：〈论乾隆时期清宫节庆活动〉，《清代宫史探微》，同注⑥，第 372 页。浴佛节在农历四月八日，也是佛祖释迦牟尼的寿诞，清室信奉佛教，因此，这一天禁止杀生、添素吃结缘豆。乾隆初年，四月七日选青豆、黄豆各 3000 粒，菜豆 4000 粒，分十袋装煮。每袋青、黄豆各 330 粒，菜豆 340 粒。煮熟后选青、黄各 33 粒、菜豆 34 粒，共 100 粒，以豆腐干、黄瓜、姜、藕、腌胡萝卜、酱萝卜、酱甘蓝、樱桃等菜肴，佐而食之。乾隆在四月初八早膳前，吃 100 粒的结缘豆；当天早晚两餐亦素食。为了表示礼佛的虔诚，还特别传令佛堂厨役备膳，这种情况，即使巡幸在外也不马虎。除夕吃素饺，除了有礼佛的意义外，更为清太祖以来的传统。据说，努尔哈赤与明朝连年作战，杀伐甚重，故于占有辽东后，告天祭祖忏悔多杀，开启日后以素馅饽饽祭天祭祖之列。"荷包"满洲语为"法都"，源自于女真人，游牧时期装食物的囊袋；入关后，随着生活方式的改变，而成为服饰的应景之物。

守纲常之美意。在除夕元旦的家宴里,乾隆宫正中摆皇帝金龙大桌,左侧摆皇后宴桌,北向东西两排摆皇贵妃、妃、嫔、贵人、常在等宴桌,每桌一至三人不等;席间依程序为冷膳、汤膳和酒膳不断转宴。按位份皇帝一桌酒膳40品、皇后32品、妃嫔15品;皇帝、皇后用金龙盘碗、皇贵妃用黄地黄龙碗、妃用黄地绿龙碗、嫔用蓝地绿龙碗、贵人用酱色绿龙碗、常在以下用五彩六龙碗。另外再以《乾隆四十八年正月膳底档》之记录为例,也可了然元宵节乾隆在圆明园用膳时妃嫔们的席次:

> 正月十五日午正,奉三无和安着紫檀木苏宴桌一张……东边愉妃、惇妃头桌宴一桌,十公主循嫔二桌宴一桌、禄贵人、白常在三桌宴一桌;两边颖妃、顺妃头桌宴一桌,诚嫔、林贵人、明贵人二桌宴一桌……[106]

除了家宴之外,在法定筵宴日,茶宴、宗亲宴及款待各民族领袖的国宴,也极具象征意义。[107] 茶宴于正月吉日在重华宫举行,不设酒馔,仅以茶与佛手、松果、梅英等干果,钦点王公大臣中擅诗文者入,文臣与皇帝则对咏联句。自乾隆八年首次摆宴至六十年止,

---

[106] 〈乾隆四十八年正月膳底档〉,《圆明园》下册,第934—935页。苑洪琪,上引文,第374页。唯苑文中注明此一资料的来源,为姚元之《竹叶亭杂记》卷一。但经查证,姚文卷一中并无上述资料之记录。不过,在其他档案中,也可见皇帝在节庆摆酒宴时,亦因位份不同而赏赐各异的记录,故列膳底档以为佐证。

[107] 清朝在乾隆以前,宴无定制;弘历即位后,宫中延宴日多,故而钦定则例,将元旦、万寿、上元、端阳、中秋、重阳、冬至和除夕等节令,定为法定筵宴日。

共计四十四次。⁽¹⁰⁸⁾宗亲宴甚至对太祖高皇帝以下,十代宗室子孙赐宴,并予王公或五品以下闲散人员,以顶戴、官衔;凡列名入宴者,一律给予文玩、朝珠、如意和银两等赏赐。⁽¹⁰⁹⁾也经常举办款待少数民族的国宴,除了分别对其表示友好外,尤其优渥蒙古王公。⁽¹¹⁰⁾

乾隆侍母至孝,史有明证;举凡各种节庆活动、南巡北祭,常亲侍左右。⁽¹¹¹⁾因此,他要子孙尽孝、臣民尽忠,借酒宴以系伦常、勤远人以示恩重,实乃文化教养的结果。姚元之在《竹叶亭杂记》卷一中,述及国朝丧制与大行皇帝梓宫自热河奉移入京时,因亲见皇上(即嘉庆帝)之哀思深切而深受感动,乃赞叹曰:"我朝以孝治天下,实从古所未有。"⁽¹¹²⁾论者尝好对乾隆游赏之豪侈花费,借筵宴炫耀盛世、笼络少数民族的政治目的,多所针砭。但另一项无可否认的事,通过节庆活动的安排,满汉习俗、道德教化和伦常情谊等,却自

---

⑩⁸ 参与茶宴的大臣初无定员,乾隆三十一年始,与宴者十八人,寓唐太宗"十八学士登瀛洲"之意。四十九年,则钦选二十八人,以合二十八星宿之数。茶宴一般都在弘历的府邸重华宫举行;在圆明园或西苑紫光阁举行者,应属例外。

⑩⁹ 苑洪琪:〈论乾隆时期清宫节庆活动〉,第380—381页。乾隆四十八年正月十日,于乾清宫所设的宗亲宴,可说是规模最大的一次;共设534席,可以容纳2000余人;唯此次出席者1308人,因故缺席者569人。

⑩ 对少数民族的政事中,清政府对蒙古王公格外施恩;往往在除夕、元旦,宴过少数民族领袖后,还要单独设宴招待蒙古藩王或与皇家有联姻的亲属。究其原因,实乃着眼于政治上的考量,盖蒙人骁勇善战,又地处西北,战略位置与满族人势呈掎角,对整个边疆的安定,具有举足轻重的作用。

⑪ 自乾隆三年以降,弘历举凡三十九次,每次都赋诗作句,记录了承欢膝下的美好情感。乾隆三十年正月十九日,在第四次南巡途中观看灯火,唯恐皇太后登彩楼劳累,特命地方官将彩楼改设平屋,还特别为她仿制了康熙帝御用的软榻,使之坐卧方便,免受年老疲劳之苦。

⑫ 姚元之:《竹叶亭杂记》卷一,第16页。

然地内化、传承、示范下来。更有进者,通过这些庆典活动,也进一步呈现并塑造了乾隆亲民爱民、忧国忧时的思虑意念与明君形象。每年元旦前,皇帝都要亲下谕旨,探询各地农业状况;待各地督抚奏明后,再于元旦降旨。凡灾情严重的地区,要求妥善赈济或免除本年钱粮。而端阳、清明与中秋等节日,原本就和农事祭祖有关,乾隆会利用节日验看农桑、演耕耤礼并为民祈雨。[113] 在他的诗文中,有不少就是以免交钱粮、丰收喜悦、歉收焦虑、得雨志喜或至黑龙潭祈雨为题材的创作。《御园躬耕》曰:

> 今日敕几暇,三春举趾时。无意问花柳,着意事耕种、农要于焉劝,民劳尚克知。昨朝灵雨降,沃土总含滋。甸者告时哉,扶犁往复回。几经劳莆治,争似辟汙莱。玉食奚堪恃,鸠形实可哀。祈年终始意,此际重低迴。

又《雩祭斋居》曰:

> 节惟龙已见,卜云吉其符。园丘将有事,祈岁为民谋。斋居涤身心,颙若敬以孚。冬春雪雨滋,慰我三农夫。举趾播嘉种,胼手辟荒芜。群然望丰稔,将谓道饥腥。芃芃未观麦,青

---

[113] 苑洪琪:《论乾隆时期清宫节庆活动》,第379页。吴振棫:《养吉斋丛录》卷四十三。乾隆在圆明园墙外建"北远山村"景点,这是一个仿农居的村市,颇有宋代名画《清明上河图》的意境。每至清明时节,弘历陪侍皇太后至此踏青,并验看农桑。清顺治十一年规定:"遇天旱祈雨,罢竞渡。"因此,乾隆四十年以前,曾亲至黑龙潭,七次为民祈雨。

青已瞻蒲。设十日不雨,此意复虞辜。空庭则云脚,伫立徒嗟吁。⑭

中国传统以农立国,民以食为天。身为皇帝,躬耕以验民劳,节庆以农事为念,其亲政爱民之身体力行,虽非空前,亦堪称难能可贵矣!乾隆在《初集诗小序》中,就谈及其将悯农疾苦之诗作,纳入诗集的用心:

……诗则托兴寄情,朝吟夕讽,其间天时农事之宜、蒞朝将祀之典以及时巡所至山川名胜、风土淳漓,罔不形诸咏歌,纪其梗概,至今以数千百首计矣。而较晴量雨悯农疾苦之作,为多观其诗可以知忧劳而验今昔。使阅岁逾时或致残缺失次,其不忍弃置较先为甚……⑮

俗云:英雄气短、儿女情长,文人相轻、贵在豁达,乾隆则既非英雄亦非文人,而是帝王。同时,无论自角色身份的扮演、气质才性的颖悟和教养陶冶的培育的任何面相观之,都是一位道道地地、里外皆衬且游刃有余的帝王,而他自身也以做明君圣王为己任。所谓诗以言志、文以载道,乾隆的史论、诗文及对绘画园林、建筑、

---

⑭ 〈御园躬耕〉、〈雩祭斋居〉,《御制诗二集卷二十五》。另〈闻京师得雨喜而作〉、〈闻河南得雨〉、〈河南得雨志喜〉、〈复闻河南得雨〉及〈诣黑龙潭谢雨〉等诗篇,则分别刊于卷二十七、三十二、四十、四十一各卷中。其各集各卷中亦有不少谈及农桑之利,祈雨忧民的诗文。

⑮ 〈御制诗序〉,《御制诗二集》。

古玩和文物的鉴赏力,除展现了对中国古典文化精神的涵养、艺文器物之熟稔和包容吸纳力外,更真实地是记录了他的思想、认识、情感与关怀。论者尝以其一生寄于宫中时短,下江南、北访东巡、跸驻圆明园及热河行宫者长,庆典活动频繁、土木工程浩大,均为好大喜功奢靡之表征。的确,以乾隆二十一年为例,是年正有闰月,全年共有 393 日;至热河行宫及木兰围场 66 日,赴曲阜 54 日,居圆明园 168 日,仅余 105 日居宫中。⑩ 虽说上述活动劳师动众、所费不赀,但撇开为后代所积累留下的物质建设不谈,那又何尝不是探访民瘼的一种方式。况且,即便是游乐与庆典,也带有浓厚的政治性宣示与访视的意义。乾隆,正是这么一位典型的、具有观照现世生命热情、且深受儒家文化熏陶的帝王。身为一位帝王,乾隆借着个人的创作,于情感上有着宽广的挥洒空间;在品味上则成就了一份卓绝的鉴赏力,也涵融了中国艺术上情理统一的意境。而于审美意识的深层,则自然地将文化价值与生活现实结合为一,更借文治、武功与各项物质建设,凝聚、激起并支配了人们的尊敬、畏惧、忠诚和信仰之情。

第三节　精致文化与文化反省

18 世纪对中、西文化的发展,都是一个关键。1795 年乾隆退位,在他当政的时代,就好似一首主题明确的交响曲,于末尾总结式地重复了一次主旋律之后,中止了古老华夏文明的乐章。西方

---

⑩ 《乾隆二十一年穿戴档》,第 911 页。

则在文艺复兴和科学革命的基础上,科学与工业有着一日千里的发展。⑪ 1789 法国大革命爆发,为欧洲新体制的铸塑,更切开了一道关口。1795 年,法国革命政府在夸言革命不需科学之后,重新开启曾关闭的科学院,并将之与法兰西学院合并,奠定了 19 世纪前半叶法国在科学研究上的领先地位。此后,中法两国都经历了一个缓慢长久的破而立的重建过程。

法国大革命之前,17、18 世纪的法国,被视为欧洲最强大的国家,时间相当于中国的康、雍、乾三朝。若就整体文化的趋势来看,两者在精致文化的形式表现上,却有着极为惊人的相似性:形上理想的归依与追求、井然有序的阶层制度(Hierarchy),以及集权中央的专制政体;惟,中、西文化之内涵,则各有其独特处。以下将对上述相关问题细致爬梳,并以精致文化之建构为本,反思现代文化中的诸般问题。

一、18 世纪中国文化之归趋

有形世界背后的原理或根源,亦为原因之原因,思考之思考,就是一般所谓的形上。在西方称为"万有所由之而成的那个最根

---

⑪ 王任光:《文艺复兴时代》,台北:稻禾出版社 1997 年版,第 1 页。孙若怡:《西洋近古史教学上的反思与尝试》,台北:辅仁大学出版社 1997 年版,第 1 页。王老师以 1303 年教宗鲍尼法斯八世(Boniface VIII, 1294—1303)之逝世,至 1517 年马丁·路德(Martin Luther, 1483—1546)之宗教改革,为"文艺复兴时代"的范围。唯自科学史发展的角度观之,往往以 1543 年哥白尼去世、天体运行论刊布,作为文艺复兴时代的结束。自 1543 年到 1693 年 150 年间,即是所谓的"科学革命时代"的范围,是科学意识形态奠基的时期,其成果则为大机械宇宙观的建立。由"文艺复兴时代"到"科学革命时代",往往被看成是近现代发展的初期,而自 1693 年到 1789 年法国大革命的爆发,在断代史的分期上,则被视为"近古时期"。

本而普遍的原理",亦即"存有"。⑬ 研究此一原理原则或根源的学问,正是一般所指的"形上学"(metaphysics)或称"存有学"(ontology)。西语哲学乃爱智之学,其宗旨在探究宇宙人生的根本问题,而形上学则是讨论这些根本问题的最后基础。因此,形上学的知识必然是以最根本、最简易为出发点。

传统上中国虽然没有形上学这门专门学问的知识体系,但早在商周时期,就已有形上的思考、观点与存在,即"道"是也。《系辞上传·十二章》曰:"形而上者谓之道,形而下者谓之器。"⑭此外,《易经》中的阴阳、宇宙,儒家的天、命、性、善和道家的无为、自然等,也都是很根本的形上观念。孔子以天、仁为核心所建构的形上

---

⑬ 项退结:《现代中国与形上学》,台北:黎明文化事业股份有限公司1981年版,第155页。按作者依亚里士多德的观点诠释形上学或称第一哲学:一、是"第一原因及元始"之学;二、是自最普遍的"存有物之为存有物"的概念为出发点。后者在普遍的存有物概念观点下,观察一切事物,并研究了主体与客体、本体与现象,也包括抽象的道与具体的器,总之它涵盖一切,甚至涵盖了形容它、限定它的任何其他概念的全部领域。因此,形而上之"道"及形而下之"器",都是"形而上"的范围,也都是存有学的讨论对象。从这个角度来说,中国并没有这一部门的形上学,换言之,没有泛论"存有物之为存有物"的存有学;孔孟形上学也不属于这一范畴。形上学的另一部门是研讨"第一原因及元始",也就是研讨一切事物的根源。若以这一尺度去衡量,孔孟形上学即其中之一。而西洋的根源之学则是自然神学;涉及宇宙论、哲学、人类学及伦理学。孔孟形上学究其根源之学而言,实际上只以宇宙论为主,并未包括自然神学。史作柽:《形上美学导言:一种对于中国哲学之基础性的反省》,新竹:仰哲出版社1982年版,第20页。史先生言形上学,为探讨形上究竟之学,而这又可以分两部分来论述。若以形式言形式,其发生性的基础或原因,即在于形上之后设。另方面若自本质上言,形上即为一种相对于形式而有之存在性的观念,或一种具有整体性的心态。而若形式物,于其本质上,就是一种推演物的话,那么真正的后设,就是一种纯设定,即一个别推演性之设定的真正存在性的来源。纯设定永远无法在推演形式中得之,而只有在整体性之人的存在中得之。

⑭ 李震:《中外形上学比较研究》下册,台北:中央文物供应社1982年版,第5页。《系辞上传·十二章》曰:乾坤其易之缊邪?乾坤成列,而易立乎其中矣。乾坤毁,则无以见易。易不可见,则乾坤或几乎息矣,是故,形而上者谓之道,形而下者谓之器。

道德哲学,因汉代开国规制初立,董仲舒罢黜百家独尊儒术,致使以"天人合一"宇宙观为中心的道德人文主义,在落实于社会伦理规范的运作后,蔚为华夏文明的根基。

中国人的形上观念无论宇宙、天、性或道,都是生生不息,处处充满生机;所谓上天有好生之德,天地之大德曰生。而人的躯体生命和道德生活,也都和天密切相关:

> 有天地,然后有万物;有万物,然后有男女;有男女,然后有夫妇。
>
> 立天之道,曰阴与阳;立地之道,曰柔与刚;立人之道,曰仁与义。⑳

天、地、人三才,人立于其间,自须居仁由义方得顶天立地。仁的内涵其实极为广泛,或为一种善行,如"樊迟问仁",子曰:"爱人";"仁者必有勇,而勇者不必有仁"。㉑ 另一方面,则有人之所当行之道的意思,行仁以修身始,《中庸》曰:

> 为政在人,取人以身,修身以道,修道以仁。仁者,人也,亲亲为大。义者,宜也,尊贤为大。亲亲之杀,尊贤之等,礼所生也。在下位不获乎上,民不可得而治矣。故君子不可以不修身,思修身,不可以不事亲。思事亲,不可以不知人,思知人,不可以不知天。㉒

---

⑳ 《易经·说卦二》,《易经·序卦二》。
㉑ 《论语·颜渊篇》,《论语·宪问篇》。
㉒ 《中庸·二十章》。

人与人关系的安排与秩序,都是仁道实践的具体表现。仁道也是人之道,其基础是人性,而天则为仁道规范的终极根源、恒常不变的存有,从而彰显出天命与人性的内在联系。缘此,也建构了形上之"道"的世界,与现象和现实的形下世界间的互关性。然而,就一个文明的展现而论,何以言有形上归依,即代表一理想的存在与追求? 中国的古圣贤者教人以法天为理想,正说明了天之巍峨高远不可企及。由是之故,人唯有仰天而赞、依天而趋,以不休止的努力,在天理人欲之间,以诚敬朴质之心,过最平凡的生活! 此即天行健君子以自强不息之谓。果能若此,人的生命与意义,已是建立在形上性本体观念的基础上,且因天而有的唤醒与提携,乃得进入一层层迭进的价值系统,远抛各式各样疏离而孤立的人与物的平面世界。其心则湛然平实、其情则真诚见性,故真纯无失于内,仰高而不越于天,内圣也者莫若如是。更而有进者,己立立人、己达达人,外王者兼善天下,爱人如己而已。以如此理想之表征,所建立的文化系统与模式,视为具有理想性精神的文化,岂能说不宜?

　　春秋晚期以后,由于社会变动的结果,贵族凌夷地位下降,庶民地位相对提升,致使知识阶层不断扩大,出现了大批身无定职且有学问的"士民"。其次,因礼乐之崩毁,也说明了王官之学由合而分的历史趋势;在这个社会学家誉为"哲学的突破"(philosophic breakthrough)的过程里,逐渐形成了一批帕森斯(T. Parsons)所谓的"文化事物专家",构成"知识分子"的最初形态。[12] 尔后,士

---

　　[12] T. Parsons, *The Intellectual: A Social Role Category* (New York, 1960), p. 6. 余英时:《中国知识阶层史论》,台北:联经出版事业公司 1980 年版,第 31—32 页。"哲学的突破"观念的出现,可以上溯至韦伯(Max Weber)有关宗教社会学的论著,但美国社会学家派森恩对之解析最为清楚。此后,雅斯贝斯(Karl Jaspers)也曾于 1962 年提出一与之相近的观念"超越的突破"(transcendent breakthrough)。美国中国思想史学者史华慈(Benjamin I. Schwartz)则更有专文讨论中国古代的超越观念。

民、农民、商民和工民,就成为中国社会的主要结构,至清朝而未有大变。⑭ 不过,正由于封建制度的瓦解和知识阶层的崛起,因此,中国社会并没有阶级属性的主张。在士、农、工、商的阶层制度中,血统种姓并不构成人身隶属秩序和权利义务关系的准绳,而仅只是一种职业取向的区划。然而,儒家于职业上则有劳心与劳力之分,《孟子·滕文公上》称:

> 或劳心,或劳力,劳心者治人,劳力者治于人。治于人者食人,治人者食于人。天下之通义也。

由于在四民之中,唯有"士"得以借开科取试而布衣卿相,加上大人、小人间的区分,无形中使社会组织一分为二。在上层的是君子,职责为劳心,在下层的是野人,职责为劳力;而前一阶层是统治者,即君臣,后一阶层是被统治者,即黎民百姓。所以,不少人认为儒家的价值判断,显然重心智而轻劳力。⑮ 就道德政治的现实发展而论,上述观点的确有其真实的一面;万般皆下品,唯有读书高,是最佳的心理投射。士阶层中的秀异分子,不但是知识的贵族,其生活的品味往往也独树一格,与庶民阶层大异其趣;儒吏更自成一特殊的"身份团体"。⑯ 在"大传统"与"小传统"之间,虽然存在双向交流的渠道,毕竟隶属不同的世界,代沟与隔阂,往往因各种因

---

⑭ 陈登原:《国史旧闻》第一册,香港:三联书店1958年版,第228页。《春秋穀梁传注疏》卷十三,十三经注疏本,台北:艺文印书馆,第128页。《穀梁传》成公元年条云:上古者有四民:有士民、有商民、有农民、有工民。汉初之后,商民则被列于第四位,而有士、农、工、商的说法。

⑮ 陈启天:《中国政治哲学概论》,台北:华国出版社1980年版,第200页。

⑯ 金耀基:《从传统到现代》,台北:时报出版公司1983年版,第71页。

素的变化而更加扩大。但从形上的规划、寓意及实践的本质上言，应该可以有另一番视野与心境。"人"古为入字，即人之侧立为人，人之正立为大，大而至极为天；故侧立实为人之原形。论者言："小人，侧立，有所偏，器而已！大人，无所偏。正大而至极，天人之谓也。"[127]古人依形象造字，每个人都是人，也是小人；其实此时小人一词，并不代表任何价值判断。换言之，法天的起跑点每个人是平等的，大人与否，端视努力自省的程度而定。故梁任公说："君子非表示地位之名词，乃表示品格之名词。"[128]诚哉斯言也！

"三纲五常"成为社会伦理的基本规范，是汉初以后的事，人伦中权利、义务间的关系，自此乃逐渐朝向绝对化的方向发展。

伦理情谊本儒家思想之要旨，修身侍亲都是仁道的实践，而修身又始自孝亲，更是传统的看法。不管《论语·颜渊篇上》"君君、臣臣、父父、子子"之说，抑或《孟子·滕文公篇上》"父子有亲、君臣有义、夫妇有别、长幼有序、朋友有义"之论，其人伦关系的认定，都是建立在角色的双向交流上；换言之，即权利与义务关系的相对性上。孟子见惠王时更明言："君视臣为刍狗，臣视君为寇雠。"可见君、臣之名，实为身份位阶，各司其职、各尽其责；角色的扮演与行为之间，是以"身份取向"为原则。[129]况且，孝亲只是反求诸己，知人知天的起点而已。唯自"三纲"思想出，君、父、夫的地位得以强化，孝亲在形上追求中的理想性意义，渐次模糊，进而转化成具有严格诫律性、教条性的内涵。连带地塑造出一个极为典型，以父子关系为轴且封闭的父权社会。另一方面，自汉迄清，中国虽实行的

---

[127] 史作柽：《形上美学导言》，第66页。
[128] 梁启超：《先秦政治思想史》，台湾中华书局1956年版，第181页。
[129] 金耀基：《从传统到现代》，第66页。

是君主专制政体，不过，在长达两千年期间，由三公制、三省制到内阁制，政体历经数变；皇权虽大，在意义和运作上，都与绝对的中央集权政体，有着极大的差异。专制统治的巨变，始于明太祖洪武事变之后，至清而达于高峰。清朝以异族入主华夏，为有效统治广土众民，加上初期战争频仍，皇权之集中与加强，成为势之所趋。另一方面，三纲五常思想的内化、习俗化，君父连称、移孝作忠观念的合理化，社会上父权权威的确立，名分位阶的森严，在在都助长了绝对中央集权的威势。事实上，这个状况实非儒家之本意，更离"天人合一"形上道德宇宙观原创之本旨远矣，仅能视为道德政治于现实发展上之堕化与变易而已。

虽然如此，清初凡建制必师法三代，言教必称以孝治天下，其意乃借托古以树立统治上的合法性与理想性。因此，综合而论，乾隆对正统论之严肃看待、生活仪节的严格遵守、修建天坛时所传达的美学精神、整建紫禁城时展现的帝王至尊……正可视为对传统文化中之形上思想与形下行为间的合一表现。近来有不少学者，从绘画方面着眼，自权力政治角度切入，讨论乾隆朝画作中的意涵。赫伦（Maxwell K. Hearn）认为，在比对《南巡图》的画作风格及制作后，较之于康熙朝，乾隆朝"多以帝王出现的壮观场景为中心"，显示了乾隆"意图塑造一个自己位于世界中心的帝王形象"；而这种表现手法和意图，"正来自于乾隆奢华的个性"。[130] 巫鸿

---

[130] Maxwell K. Hearn, "Document and Portrait: The Southern Tour Paintings of Kangxi and Qianlong", in Ju-Hsi Chou and Claudia Brown, eds., *Chinese Painting under the Qianlong Emperor: The Symposium Papers; Two Volumes*, Phoebus, Vol. 6, No. 1(1988), pp. 130—131. 王正华：〈传统中国绘画与政治权力——一个研究角度的思考〉，《新史学》第八卷第三期（台北市："中央研究院"，1997），第203页。

(Wu Hung)则在对乾隆各式各样装扮的肖像画研究中,得出"满足了乾隆不同的政治需求"和"自我中心的个性"的结论。[133] 无可否认,单一或系列画作的扎实研究,开启了一窥乾隆收集天下宝物的欲望及其内心世界的门扉。但相较于只从个人欲望的角度把握,果若能从精致文化上作整体性的思考或观照,也许更有助于我们去区别:欲望满足与审美意识、个人嗜好与政治图腾、小我情调与大我理想之间,这些既有着暧昧联系,但事实上却又存在着巨大差异的观念了。

二、18世纪西方文化之态势

不同于中国以道德实践为中心的"天人合一"的宇宙观,近代西方则是以物理学为基础所建构的大机械宇宙观,成为影响生活深远的主要思想。

自伽利略(Galileo Galilei, 1546—1642)以望远镜见证了哥白尼(Nicolaus Kappernigk, 1473—1543)太阳中心说所引发的震撼,并结合实验、归纳和演绎法,对自然现象加以验证,进而得到合理的推论后,西方科学的发展逐渐朝向精确的方法表达迈进。过去,经院哲学家喜欢以实体(substance)或本质等观念,对运动作不精确的描述,尔后已为时间、空间、物质、力等观念所取代。人们利用数学方程式,呈现物体运动的状况,甚至计算出运动物体的速度和加速度。自1543年哥白尼去世,到1693年牛顿(Isaac Newton, 1642—1727)提出万有引力历时150年,史称科学革命。这

---

[133] Wu. Hung, "Emperor's Masquerade—'Costume Portraits' of YongZheng and Qianlong," in *Orientaltions*, Vol. 26, no. 7(July/August, 1995), pp. 34—41.

个过程大体上可以分成两个阶段:初期由天文几何学进入力学,后期则由力学进入代数、对数、微分数学甚至光学的突破。科学革命不但改变了科学家的思考方式,并使科学工作者,在一个与以往完全不同的世界中从事研究。这个以数学或力学方式解释自然现象,并把自然界的一切变化,都根据物质力和运动加以说明的趋势,直到18世纪以后仍持续发展。此外,随着科学研究的深入,西方人不仅在处理知识的方法与态度上,有了重大的改变;甚至,在心灵上也有尘埃尽掸耳目一新之感。被视为哲学的唯理主义者(rationalist)的笛卡儿(René Descartes, 1596—1650)强调理性(reason)的重要,咸信借由理性,人可以接近自然实体(The nature of reality)。[132] 基本上,唯理主义者虽致力于科学的研究和思考,但还都接受有神论的假说,深信形上本体的存在。笛卡儿虽曾怀疑一切,但继而又肯定怀疑本身至少也是一种思想,故而有"我思故我在"的名言。在心物二元论的哲学里,明显地给心灵留下了一席之地。而他也认为:"自然界的数学定律,是上帝所建立,通过思想世界也可以接近上帝。"[133] 至于牛顿,不但有深挚的宗教信仰,相信神的无所不在,且为宇宙的第一要因;其力学和天文学的基础,更是建立在绝对时间和绝对空间的观念上。

一般而言,在17、18两个世纪中,于思想观念上,虽然有着上下传承的微妙联系,但也有各自发展上的独特处。若说牛顿的大机械宇宙观、培根(Francis Bacon, 1561—1626)和洛克(John

---

[132] *The World Book Encyclopedia*, Vol. 16 (Chicago Book, Inc., 1987), p. 150.

[133] 丹皮尔(W. C. Dampier)著、李珩译:《科学史及其哲学和宗教的关系》,台北:明文书局1992年版,第223页。

Locke，1632—1704)经验主义的提出，代表了英国在 17 世纪重大的成就；那么，将其精义著书立说引介发扬，并进一步普及化、社会化的则是法国的启蒙运动。启蒙运动的哲士重视知识的力量，崇尚理性的作用，强调自然的规律性，向往自由与进步；他们主要的工作兴趣之一，即在对世界做出合理而通俗的阐释，启蒙其无知愚昧的同胞，期能摆脱迷信的束缚。[⑭] 因此，把哲学和科学的观念，用于社会现象的诠释，是此一时期的重要特色，以下就自三个层面、二项转折，一窥 18 世纪西方文化之态势。

继 17 世纪之遗续，18 世纪在科学研究的范畴与精神上，迭有增长。数学和天文学更为精确深入，但其成果则多用在对牛顿体系的补充说明上；而大机械宇宙观依然保有一统整体知识架构的优势。科学此时在法国的发展极为蓬勃，化学、数学、光学及植物学等各个领域，皆人才辈出，已有后来居上、凌驾英国之势。[⑮]

虽然，以"人"为中心代之以"神"为中心的人文主义精神，早在文艺复兴运动的俗世化过程中，已然觉醒并达致高度的进展。不过，基督教作为一种根源性、普遍性的信仰，即使历经宗教改革运

[⑭] 沃尔夫(A. Wolf)著、周昌忠译：《十六、十七世纪科学技术和哲学史》，台湾商务印书馆 1986 年版，第 172 页。

[⑮] 丹皮尔：上引书，第 265—266 页。拉格朗日创立变分学，并把微分方程式问题系统化；他的著作《分析力学》，则是把力学建立在能量不灭原理上讨论。拉普拉斯(Pierre Simon de Laplace，1749—1827)著有《宇宙体系论》，他用微分诠释牛顿的著作。贝尔努利(James Bernouilli)对微分数学的贡献，超越了英国人的成就。于实验中测定了地面重力和万有引力常数，因而填补了牛顿体系中的一个空白。泰勒(Taylor)与马克洛琳(Marlaurin，1698—1746)证明级数之开展，并将之应用到天文学上去。拉瓦锡(Antoine Laurent Lavoisier，1743—1794)借燃烧的过程，发现水的组成成分为氢和氧；同时，证明呼吸与燃烧是同类的作用。布丰(Buffon，1707—1788)著《动物自然史》，标志着现代动物科学第一阶段的完成。

动和科学革命 200 余年的冲击,仍然具有坚强的生命韧性。托克维尔(Alexis de Tocqueville)在他的《旧制度与大革命》一书中,就曾传神地道出个中复杂的情况:

> 18 世纪基督教在整个欧洲大陆,已经失掉了一大部分势力;但在大部分国家,基督教虽被抛弃,却未遭受猛烈的攻击。……非宗教潮流在君王和才学之士中传播,但在中产阶级和人民之中尚不流行;它还只是某些人的一时爱好,不是共同意见。……
>
> 在法国,人们怀着一股怒火攻击基督教,但未试图以另一种宗教取而代之。……⑬

但无论如何,随着大机械宇宙观的确立和科学研究的日益精进,17 世纪下半叶到 18 世纪上半叶的欧洲思潮,确实也出现了一项重大转折,即对基督教及传统形上学的批判;而这项转折又涵盖了几个方面。以洛克和休谟(David Hume,1711—1776)等经验主义者为首,在哲学问题上,对认识力、理解力本身,提出批判。指出形上学不是人类理性所能探讨得了的,人所能认知的只有经验或现象世界,现象之外则一无所知。这种以认知主体或自我中心而发展的思想,其实已明示了对形上学存在的否定与不耐。其次,科学理论也构成某些反传统信仰和思维的基础,大机械宇宙观的社会化诠释,正是最佳的例子。借由力学和数学来解释宇宙现象

---

⑬ 托克维尔(Alexis de Toqueville)著、冯棠译:《旧制度与大革命》,商务印书馆 1992 年版,第 184—185 页。

的大机械宇宙观,已然具实呈现出宇宙犹如一座运转和谐的机器。物质微粒为其构成要素,彼此间的相互作用,只是一种运动和机械力的关系,既不存在贵贱差异,也不存在超自然的力量;人的问题和存在关系,亦可做如是观。这一种机械论的观点,可以看成是将科学的大机械宇宙观,转化应用于社会现象的解释,而完全与牛顿的形上认知无涉。第三,在法国继哲学的唯理主义而崛起的,则是一批名为文化的唯理主义(cultural rationalism)者,如伏尔泰(Voltaire, 1694—1778)、狄德罗(Denis Diderot, 1713—1784)及孟德斯鸠(Charles Louis Montesquieu, 1689—1755)等人,他们同时也是启蒙运动的中坚。[137] 除了倡言理性和自然规律外,更积极引介牛顿、洛克及培根的思想与方法给法国文化界;伏尔泰即为个中翘楚。[138]

不过,文化的唯理主义者和哲学的唯理主义者,对理性的认知,根本上已有了极大的不同。就17世纪的哲学体系而言,理性代表的是"永恒的事实"(eternal verities),也意味着分享或具有神性。但到了18世纪,理性已不再被理解成先所有经验而有的"天赋观念"(innate ideas),而是一种天生本性(nature)的智力。人类借由智力可以发现真理;而也只有当真理得以发现,世间才真正有确定性可言。换句话说,这是一种功能性的理性观,着眼于知识真理的获得上;理性已不是真理本身,而被当成一种力量来看待。透过功能性的解析,人类可以把一切的经验资料、神谕权威,统统形

---

[137] *The World Book Encyclopedia*, Vol. 16, p. 150.
[138] 葛力:《十八世纪法国哲学》,社会科学文献出版社1991年版,第187页。伏尔泰在他的名著《哲学通讯》中,有系统地将英国经验主义及牛顿的大机械宇宙关,介绍给法国文化界。

成简单的知识、原则信念。此外,这些文化唯理主义者也是自然神论(Deism)的支持者;自然神论者虽然承认一个有创造世界的位格神,但否认神对他所创造的世界,拥有支配性、奇迹以及一切超然的启示。[139] 因此,人的自主性被相对提高了。伏尔泰在《哲学辞典·命运》中写道:

> 假如你能干扰一只苍蝇的命运,那么,将不会有任何事物阻止你对所有其他苍蝇、动物、人和自然的控制。最终,你将发现你自己,比诸上帝还有权力。[140]

自然神论者攻击基督教和封建制度,反对严苛的神学及一切桎梏人心的事务与观念,宣称上帝的正义、慈爱、善良和秩序,并肯定人宽容与谅解的美德。

自然神论可以说是介于有神论与无神论或唯物论间的过渡。自然神论者至少还肯定上帝的存在,对信仰也未彻底的摒弃,就这个角度来说,是和有神论具有同样的含义。但18世纪中叶,唯物主义则继自然神论之后,逐渐盛行并成为法国哲学发展上重要的一环。大机械宇宙观固然影响了唯物主义者的认知,笛卡儿心物二元论中"物"的机械论式的自然观,更是法国激进唯物者和无神论者的圭臬,且更进一步发挥,拉美特里(Julien Offroy de La Mettrie, 1709—1751)是一个典型的代表。机械论意指有固定结构,一如数学方程式,所以清晰且有自然规律。为此,从自然物本

---

[139] 布鲁格编著、项退结编译:《西洋哲学辞典》,台北:先知出版社1976年版,第113—114页。

[140] B. R. Redman, *The Portable Votaire* (The Viking Press Inc., 1977), p. 105.

身,就可解释生命现象的发生。自然物本身既不存在价值判断,也没有目的性的存在。"物"只着眼于形体、尺寸和运动。其所重视者,乃量化的分析、机械的计算;不考虑第一因,当然也就没有目的论的讨论。[14]拉美特里反对基督教,衷心向往一个无神的社会。1747年著《人是机器》一书,他根据生理学、解剖学的研究,坚信人只是自然的一部分,是自然中由物质构成的存在物;自然是一个系统,也是整个宇宙。而宇宙间的一切都是由物质组成,并通过运动而形成。因此,要了解人,需要先认识自然。他又宣称:动物是机器,人也是机器;人、动物和植物,既是由分子结构组成,彼此间当无分高下,而只有量的区别而已。[142]

除了在哲学发展上带有深刻的非宗教性,呈现出由形上的统一,到被质疑、被否定的二项转折、三个层次的变化以外,18世纪的欧洲社会,整体而言也是一个等级森严的封建社会。不过,若单以法国而论,相对于欧洲其他地区,法国农民的地位和自由程度,则是当时欧洲最高的;农民不仅仅不只再是农奴,而且能成为土地的所有者,并可自由往来、买卖、处置及耕作。[143]虽然如此,其教士、贵族与农民间孤绝隔离情况之严重,却较传统的封建社会,犹有过之。

自路易十四时代起,有意识地把贵族迁移到巴黎附近定居或吸引至宫廷服务,一直是历代君主的主导思想;为此,巴黎及其郊

---

[14] Antony Flew(ed.) *A Dictionary of Philosophy* (New York: St. Martines Press, 1984), p. 227.

[142] 葛力:《十八世纪法国哲学》,第489—491页。拉美特里在他的哲学中,彻底铲除了上帝的作用,他认为物质的特性有二:广延和能动性;前者为笛卡儿所主张,后者则为他的创见。凡是运动都有一定的规律,且物质运动是自因的,即本身的能力,无须诉诸另外的动力因。

[143] 托克维尔:《旧制度与大革命》,第65页。

区成为公共生活的集中地。由国王所控制的"御前会议",负责统领全国政务。其下辖 30 个省份,每省设总督一名,以为地方最高行政长官;另外,除一些特别法庭作为审理与政府有关的案件外,几乎不存在任何其他中介的行政机构。所有教区也都直接归属中央,领主不再是国王在教区的代表,官吏已取代其职主持区内事务。军役税、人头税、什一税及徭役负担,都由中央政府直接决定和征收;地方权力愈来愈隶属于中央,自主及裁量权形同虚无。总而言之,政府的权力十分集中、极为强大;"不但主持大政方针,甚至能以各种方式,影响并干涉家家户户以及每个人的私生活"。[14]
远离领地而群居巴黎的贵族,在国王蠲除了他们传统的政治权力后,犹如一个附属阶级,似乎与一般人无异。但不同的是,在丧失了政治权力的同时,却也换得了更多的免税权和增加财富的权利。贵族可以在他们旧有的领地内,征收土地移转和变卖税,年贡、地租、实物税、集市税和市场税。农民虽然有自己的耕地和收获,但磨麦子则被强迫到领主的磨坊、榨葡萄要到贵族的酒坊;这些手续都得付钱。[15] 上述新取得的特权,严重地损害了土地所有者和耕种者的利益。可是,相对于过去的封建制度,贵族们反而不再承担确保公共秩序、执行法律、赈济贫弱、主持公正……等的封建义务。有钱而开明的人离开了农村,或者甚而压榨农村。诚如托克维尔所形容,18 世纪的法国农村,实为一个贫穷、蒙昧、粗野的共同体,农民犹如一个被抛弃的阶级,其处境有时比 13 世纪还糟,陷于被禁锢的深渊中。而大革命前的法国,则如一个耕作粗放的国家,是

---

[14] 托克维尔:《旧制度与大革命》,第 31 页。
[15] 同上注,第 70 页。

一个中央集权的国家。资产者与贵族彼此间完全孤立,农民、资产者与贵族间,更是彻底隔绝。⑭

若自道德风俗和礼仪规范方面观之,贵族和平民也有颇大的差异。一般而言,教育仍控制在教会的手中,强调宗教情操及良好个性的培养;教材大部分都沿袭传统鲜少改变,不大注重知识的进步与传授。⑭ 对绝大部分的民众而言,托庇宗教、恪守教规并相互亲爱,过着俭朴严谨、宗教式的道德生活;宗教的力量仍然成为家长权威和中、下层社会秩序的基础。至于宫廷与贵族阶级,则有着截然不同的生活方式,奢侈、追逐逸乐并享有知识自由,揭露出宗教信仰的沦丧和放纵的道德认知。至于艺术创作表现,18世纪的法国正是洛可可风格独领风骚的时期,无论雕刻、装饰、绘画及建筑,举凡巴洛克风格中的华丽、高雅、匀整、庄严、宏伟及庞巨性等特质,皆已为精巧、迷人、炫耀和矫饰的美丽所取代。在颜色与式样上,则呈现出一种柔美与装饰特性,其中塑制、雕琢和镶饰,则是创造洛可可式的神髓。洛可可式往往被视为巴洛克风格的最后阶段,但比之于路易十四时代援引意大利的创作经验,那么,18世纪路易十五时代的洛可可风格,则应算是一种更纯粹的法国风格吧!

比较精致文化认知的各个面向,可以发现中、法双方,在文化变迁上的变与不变。

---

⑭ 托克维尔:《旧制度与大革命》,第171页。
⑭ Will and Ariel Durant, *The Age of Voltaire: France & Middle Europe*. 幼狮翻译中心编:《世界文明史》之二十八:《伏尔泰时代的欧陆》(台北:幼狮翻译中心),第56页。耶稣会在1762年被逐出法国,而教育及宗教之俗世化,则在大革命期间,因国有化和国家化而达于高潮。

基督教虽然仍为多数人信仰的归依,但因经验主义和机械论的影响,使传统的形上认知受到极大的挑战。贵族阶级和身为社会中坚的知识分子,其生活言行已渐不受信仰的规范,就这个角度而言,18世纪的法国展现出"变"的态势。社会阶级间的区隔虽极为森严,但隐含了剧变崩裂的素质。中央集权体制的发展,也已承袭前朝,达到绝对君主专制的顶点。不过,在艺术器物的创作表现上,则呈现了与17世纪截然不同的风格。路易十四时代喜好借公开庆典和艺术创作,来夸示法国和他本人的荣耀和伟大,无形中使艺术品成为官方仪式或政治权力的象征物。这些作品都是以古典(文艺复兴风格)和罗马人物为典范,其中雕塑与建筑尤其具有指标意义。路易的马上坐姿就是仿自文艺复兴时期,由米开朗琪罗所设计的罗马神殿(Capitol)前广场上马可·奥理略(Marcus Aurelius)皇帝之雕像;罗浮宫和凡尔赛宫的建筑,亦恪守古典建筑的规范,外形强调雄伟与端庄。这一切除要显示近代法国,能与古罗马帝国并驾齐驱、竞相效尤外,也意味绝对君主专制"普遍与永恒理性"之体现,成为古典主义文化与巴洛克建筑风格之重要精神。[149] 到了路易十五时代,宫廷内私人亲密的交谊,逐渐取代了17世纪庆典式的公开社交活动;艺术器物的创作也舍庞巨、雄伟、端庄的品味,而就秾纤、精巧且略带粉味。原为服务宗教而兴起的巴洛克式建筑,如今因信仰的没落,已难激起人们对建造新教堂的向往;大型的公共建筑也丧失了古典主义风格的基本精神,既不再是

---

[149] Peter, Burke, *The Fabrication of Louis XIV* (New Haven: Yale University Press, 1992), p. 194. 罗小未、蔡琬英编:《世界建筑历史图说》,台北:斯坦出版有限公司1996年版,第120页。

权力的象征,也不是流行趣味的主流。⑭ 相对于此,中国无论自形上思想、社会规范,一切以严守传统为务;在文化吸收创造上,虽包容了西方、蒙藏的技法与观念,但在儒家主体文化价值规范的传承上,则显见一脉相通的趋势。

三、近现代文化之变迁与流弊

19世纪迄今之现代文化的形成,其分水岭在于大机械宇宙观之式微。代之而起者,为物理学中相对论和量子论的提出,一改以往对时空和引力的认识。⑮ 益之以科技之无远弗届,使人类自思想、制度、组织乃至生活表相中的各个层面,无一不受其影响与控制。⑯ 而造成现代文化风格与往昔大异其趣的另一个因素,为大众文化的出现。

19世纪尤其上半叶,物理学与数学虽然仍继续发展,但也只更进一步充实了大机械宇宙观的内容。科学方法把观察、假说、逻辑、推理和实验结合,几乎运用在政治、社会、经济、心理及生物等各种领域的研究上。相关知识的研发进展十分迅速,促使人类感到解释与控制自然的力量,不断增加。相对于大机械宇宙观优势的持续性,生物学与心理学的发展,则取代了传统物理学与数学的

---

⑭　雨云译:《艺术的故事》,台北:联经出版事业有限公司1993年版,第344页。《伏尔泰时代的欧陆》,第87页。巴洛克建筑风格兴起的原因之一,仍在于耶稣会的推动。天主教派企图把教堂转化成一件雄壮的艺术品,使那些没有阅读能力或甚至念太多书的人,都能被吸引而皈依天主教。

⑮　邓元忠:《西洋现代文化史》,台北:五南出版社1995年版,第169—174、177—179页。

⑯　同上注,第332页。Jacquer Ellul, *The Technological Society* (New York: Knopf, 1976), p. 21.

地位,成为对人们观念具有重大影响力的学科。"达尔文主义"的产生,使物竞天择、用进废退的进化、进步观念,逐渐演变成一种价值判准,俨然成为新的人生观。⑫此外,既然已经了解人类的起源与历史,知晓人是通过怎样的方法进行进化,那么,人与自然界也就更易被清楚掌握。由于倾向把研究的题材,分析为简单的概念;或者以进化作用、细胞和原子的概念,作为文化研究的切入点,不少的科学家为此深信,现象背后的"实在"是可以探知的。加上唯物主义思潮方兴未艾,物质与力是支配一切的机械论观点,宣告了形上学的死亡,而达尔文(Charles Darwin,1809—1882)也被视为牛顿革命的完成者。⑬至弗罗伊德(Sigmund Freud,1856—1939)出现,他以人为高级动物的认知,并将本能冲动作为文化研究的核心,更减低了人们过往在人际关系中对道德的重视。⑭总归一句话,以实证、经验、唯物三大理论系统为中心所建构的科学主义,成为近代西方文化的主要基础。⑮

20世纪以还,除了相对论在物理学上的突破性发展外,探讨大宇宙的天文学,在精密仪器的辅助下,也有着飞跃的进步。海森

---

⑫ 邓元忠:《西洋现代文化史》,第534—536页。达尔文主义出现于1850与1860年,内容主要来自四位学者的立论。达尔文的"物种起源论",史宾赛的"社会静态"、"心理学的原则"、"第一原则",赫胥黎的"物种起源"以及华莱士的"人种起源与天择论之原始人"等,以上各家学者虽说各有专长,但都同意有机体的进化理论,并对进步观念加以提倡。

⑬ 同上注,第544页。

⑭ 佛洛伊德心理学又被称为"深度心理学",以潜意识作为分析的起点,其理论有二:释梦和错误行为。佛氏心理学的焦点,在于个人与社会的冲突;他的理论对现代艺术文学的创作和心理学派别的发展,都有重大的影响。

⑮ 邓元忠:上引书,第525—526页。科学主义一词有三大类别,包括以孔德为首的实证的科学主义,以边沁为代表的经验的科学主义和以马克思为主的唯物的科学主义。

伯格(Werner Heisenberg,1901—1976)"测不准原理"的提出,则使传统大机械宇宙观机械式决定性的法则,转而为统计的计算或机缘的法则。[156] 从而使新宇宙观的内容,根植于对自然认知的改变上。逻辑实证主义者深受现代物理学的影响,而将之与数学和逻辑学的发展相结合,以讨论相关的认识论的问题。他们在方法上力求精准,指出知识的基础并非源于个人主观的感觉经验,而是客观的实验、实证与分析。反形上学为其基本立场,认为"上帝"、"实体"等观念,是毫无意义的问题;而主张以数理语言逻辑,作为哲学分析和论证的主要工具。[157] 极端的卡纳普(Rudolf Carnap,1891—1970)甚至认为,取消"哲学"这个概念,代之以"统一科学"、"物理主义"的名称。这种论调其实是一种新形式的唯物主义,认为世界上的一切都不外乎物理对象和物理事件,因而一切命题都能够借助物理语言来陈述。换言之,物理语言能够为全部经验科学服务,亦即包括一切的自然和社会科学。[158] 这也充分显示科学作为西方现代文化的基础,在新宇宙观建立之后,具有欲统揽一切知识的气势,而哲学也就沦为科学的婢女。

1860年代,因有机化学、炼钢新法及电流的研究,得一跃进式的发展后,新科技乃使得西洋近代文化的面貌,快速转变。1950

---

[156] 邓元忠:上引书,第326、338—340页。1929年美国制造508厘米的反射望远镜,1937年建造了第一架无线电天文望远镜。"测不准原理"认为在微观物理中,位置与速度是不可能同时得到的,对一种因素测量的精准,就会失去对另一因素的确定。分子的状态是由位置与速度两者所界定,但它们的不能同时界定,使得分子之开始和以后的状态,亦不能确定,故而其因果的关联和原则,是无法证明的。

[157] 1920年代维也纳学派开始提倡逻辑实证主义,又称现代经验论,代表人物有石里克(Moritz Schilck)、魏斯曼(F. Waismann)、卡纳普等人。

[158] 邓元忠:上引书,第352页。

年,再因科技上的突破,电脑和系统学的进展神速,奠定了第二次产业革命的基础。科技为科学技术的简称,意指根据数字计算所选择出来的最佳手段和方式;其所包括的范围,由机械性、组织性、经济性到人事性,无所不包。其特性概括而论计有六点:自动性、自发成长性、一元性、普遍性、自主性及各类科技结合的必须性。[159] 随着科技的发展,所有旧文化的各个层面,均遭到挑战或摧毁,进而主宰人的喜好、品味与价值。例如电子音乐、普普艺术和电脑网络,在在都表现了科技的效益和主控力,若称20世纪下半期以来的人类文明为科技文明,毫不为过。就以历史研究为例,经由电脑可以获得诸多的便利和助益。第一,通过明确的主题,易于强化对特殊事件、人物、个案、年代或专题,作全面性的掌握。第二,资料收集快速容易,节省了查询的时间和大量的人力,得以集中精力作更多的研究。第三,借着资料的比对、归纳和排列,既容易发现史料之间的关联性与差异性,同时,往往也会因某些主题归纳和推论所造成的特异现象的牵引与类比,而诱发出对历史研究的兴味。第四,档案可以无限扩增,错误能立即修正,内容则不断更新,功能又无限延伸。最后,历史资料数位化的建立,更是量化史学研究的基础,而且每笔资料均能交叉或重复使用;史事与史料,中西、古今对照,一目了然,可收事半功倍的效果。

随着工业化的快速发展,19世纪下半叶的欧洲,出现了新的都市风貌;大型的工厂、学校、医院、剧场、体育场、社团、军营和监狱的应运而生,也使之迈入了群众社会的阶段。[160] 从社会制度的

---

[159] 邓元忠:上引书,第332、556页。
[160] 同上注,第49页。

角度而言,群众社会的形成与出现,代表了封建体制的瓦解。自政治权力运用的角度来看,则表示了权力操作的方式,已由技术、规范和控制,取代了传统专制体制中的地位、法规和惩罚。⑯ 权力的运作配合大规模社会组织的建立,使整个社会中的每一个个人,几乎都难逃各种组织网路的羁绊。工业生产过程中所追求的规格化、形式化与机械化,也在管理行政组织里生根,并逐渐形成一种社会制约,而使人由外而内,从行为至道德信仰,彻底地被控制或改造;群众社会已俨然陷入纪律的牢笼。第二次世界大战以后,由于大众传播的突飞猛进,配合商业化的趋势,而有大众文化(Mass Culture)的出现。大众文因受制于企业利润的考量,倾向一切转化为可交换的价格,无形中使所有文化产品沦落为消费商品,娱乐功能就成为文化发展的要义。

　　无论科技、工业或大众文化的样态,其实是整个现代文明发展的不同面相,以目的为导向的"工具理性",成为共有的价值。科技一如传媒,能使占有并操纵它的少数人,把多数人当成控制与利用的对象。为了取悦迎合大众的趣味,文化创作的表现形式,也愈趋庸俗化。一切皆可复制,没有精品,只有流行与风尚,品味则随着流行而变。增加消费刺激生产的市场关系,正是推动流行、主导风尚的那只看不见的手。规格化、形式化、机械化与庸俗化的品味,使疏离感倍增的个人,心灵沦入肤浅平面、追求感官刺激的状态,也丧失了判断高贵美感的能力。同时,不想也不愿用心在那些需费时长且久的知识上,更遑论直指本心地反省与体悟;不思不想、匆匆忙忙,已成为现代人生活中的特色之一。这些说明了一个现

---

⑯　邓元忠:上引书,第 579 页。

象,万物之灵的人类在自己建构的文明内,已然作茧自缚,物化并堕化成科技人和组织人。而在现代化的过程中,对环境作无情的掠夺之余,工业污染问题也如影随形地伴行于经济成长之旁,并也已成为人类共同的梦魇。

以科学为基础的近现代文化,诚然是人类之文明的高度成就,但相随而生的又岂止是文化危机而已,更是人本身的危机。一个无法回避的事实是,今后的人类社会必然会愈来愈依赖科技,而科技也的确给人类的生活,带来本质性的改变,造成心头上的巨大冲击。从正面的意义上来看,科技为人类开拓了知识资讯的视野,缩短了人与人、人与时间的距离。通过网络可以瞬间对话,千年史实且能瞬间呈现,天涯若比邻的意境得以成真。

从平面空间的推移观之,18世纪的中国与法国,在精致文化的内涵上,固然具有各自的独特性;但在表现形式上,则也依稀可见其极高的相似性。而19世纪迄今的近现代文化,随着时间的流转,已产生了一种迥异于过往且全新的内容。人类在掌握了精确、实用与效率的同时,似乎也丧失了心灵的宽广和对永恒的追求与信念。

东巡盛京耗用一览表(一)

名称（类别）		数量（单位）	尺寸	备注
马匹		5000 匹		不包括护驾官兵
骡马		1664 头		
骡车		416 辆		
物料		665600 公斤		由京师载至盛京
木材		27250 公斤		烧坑筵宴之用
油面干鲜果品等物	上面	130 斤		筵宴大宴所需物料粘单（见黑图档 510 号）
	酥油	5 斤		
	鸡蛋	250 个		
	小米	9 斤(升)		
	白蜜	5 斤		
	芝麻	3 升 6 合		
	澄沙	3 升		
	干绿豆粉	15 斤		
	白糖稀	5 斤		
	白盐	1 斤		
	白油	30 斤		
	白糖	34 斤		
	细桃仁	9 斤		
	黑枣	5 斤		
	黑葡萄	8 两		
	松仁	2 斤 8 两		
	元眼	1 斤		
	红花水	1 斤		
	红棉	20 个		
	枝子	8 两		
	靛花	5 两		
	菠菜	10 斤		
	炭	100 斤		
	木柴	200 斤		
	岗榴	6 个		
	蜜梨	25 个		
	红梨	15 个		
	秋梨	15 个		
	槟子	40 个		
	沙果	40 个		
	苹果	12 个		

续表

名称（类别）	数量（单位）	尺　寸	备　注
桃子	12个		
5个乌梨	1斤		
葡萄	5个		
温菠	1斤		
凤枝	1斤		
桂圆	1斤		
白葡萄干	1斤		
榛仁	2斤		
桌张什物席棚肉槽等项			
食盒	15架	各架 长3尺 宽2尺 高3尺2寸	筵宴所需备用物粘单，由盛京工部成造预备（见黑图档614号）
毛掸帚	4把		
铁锅	1口	口径2尺5寸	
大拔刀	3把		
晒物桌	10张	各张 长6尺5寸 宽2尺7寸 高2尺	晒晾饽饽、糁子榆之用
椴木案板	4块	各块 长5尺 宽2尺5寸 面厚5寸 高2尺5寸	此案板带腿
台桌杆子	40根		
绳子	180条		
松木随桌	80张	各张 长3尺2寸 宽2尺2寸 高9寸5分	
台大桌榆木架	3个	每个上边杠2根 各长1丈2尺 中方4寸 稍见方圆3寸5分	
托盘	1只	口内宽2尺9寸 立边长3尺9寸 高1尺4寸 边墙2寸5分	

续表

名称（类别）	数量（单位）	尺　寸	备　注
桌张什物席棚肉槽等项			
包锭铁叶果松高垫案	2 块	高 1 尺 5 寸	
朱红油饰描金龙	1 组	长 4 尺 4 寸 宽 2 尺 5 寸	
大小擀面杖	6 根		
大小簸箕	6 个		
大广锅	1 口	口径 2 尺 5 寸	
小广锅	1 口		尺寸不详
大小铁勺	2 把		尺寸不详
漏勺	1 把		尺寸不详
铁铲	2 把		尺寸不详
铁笊篱	1 把		尺寸不详
大小笸箩	8 个		
铁丝	8 两		
大小浅子	10 个		
箭杆	20 根		尺寸不详
大小筛箩	6 个		尺寸不详
内绢箩	1 个		尺寸不详
大小缸盆	10 个		尺寸不详
盘秤	1 杆		尺寸不详
水瓢	3 块		尺寸不详
杠子	4 根		尺寸不详
木柴	600 斤		
炭	300 斤		
蒸笼	1 付	口径 2 尺 5 寸	
代水圈		6 尺	
三股筲绳	180 条		尺寸不详
内槽	40 个	每个 长 3 尺 4 寸 宽 2 尺 3 寸 高 5 寸 架长 7 寸 宽 2 尺 2 寸 高 1 尺 8 寸	
朱红油饰设摆饽饽桌		长 2 丈 8 尺 宽 1 丈 9 尺	数量不详

续表

名称（类别）	数量（单位）	尺　寸	备　注
单席平棚	1座	长5丈 宽3丈	

※资料来源：黑图档510号及614号，引自姜相顺：〈有关乾隆帝东巡盛京的两个问题〉，《清代宫史探微》，第385—387,390—392页。

乾隆时期坛庙寺院工事表（二）

	名称	时间	营建状况	备注
1	太庙	元年—四年	修	供奉清帝祖宗的场所。
2	观音寺	元年		后改名"广慈寺"。
3	开元寺	元年	重修	后改名"慈寿寺"。
4	文庙	二年、三十二年、四十八年—五十年	修	两次修葺；四十八年开始为文庙穿池引井，新建圜水，五十年完工。
5	普胜寺	九年、四十一年	重修	两次重修
6	天坛	十五年—十六年	拓宽增建	祭天之地，后改名"祈年殿"。
7	双忠祠	十六年	新建	奉祀死难的驻藏大臣拉布敦、付清二人。
8	万寿寺	十六年	修葺	为明代大寺。
9	地坛	十八年	修	
10	万松老人塔	十八年	重修	为耶律楚材之师万松野老埋骨之处。
11	白塔寺	十八年	重修	该寺又名"妙应寺"，原为辽代古刹，之后元世祖忽必烈请尼泊尔匠师阿尼哥建白塔，但日久倾圮。重修后，乾隆亲手书《般若波罗密多心经》一卷，并赐梵文尊胜咒和大藏真经724函，作为镇塔之宝。
12	先农坛 日坛 月坛	十九年	修	
13	大慈仁寺	十九年	重修	又名"报国寺"，为元代古寺。
14	贤良寺	二十年	移建	原为怡贤亲王允祥的府邸，死后捐宅建寺，奉祀清代有功的王公大臣。
15	宝禅寺	二十年	重修	
16	马神庙	二十年	重修	
17	隆长寺	二十一年	修	
18	天宁寺	二十一年	重修	隋代古刹，修毕乾隆作碑记，申述保护古迹名胜之用心。
19	白云观	廿一年、五十三年	重修	为元代丘处机所居之道观，两次重修。
20	社稷坛	二十一年	修	祀奉土神与壳神之地。
21	弘仁寺	二十五年	重修	供奉旃檀佛像。
22	天庆宫	二十五年	重修	原名"玄都胜境"，供奉元代所塑神像。
23	鹫峰寺	二十六年	重修	又名"卧佛寺"为唐代古刹。

续表

24	仁寿寺	二十六年	重修	
25	镇水观音庵	二十六年	重修	后改名"汇通寺"。
26	东岳庙	二十六年	重修	元代所建。
27	文昌宫	二十七年	重修	
28	显佑宫	二十八年	重修	
29	庆寿寺	二十九年	重修	为元明古寺,因有双塔,故修后改名"双塔庆寿寺"。
30	帝王庙	二十九年	修	供奉前代皇帝,并将原来正殿的绿瓦,改用黄色,以提高此庙的地位。
31	泉宗庙	三十一年	新建	
32	崇元观	三十二年	改建	旧名"曹公观",为明末太监曹化淳所建。
33	西黄寺	三十四年	修	
34	延福宫	三十六年	重修	
35	普度寺	四十年		原名"玛哈噶庙",曾为多尔衮府邸,康熙时改建成庙宇。
36	西洋天主堂	四十一年	重建	利玛窦建于明代宣武门内的天主堂,乾隆四十年为大火焚毁。
37	圣安寺	四十一年	重修	为金代所建古刹,内存名塑神像。
38	法源寺	四十三年	重修	原名"悯忠寺",雍正时改名,相传为唐太宗征高丽回师时所建,借以悼念阵亡将士。
39	五塔寺	时间不详	重修	又名"正觉寺",明代成化年间所造,为一印度式建筑。
40	碧霞元君庙	时间不详	修葺	为北京城居民贸易娱乐的场所。
41	海会寺	时间不详	修葺	
42	觉生寺	不详	修	又名"大钟寺";乾隆八年将原藏于"万寿寺"的永乐大钟,移放置此。

清初宫苑建置表(三)

名称	修建年代	出处
乾清宫	顺治二年(1645)建	《东华录》顺治四
太和门 太和殿 中和殿体仁阁 宏义阁 位育宫 协和门 雍和门 贞度门昭德门	顺治三年(1646)建	《东华录》顺治七
午门	顺治四年(1647)建	《东华录》顺治四

续表

太庙	顺治五年(1648)建	《东华录》顺治五
天安门	顺治八年(1651)重修	《日下旧闻考》三八
西苑白塔寺白塔	顺治八年(1651)建	《日下旧闻考》三九
慈宁宫	顺治十年(1653)建	《清会典》八三六
乾清门 坤宁门 景运门 隆宗门	顺治十二年(1655)重建	同上
乾清宫 交泰殿 坤宁宫	顺治十二年(1655)重建	同上
景仁 承乾 锺粹 永寿 翊坤 储秀六宫	顺治十二年(1655)重建	同上
奉先殿 昭事殿	顺治十四年(1657)建	同上
端门	康熙六年(1667)重建	同上
太和殿(重建) 乾清宫(重修)	康熙八年(1669)重建	同上
交泰殿 坤宁宫 景和门 隆福门	康熙十二年(1673)重建	《国朝宫史》卷十二
奉先殿	康熙十八年(1679)重建	同上
毓庆宫 惇本殿	康熙十八年(1679)建	《图书集成·职方典京畿总部汇考》
南海 瀛台门楼假日及宛转桥	康熙十九年(1680)修葺并建	金鳌退食笔记
咸安宫	康熙二十一年(1982)建	《清会典》八六三
启祥宫 长春宫 咸福宫	康熙二十二年(1683)重建	《日下旧闻考》十五
文华殿 本仁殿 集义殿	康熙二十二年(1683)重建	《日下旧闻考》十二
延禧宫 永和宫 景阳宫	康熙二十五年(1686)重建	《日下旧闻考》十五
宁寿宫	康熙二十七年(1688)建	《清会典》八六三
天安门 端门券门	康熙二十七年(1688)重修	同上
慈宁宫 英华殿	康熙二十八年(1689)重修	同上
太和殿 中和殿 保和殿	康熙二十九年(1690)重修	同上
团城 承光殿	康熙二十九年(1690)建	北京大学藏内阁档册
太和殿	康熙三十四年(1695)重修工成程	同上 (《东华录》作三十六年)
昭仁殿 宏德殿 东暖殿 西暖殿	康熙三十六年(1697)建	《日下旧闻考》十四
承乾宫 永寿宫	康熙三十六年(1697)重建	《清会典》八六三
紫光阁前长廊	康熙四十一年(1702)增筑	同上
时应宫	雍正元年(1723)建	《皇朝文献通考·皇礼考》
雍和宫	雍正三年(1726)命名	《嘉庆一统志》
咸安宫官学	雍正七年(1729)建	同上
大高玄殿	雍正八年(1730)修	《日下旧闻》考四一

续表

齐宫	雍正九年(1731)建	《清会典》八六三
大光明殿	雍正十一年(1733)修	《日下旧闻考》四二
先蚕坛(在北郊)	雍正十三年(1735)建	《清史稿》史宗纪
熙和门	乾隆元年(1736)改	《清会典》八六三
奉先殿	乾隆二年(1737)重修	同上
建福宫	乾隆五年(1740)建	同上
先蚕坛(在西苑)	乾隆七年(1742)建	《清宫史续编》六八
西苑白塔寺	乾隆八年(1743)重修	《嘉庆一统志》
承光殿南石亭	乾隆十年(1745)建	《乾隆玉瓮歌序》
大高玄殿	乾隆十一年(1746)修	《日下旧闻考》四一
惇叙殿(原名崇雅殿)	乾隆十一年(1746)改	《清史稿·高宗纪》
闸福寺	乾隆十一年(1746)建	《日下旧闻考》三八
乾清等门直庐	乾隆十二年(1747)建	《清会典》八六三
寿皇殿	乾隆十四年(1749)改建	《清会典》八六三
景山五亭	乾隆十五年(1750)建	同上 (《国朝宫史》则云十六年)
寿安宫(本咸安宫旧址)	乾隆十六年(1751)改建	同上
慈宁宫	乾隆十六年(1751)重修	同上
长安门外三座门	乾隆十九年(1754)建	同上
社稷坛	乾隆二十一年(1756)修饰	同上八六四
回缅官学	乾隆二十一年(1756)设立	《顺天府志》九
宝月楼	乾隆二十三年(1758)建	《嘉庆一统志》
东华门迤北琉璃门	乾隆二十四年(1759)建	《清会典》八六三
西天梵境	乾隆二十四年(1759)修	《嘉庆一统志》
紫光阁	乾隆二十五年(1760)改建	《清会典》八六三
咸安宫官学	乾隆二十五年(1760)重修	同上
太庙前筒子河东南入御河	乾隆二十五年(1760)开	《日下旧闻考》九
英华殿	乾隆二十七年(1762)重修	《顺天府志》二
拆改太庙筒子河石桥	乾隆二十八年(1763)改	《清会典》八六四
北海万佛楼	乾隆三十五年(1770)建	《清宫史续编》六八
宁寿宫	乾隆三十六年(1771)重修	《清会典》八六三
大光明殿	乾隆三十八年(1773)重修	《日下旧闻考》四二
文渊阁	乾隆三十九年(1774)建	《东华录》

续表

寿明殿寿明门	乾隆三十九年(1774)重修	《日下旧闻考》四二
主敬殿	乾隆三十九年(1774)建	《顺天府志》二
大清门外棋盘街	乾隆四十年(1775)修	《顺天府志》一三
宁寿宫	乾隆四十一年(1776)成	《嘉庆一统志》

※资料来源：朱偰：〈清代之建置〉，《明清两代宫苑建置沿革图考》，第90—96页。

北京城重要工程一览表(四)

时间(乾隆)	内容	数量	花费	备注
二年	为旗人建官房	不详	16万9000两	乾隆年曾修葺,十九年再增建。
二十二年	重修朝阳及广安门石路	修 朝阳门石路 6644丈 / 广安门石路 1984丈 / 建 广安门石路 477丈	28万4900两 / 13万8100两	自乾隆三年后,联络京城内外道路,均改筑石道。乾隆时期所修筑的主要街道,上铺宽20英尺的石板石,路面达140英尺宽,可使六辆车子并行无阻。
二十八年	为维吾尔族移居北京城者建房	147楹	不详	
二十九年	为往来京城的各省仕商添建房宅以利租用	民房944间 铺面231间	19万8820两	
三十年	修葺城垣	除北京城之内城与外城城垣外,各省城垣亦应修葺。	500万两	自三十年至五十二年持续修葺工程;其中北京城墙的工程质量与城砖规格,最为后世所推崇。每块砖(长1尺5寸、宽7寸5分、厚4寸)
三十一年	全面整治下水道工程	不详	17万两	局部工程始自乾隆七年,直至三十九年才告一段落
三十六年	给八旗孀妇孤子建屋	9000间	29万7800两	
四十年	整修正阳门附近市容	不详	30万两	乾隆四十五年初大火焚虐4000多间房屋,同年十一月重修毕。

圆明园修筑工程支出表(五)

编号	出处	时间(乾隆) 年 月 日	净销银额(单位) 两 钱 分 厘	备注
1	三和等奏销算圆明园修造游船银两折	5 12 25	10961 5 7 7	资料引自《内务府奏销档》,《圆明园》上册,第47页。
2	海望等奏销算圆明园盖造八旗军营房银两折	14 2 25	87943 4 5 1	《内务府奏案》,同上,第59页。
3	三和等奏请领取园内水法等处工程银两折	21 12 12	200000 0 0 0	同上引,第85页。
4	三和等奏支领舍卫城工程银两折	24 7 3	100000 0 0 0	同上引,第90页。
5	三和等奏为销算三十一年份黏修天地一家等处工程银两折	32 12 9	3999 4 7 5	同上引,第115页。附清单。共有2笔款项。
6	三和等奏韶景轩油饰见新约估银两折	33 7 3	6833 5 2 7	同上引,第123页。附清单。
7	福隆安等奏销算慎修思永等处工程银两折	34 12 24	40410 9 9 8	同上引,第137页。附清单。
8	福隆安等奏销算天宇空明等处工程银两折	35 4 12	21323 9 5 9	同上引,第139页。附清单。
9	福隆安等奏销算添修石道等工程银两折	35 11 21	8947 2 0 0	同上引,第149页。附清单。
10	福隆安等奏销算河道工程钱粮折	36 12 16	1688 4 24	同上引,第155页。附清单。
11	总管内务府奏复查各处工程汇总折	36 12 27	407302 49 1	同上引,第155—162页。附清单。共有13笔款项。
12	福隆安等奏销算天心水面楼工程银两折	37 11 12	4704 2 7 7	同上引,第165页。附清单一件,黄册一本。
13	总管内务府奏复查各处工程汇总折	37 12 26	78576 5 8 1	《内务府奏销档》,第171—175页。附清单。共有9笔款项。

第四章 精致文化与乾隆时期 257

续表

14	福隆安等奏销算圆明园等处工程银两折	38	12	20	2799	1	7	9	《内务府奏案》,第176页。
15	总管内务府奏复查各处工程汇总折	38	12	23	67266	3	8	9	同上引,第178—179页。附清单。共有5笔款项
16	四达塞等为复查长春园桥闸等工程钱粮呈稿	40	11	19	6129	0	8	1	《内务府堂呈稿》,第186页。
17	总管内务府奏复查各处工程汇总折	40	12	26	174459	5	6	9	《内务府奏案》,第188—190页。附清单。共有8笔款项
18	福隆安等奏销算长春仙馆等处园工银两折	42	8	20	969	3	5	9	同上,第203页。
19	营造司为黏修圆明园鞍库等项支领找补银两呈稿	42	11	27	57	3	8	2	《营造司呈稿》,第206页。
20	英廉等奏销算韶景轩等处工程银两折	45	12	2	6139	9	9	1	《内务府奏销档》,第228页。附清单。
21	英廉等奏销算海岳开襟等处工程银两折	46	12	2	17548	6	7	0	《内务府奏案》,第231页。共有3笔款项。
22	和珅等奏销算蓬岛瑶台等处园工银两折	46	12	7	4578	3	6	4	同上引,第234页。附清单。
23	和珅等奏销算春雨轩赏趣殿等处园工银两折	46	12	12	13132	0	4	4	同上引,第236页。附清单。
24	英敏为复查黏修大宫门等工程钱粮呈稿	47	12	12	10781	7	2	5	《内务府堂呈稿》,第250页。
25	仲山为复查慈云普护等处黏修工程钱粮呈稿	48	9	26	19706	6	3	1	同上引,第254页。
26	总管内务府奏复查各处工程汇总折	50	11	26	59392	3	2	8	《内务府奏销档》,第261—263页。附清单。共有7笔款项
27	锡麟为查验九洲清晏工程钱两呈稿	51	闰7	15	3433	3	5	4	《内务府奏堂呈稿》,第268页。

续表

28	和珅等奏销算清净地等处园工银两折	51	11	2	9098	5	4	8	《内务府奏案》,第276页。附清单。共有12笔款项。
29	总管内务府奏复查各处工程汇总折	52	12	25	158626	4	4	3	同上引,第279—282页。附清单。共8笔款项;另有一笔数额和款目与篇号28号者相同,故减略。
30	总管内务府奏复查各处工程汇总折	53	12	25	39944	2	0	8	同上引,第286—287页。附清单。
31	总管内务府奏复查各处工程汇总折	54	12	29	128042	2	6	4	同上引,第294—295页。附清单。共有5笔款项。
32	总管内务府奏复查各处工程汇总折	56	12	26	71388	0	8	7	同上引,第299—301页。附清单。共6笔款项。
33	和珅等奏销方壶胜境等处园工银两折	57	12	25	36580	1	1	6	同上引,第314页。附清单。
34	和珅等奏销安佑宫等处园工银两折	57	12	25	10896	1	6	0	同上引,第315页。附清单。
35	总管内务府奏复查各处工程汇总折	57	12	26	89875	4	3	6	同上引,第325—326页。附清单。共3笔款项。
36	和珅等奏销算望瀛洲等处园工银两折	57	12	26	8537	9	0	0	同上引,第328页。
37	和珅等奏销算双鹤齐等处园工银两折	57	12	26	4503	6	5	3	同上引,第330页。
38	总管内务府奏复查各处工程汇总折	58	12	26	60517	8	2	9	同上引,第361—362页。附清单。共4笔款项。

续表

39	和珅等奏销算奉三无私等处园工银两折	59	11	20	8423	9	7	3	同上引,第363页。
40	总管内务府奏为复查各处工程汇总折	59	12	26	10268	2	8	9	同上引,第365—366页。附清单。共有2笔款项;另有一笔数目和款目与编号39者相同,故减略。
41	营造司为修理圆明园金棺库勘估支领银两事呈稿	60	6	30	156	8	4	1	〈营造司呈稿〉,第370页。附黏单。另用大制钱二串二百文。
	共计用银				2296046两8分3厘				

西洋楼修筑工料银支出表(六)

编号	地点	时间(乾隆) 年 月 日	工程内容	净销银额(单位) 两 钱 分 厘	备注
1	水法十一间楼前两边踏跺二座	45 12 2	将原旧栏板内断裂之锡管及朽烂裹布,拆安汉白玉石西洋式栏杆六十四堂,并搭架挽秤。	248 2 3 6	〈内务府奏销档〉,《圆明园》上册,第221页。
2	十一间楼下簷北稍间	45 12 2	楠木板墙一槽,改安铁框。楠木门口二座,镶楠木叠落线;门头上嵌楠木边线并添锭镙金、镙银槽活。	39 5 2 8	同上
3	十一间楼前水池 水车房	45 12 2	池西面青砂石海墁一块,长三丈、宽三丈三尺闪裂;除中心甬路石一路未动,将其两边海墁石拆墁,挑换新石十块,并挑墁西边砖海墁一块。西洋式格扇十扇及门头券窗五扇,原有旧藤靡花心破坏;改锭引板、黏补花心以及油饰粉油。	57 9 8 8	同上
4	谐奇趣正楼前面	45 12 2	东西瀑布二个,拆安棚盖,滴焊水管并裹布沥青。	9 2 5 2	同上
5	谐奇趣北边	45 12 2	第三堵线法墙灰皮脱落,绘画、抹饰并滴焊水法锡管。	53 3 5 2	同上,第226页。这则工程的开销还包括了在鉴园添做鱼蠓一项。

续表

6	水法东边库房	45	12	2	将五间库房,拆楦头停,挑换椽子、连簷、瓦口,装修黏补支窗,拆砌槛墙并格断墙。	54 9 3 0		同上 这则工程的开销,还包括对法慧寺倒坐楼五间内,糊饰顶格板墙,挖补窗心等项。
7	谐奇趣				收拾水管,拆砌沟帮、沟盖,清理淤泥,沥青裹布缠绳。	52 3 2 1		〈内务府奏案〉,同上,第242页。
8	海晏堂				收拾铜塔	2 9 0 0		同上,第243页。
9	谐奇趣				西门内三孔桥一座,挑换承重铺板、地伏。	71 9 7 0		同上,第243页。
10	大水法	46	12	12	东头树墙往东铺贴草皮,共折见方399丈7尺3寸。	347 7 3 5		同上,第244页。
11	谐奇趣	46	12	12	正殿添安汉白玉、石龙座一分。	147 8 8 1		同上,第245页。
12	海晏堂	46	12	12	前南面西洋竹式游廊三间,换按柱、枋、梁、垫板、桁条,并挑换药栏大框,雕做竹节并油饰。	179 5 9 5		同上,第245页。
13	海晏堂	46	12	12	抹饰线法墙,补画线法。	5 6 9 8		同上,第246页。
14	海晏堂谐奇趣	46	12	12	滴焊水池	18 3 8 9		这项开销包括收拾思永斋水法的锡管。
15	谐奇趣	46	12	12	拆线法墙按大料石泊岸,滴焊小有天圆水法锡管2道,拆堆太湖山石,勾抿油灰。	32 9 5 0		同上,第322页。

续表

16	谐奇趣海晏堂	57	12	25	拆搭葡萄罩棚二座,黏修各处盆景座子32张,搭楠木色罩油。	83	0	9	3	同上。
	共计用银				1282两8钱1分8厘					

户部银库实存银情况及存仓表(七)

时间(乾隆)	户部实存银	存仓(单位):石	备注
元年	3395万 9624两	不详	乾隆六年全国第一次做了完整的人口与存仓的统计与普查,因此,元年至五年的人口与存仓数目均不详。
二年	3438万 5138两		
三年	3485万 8487两		
四年	3258万 2976两		
五年	3048万 5876两		
六年	3146万 3539两	3172万 1903石	
七年	3274万 6752两	2962万 652石	
八年	2912万 1104两	2962万 652石	
九年	3190万 2518两	3208万 8937石	
十年	3317万 655两	3558万 6613石	
十一年	3463万 3177两	3505万 4814石	
十二年	3236万 3404两	3273万 8410石	
十三年	2746万 3645两	3101万 8751石	由于金川军饷耗繁,所以存银降至乾隆朝最低点。
十四年	2807万 3043两	3219万 9501石	
十五年	3079万 6177两	3319万 900石	
十六年	3249万 3786两	2734万 1275石	
十七年	3863万 287两	2667万 2803石	
十八年	3987万 394两	2902万 824石	
十九年	3760万 5422两	3211万 4160石	
二十年	4299万 7048两	3296万 6101石	
二十一年	4322万 2030两	3019万 1158石	
二十二年	4015万 2254两	3195万 4733石	
二十三年	3638万 809两	2995万 9320石	
二十四年	3673万 2865两	3178万 4840石	
二十五年	3549万 6902两	3197万 9841石	
二十六年	3663万 8572两	3472万 3175石	
二十七年	4192万 7924两	3409万 3273石	
二十八年	4076万 3610两	3404万 3612石	
二十九年	5427万 3814两	3469万 8843石	
三十年	6033万 6375两	3338万 9684石	户部首次突破6000万两的实存银

※资料来源:乾隆朝户科提本,引自郭成康:《清史编年(乾隆朝)上》,中国人民大学出版1990年版。

结　　论

　　在研究与论述上，本书采取的是典型小题大做的方式。

　　第一章及第二章借着对西洋楼景区硬体的重建过程，夹叙夹议出它的兴衰起落的历史。其间并试图对三项具有争议性的问题：西洋楼起建之时间、何以再建海晏堂与大水法、景区内遗物的动向，依据档案和搜集到的相关资料，反复求证推论，以寻得一个较合理的解释。第三章则围绕着西洋楼景区这个主题，致力于纵横两个方向、四个议题的讨论。四个议题分别为：文艺复兴、巴洛克及洛可可风格特征的分析及其相互间关联性的讨论，西洋楼景区内园林景观的主体性，西洋楼景区内个别建筑风格之定位，中西建筑园林艺术融合的范例；而这一切的讨论，最终都指向中西文化交流这个范畴及其意义的铺陈上。由于西洋楼景区的建造、使用及维修，几乎横跨整个乾隆时期，故第四章以"乾隆时期"为中心，借由对成就帝王雄伟气象的物质基础，以及孕育其审美情感、审美趣味和审美理想等深层心理结构之探索，来映照精致文化表现形式的特色。最后，则以"精致文化"内涵的论述为经，综论18世纪中、西方文化之归趋，分别自思想、社会阶层及专制政体三个层面，从形式上加以比较；并以具有精致理想之文化范例为纬，面对当下做一些文化反省的努力。

在中、法关系来往已届 300 余年[160]，中、西文化交流也源远流长频繁互动的今天，于中国人的土地上，未见任何经典式的西方或具融合精神的建筑，堪称憾事。西洋楼景区遭到致命的破坏，又岂止令人悲惜而已！圆明园的被焚始终是中国人的痛，其中还夹缠着更多的羞辱感。当然，假如圆明园遗留至今，以它积数代人力与财力之累建，保存了中国传统园林所有的菁华，可观赏、可感受、可徜徉、可神往，活生生的历史缩影、文化宝库，那真不知道要引发多少人的礼赞哪！如此西洋楼也就不会被毁，中西文化交流的步伐至少也不至于停止，一切岂不大不相同了，不是吗？然而，毕竟历史不是建立在假设的基础上，在面对被焚毁的事实之余，我们也不能不对自己的盗采破坏，刻意淡化、遗忘、转移或掩饰。往者已矣，就把焚毁当作教训吧！把那份"标帜了终结古典中国"的哀怨情愁，化作"再生"与"创新"的动力。

"文化"一词的定义很多，内容差异很大，克罗伯（A. L. Kroeber）和克罗孔（C. Kluckhohn）两人，曾收集了 160 余条关于"文化"的定义，欲得一共相而未逮。[161] 本书在相关讨论之前，亦未对此一术语之含义，详加界定。唯文化乃是经由文字、符号、造型、色彩或线条等方式，所做自觉性地创造积累，如典章制度、思想观念、建筑绘画等，都可反映不同层面、范畴和时段，具有特殊性、个别性及差异性的创作成果。"文明"则意指一群人一种虽笼统但却有一

---

[160] 依据康熙二十六年(1687 年 7 月 23 日)，第一批由法国人派遣的耶稣会传教士，洪若翰、张诚、李明、白晋及刘应一行五人，到达中国宁波外港定海算起；次年 5 月 22 日，康熙于北京召见了五人。

[161] A. L. Kroeber and C. Kleckhohn, *Culture: A Critical Review of Concept and Definitons*, 1952, p. VII. 邓元忠：《西洋现代文化史》，第 2 页。

致性的生活方式,可视为一整体性的描述。⑯ 故于行文时,凡用文明一词者,概为总括性叙述,以为文化意义上的区别。

科学家库恩(Thomas S. Kuhn)在1962年于《科学革命的结构》一书中,首先提出了"典范"(Paradigm)的概念,来作为比较文化研究的基础。该词主要含义有二:一为代表一特定学术社群成员所共享之信仰、价值与技术;其次,则指某一专业团体所共有之解谜之范例(exemplar)。因此,"典范"其实具有一种世界观的意义,或为某一学术社群所共有的信念系统(belief system)。不过,孔恩理论建构的基础,主要是从科学的角度和例举出发,分析出一个科学传统的生命过程,大致可分为常态科学、危机与革命三部分。但是,中国科学发展形态似乎缺乏上述三部曲结构的现象,因而也就不能把这个概念,随意地比附在中国历史的发展上。此外,孔恩也认为,从一个典范之崩溃到另一个典范建立之间,两者于实际上,是不能以相同的意涵加以衡量的,此即"典范之不可共量性"(Incommensurability of paradigms)。⑯ 基于以上考虑,在探讨审美意识、文化品位以及应用比较研究法,从事中、西文化归趋之论述时,就采用"精致文化"这个概念,代替时下颇为流行的"典范"理论,作为文化反省与比较论述的切入点。

其次,许多学者也自上层文化(elite culture)和民间文化(popular culture)、高级文化(high culture)和大众文化(mass cul-

---

⑯ A. L. Kroever, *ibid.*, p. 3. 192年魏瑟(Golden Wiser)在人类学一书的引言中,提及所有有关文化的观念时,就将之包含于文明概念中。

⑯ 孔恩著、王道还译:《科学革命的结构》,台北:远流出版事业股份有限公司1991年版,第345—346、30—31页。照孔恩的说法,两套理论若无法完全地翻译到一个中立的语言中去,这两套理论便是不可量的,故而,实际上,也是无法类比的。

ture)的角度,研究相关于"文化"的无数问题,但不少学者往往将两者视为互不相干甚至对立的概念。而早期的研究也一向把上层文化,当作文化传统的主流,初用"大众文化"一词时,还含有相当轻视的意味。所以,一提及西方文化,很自然地想到希腊罗马的哲学、中古的神学、文艺复兴的艺术、近代的科学等等;论及中国文化,则以诸子百家之说、诗书礼乐之类为要旨。晚近以来,学界的态度几乎出现了一个大逆转,人类学家、社会学家和史学家,都特别强调"大众文化"研究的意义。一时之间,上层文化不但遭到极大的冷落,而传统文化中的精粹部分,如哲学、史学、文化学、艺术、宗教及道德等人文价值领域,又因受到科技与商业文明的肢解与宰制,已然面临落后甚至被淘汰的命运,造成人类前所未有的文化危机。为了研究讨论的方便,将"文化"一词用上层、高级或民间、大众等概观念,加以化约或区隔,实不失为一个入手的好法子。不过,事实上,文化本身是不能截然二分的;上层与民间文化之间,应是互为影响且相互沟通,尤其在宗教道德与信念价值的共守上,格外明显。例如撇开以知识论为形上学基础的大机械宇宙观不谈,基督教作为西洋根源之学自然神学的代表,长期以来展现出笼罩一切社会阶层的文化力量。教士与贵族阶级是少数的知识分子,同时也是上层文化的创造者;但不识字的农民在情感与心灵上,可能要比神学博士还更懂得、更接近上帝。在中国亦然,不识字的人当然无法借阅读经书,以达修齐治平之境,但礼义廉耻、孝悌忠信等做人的道理,力行之处或有过而无不及者。因此,为免于概念分辨上的困扰,故以"精致文化"代"高级文化"或"上层文化"的用语,进而强调由形上理想至形下实践间,于文化整体表现上的一致性。

精致文化的架构是以形上本体之道德,作为人存中整个生命的规划为出发点,由思想认知、制度运作到行为实践,形成三位一体周转而层层上扬的价值系统为核心。在现实发展上,则存在一个位阶分明、井然有序的社会阶层;围绕着中央的政治权力,造就出一批知识或土地贵族,以为文化创造的主体。在高度中央集权的政体下,王权既是资源的垄断者、分配者,也是一切文化产品或创造的支配者。在资源集中运用的状况下,文化成果大都展现出规模大、形体巨、数量多、质地精、耗时久的特色。堪称艺术的瑰宝、不可复制的精品,风华绝代无法企及,足为后世景仰膜拜的对象。

以西洋楼景区为中心,乾隆个人及其所统治的时代为背景,除于物质基础的表述探索外,也试图自气度、秉性、教育、规制及价值等方面,呈现出涵养精致文化品位的内在深层因素。西洋楼景区虽然只是圆明园中长春园的一个属园,但无论就建筑本身的形体美、园林景区的空间美、造型美和环境美,均兼而有之,且为中、西技艺绝妙的搭配,可见在文化吸收融合上的用心。壮丽雄伟的巴洛克建筑风格之所以发展,天主教及耶稣会欲借艺术表现,说服那些没有阅读能力或无法阅读的人皈依宗教,实为原因之一。巴洛克建筑所流露出来的灿烂光辉,正是用来引唤天国荣耀的幻象。[166]此外,在竭力标榜绝对君权,鼓吹唯理主义的气氛下,巴洛克建筑也是"普遍与永恒的理性"的体现,成为强调组织、秩序与和谐的古典主义文化的代表,高度中央专制王权的象征。凡尔赛宫的庞巨、规整、雄伟及壮丽,正是个中翘楚。"西洋楼"的西式建筑虽近意大

---

[166] E. H. Gombrich, *The Story of Art*, Singapore: Phaidon, 1989, pp. 344—345.

利式的巴洛克风格,但无论自单体或群体建筑观之,皆能充分展现出巴洛克建筑的精义。究其所以能完成,并使中、西方之美学与技艺,于建筑园林中完美融合,乾隆个人的品味及中央王权达于顶峰的事实,正好可为此下一注脚。

若以特定的时间空间为坐标,18世纪的法国与中国,存在着极高的相似性:绝对君主专制的政体、鲜明的社会阶层以及具有影响力的形上信仰。惟,于其求同之际,亦可见颇大的差异性。由于知识阶层的崛起和封建制度的瓦解,中国社会已然发展出一种更为开放自由、职业取向为区别的社会阶层;大有别于法国因封建旧制未除、专制枷锁附身,而造成彼此隔绝的阶级制度。其次,儒家文化之道德政治,在中国社会具有统括整体的影响力;上自道德价值之恪守,下至行为规范之约束,反而呈现出一股"回归正统"的保守态势。而在法国,基督教受到科学革命和启蒙运动的冲击,其所代表的宇宙观和人生观,受到极大的挑战,尤其为上层贵族和知识分子所摒弃。由自然神论到唯物主义的提出,更进一步剪除了形上存有的思想,与19世纪科学主义的发展,有着一脉相承的关系。在艺术品的表现上,精巧且略带世俗粉味的洛可可风格,取代了17世纪路易十四时代的巴洛克风格,大型公共建筑不但极少,也已丧失了古典主义的基本精神。创作风格的转变,是否说明了内在创造精神与王权的式微?而标帜着"乾隆风格"的相关建筑,除了以深邃、宽阔、高大等素质,象征帝王权力的至高无上外,于技艺观念的吸收上,既有对文化主体的执著,亦得见包容与会通。

生活在科技与工业化主导下的今日社会,体会并享受着西方主流文化中的便利性与时效性。但是,身为中国人及其与生俱来潜藏于内的文化品位,让人依稀地感受到现代文化中的某些不足和隐忧。

近代西方文明就整个人类的文明而论,可以说完成了一种特异杰出且创造性的发明,其优势既具分析性、也深具分工性,中国文明自当学习。不过,工具理性的实用主义虽然是人类文明的伟大成就,但毕竟非为人类文明之唯一。而现代科学往往着眼于一切可掌控的面向,即以精确分析而排除一切于人不可实得之物。在人之存在与生命整体意义上,人应是主体、物是客体,既以排除一切于人不可实得之物为主,就是主客异位、本末倒置。形上学是人对自己经验、思想的实在界,所做终极而有系统的解释,因此,形上世界是道德生活的主要动力。人思考愈知绝对或不可实得之物之不可即得性,也就愈知其必须性。老子曰:"道可道非常道,名可名非常名。"其义理昭昭然。诚如"圣君明王"之不可即达,唯心向往之,则至少尚有趋近之心,理想性追求之意,并凸显涵盖可度量、可计算、极尽物化生命情调之缺失。经验与实证是近代西方文化之本质,接受的是中性而可度量的事实;中国文化则是道德理性,在权威规范的界限内活动。两者关键性的区别,在于近代西方文化的形上学,乃建立在客观的知识论的基础上。这是以自然作为探讨的对象,且对认识能力本身,提出问题;但随着方法愈精确,离生命主体也愈渐行渐远。而传统中国的形上思想,则彻底建基于生活中的道德实践,以身体力行而达致物我合一的境地。换言之,是从对生命道德的体验,来建立形上的思想体系。

追科技成为现代文明的主力,与科学相比则又自成另一种思维。科学研究虽然直接、间接地证明了人类所崇信的神圣事物,不过只是某些力或律则而已,但本质上却还是要对对象或自然界,做一纯粹客观的理解。而科技则是把自然界当作资源,企图加以利用、占有或驭使。具有强大直接致用效果的科技,不但造成人类生活面貌巨大的改变,也因其宰制性格的全面发展,终使人丧失了本性。此外,随着第二次工业革命与大众传播媒体的发展,大众文化的普及已达至前所未有之境界。根据甘斯(Herbert Gans)在1975年出版的《民间文化与高级文化》一书的统计,经由电视节目接受大众文化的美国人,每天至少有4000万人左右;但真正有机会接受高级文化熏陶的人,不会超过50万人。[167] 正由于和工商业的发展密切相关,且以取悦观众赚取利润为目的,庸俗化、娱乐性和速食化,就成为大众文化内容的标签;长期以往,自然会改变人们的生活态度、审美品味及价值取向。真、善、美价值的追求,哲学、文化、历史和艺术的学习,是提升人精神境界,创造精致文化的根本,而这一切都需要经历一个长时间循序渐进的过程。对此,就大众文化求快速和娱乐的取向而言,是不愿为也不屑为。

无可否认,自民主与工业潮流大规模展开以来,人类已有普遍的觉醒。过去由少数人掌控所有资源,以压迫奴役大多数人的情况,已然可透过各种方式予以制衡或遏阻;人类平权的时代也已然来临。但科学因标榜客观理性,而轻忽人对自身生命整体意义与道德价值的认识;工业社会进一步加深了人的冷漠疏离感,益之以大众文化的庸俗口味,林林总总使人类社会面临了前所未有的文化危机。为此,早在两次大战期间,乃兴起将人置于哲学、人文学科和自然学科的总体关系中,进行反省思考的各种学派。[168] 而古典中国文化的精致取向,不也该是平衡人类迷惘庸俗心灵的一帖

---

[167] Herbert J. Gans, *Popular Culture and High Culture*: *An Analysis and Evaluation of Taste*, p. 21.

[168] 邓元忠:《西洋现代文化史》,第391—392页。

良药？传统中国文化强调道德，而道德乃是指对生命整体的规划，不讲道德、没有道德或道德无用论，其实就是一种无秩序、混乱、粗糙和不精致的隐含。"乾隆风格"正代表的是精品，不可复制和艺术的别称。历史，过去了的，不必怅然，无须眷恋。在享受了前所未有的自由和平等后，该如何突破当下的困境，建立一个精致多元而开放的社会？鉴往知来，几已明矣！

参考书目

一、中文部分

(一)史料与档案

《十三经注疏》,台北:艺文印书社,1989。
《大清会典事例》,台北:中华书局,1991。
《内务府来文》3086号,中国第一历史档案馆藏。
《四库全书总目》,北京:中华书局,1965。
《金史·太宗本纪》,台北:中华书局,1970。
《穿戴档》1899、1901、1903及1905号,中国第一历史档案馆藏。
《乾隆实录》,台北:中华书局,1986。
《清代全史》第二卷,清史研究丛书,沈阳:辽宁人民出版社,1991。
《清高宗御制诗文全集》,台北:故宫博物院,1976。
《掌故丛编》,故宫博物院掌故部编,北京:中华书局,1990。
《黑图档》351、439、508、509、510及614号,辽宁省档案馆藏。
《圆明园》一至五册,中国圆明园学会筹备委员会主编,北京:中国建筑工业出版社,1981。
《圆明园》上、下册,中国历史第一档案管编,上海:上海古籍出版社,1991。
《节庆照常膳底档》538号,中国第一历史档案馆藏。
《膳单》2222号,中国第一历史档案馆藏。

(二)报纸

《大公报》,第151期、第152期,北京,1930。
《中国时报》,2003年,5月4日。
《联合报》,2003年,5月1日、5月3日。

(三)专著

卞鸿儒：《长春园图册》，东北大学印，东三省博物馆藏，1931。
王乃弓编：《建筑与小景》，台北：博达出版有限公司，1991。
王世仁：《理性与浪漫的交织：中国建筑美学论文集》，台北：淑馨出版社，1991。
王世德主编：《美学辞典》，台北：木铎出版社，1987。
王志英、郑培光编著：《中国古代建筑构件图典》，福州：福建美术出版社，1989。
王威：《圆明园》，北京：北京出版社，1957。
李德（Read, H.）著、王柯平译：《艺术的真谛》，沈阳：辽宁人民出版社，1987。
王绍周主编：《中国近代建筑图录》，上海：上海科学技术出版社，1989。
史作柽：《形上美学道言》，新竹：仰哲出版社，1982。
史作柽：《物理学之哲学探测》，新竹：仰哲出版社，1982。
史作柽：《历史、自然与人性》，新竹：仰哲出版社，1984。
史景迁（Spence, J.）著，廖世奇、彭水樵译：《文化类同与文化利用——世界文化总体对话中的中国形象》，北京：北京大学出版社，1990。
全汉升：《明清经济史研究》，台北：联经出版社，1994。
朱偰：《明清两代宫苑建置沿革图考》，北京：北京古籍出版社，1990。
朱杰勤译：《中西文化交通史译粹》，台北：华世出版社，1974。
余东升：《中西建筑美学比较研究》，台北：洪叶文化事业有限公司，1985。
余英时：《中国知识阶层史论》（古代篇），台北：联经出版有限公司，1980。
吴振棫：《养吉斋丛录》，北京：北京古籍出版社，1983。
李长俊：《西洋美术史纲要》，台北：雄师美术图书公司，1980。
李桓辑：《国朝耆献类征初编》，北京：广陵古籍刻印社，1990。
W. C. 丹皮尔著、李珩译：《科学史及其与哲学和宗教的关系》，台北：明文书局，1992。
李慈铭：《越缦堂日记》第19册。
李震：《中外形上学比较研究》上、下册，台北：中央文物供应社，1982。
杜文凯编：《清代西人见闻录》，北京：中国人民大学出版社，1985。
沈福伟著：《中西文化交流史》，上海：上海人民出版社，1985。
汪正章著：《建筑美学》，台北：五南出版社，1993。
孔恩著、汪道还等译：《科学革命的结构》，台北：远流出版事业股份有限公司，

1991。

周一良主编:《中法文化交流史》,郑州:河南人民出版社,1987。
沃尔夫(Wolff, A.)著,周昌忠、苗以顺等译:《十六、十七世纪科学技术和哲学史》,北京:商务印书馆,1986。
林俊宽:《水在中国造园上之运用》,台北:地景有限公司,1990。
林树中:《雕栏玉砌:中国建筑艺术》,台北:书泉出版社,1993。
金耀基:《从传统到现代》,台北:时报文化出版有限公司,1967。
雨云译:《艺术的故事》,台北:联经出版事业有限公司,1993。
姜相顺,《清代宫史探微》,北京:紫禁城出版社,1991。
姚元之,《竹叶亭杂记》,清代史料笔记丛刊,北京:中华书局,1982。
威尔·杜兰(Durant, W.)著,《路易十四与法国》,台北:幼狮文化公司,1995。
计成:《园冶》,台北:久博图书股份有限公司,1987。
唐文基:《乾隆传》,北京:人民出版社,1994。
安田朴(Etiemble)、谢和耐等著、耿升译:《明清间入华耶稣会士和中西文化交流》,成都:巴蜀书社,1993。
毕诺著、耿升译:《中国对法国哲学思想形成的影响》,北京:商务印书馆,2002。
荣振华著、耿升译:《在华耶稣会士列传及书目补编》,北京:中华书局,1995。
耿刘同:《中国古代园林》,台北:商务印书馆,1993。
高王凌:《十八世纪中国的经济发展和政府政策》,北京:中国社会科学出版社,1995。
康无为(Kahn, H.)著:《读史偶得:学术演讲三篇》,台北:中央研究院近代史研究所,1984。
张心龙:《从名画了解艺术史》,台北:雄狮美术图书公司,1993。
张家骥:《中国造园史》,台北:博远出版有限公司,1990。
张恩荫:《圆明园变迁史探微》,北京:北京体育学院出版,1993。
张国刚:《明清传教士与欧洲汉学》,北京:中国社会科学出版社,2001。
梁方仲编:《中国历代户口、田地、田赋统计》,上海:上海人民出版社,1980。
梁启超:《先秦政治思想史》,台北:中华书局,1956。
郭成康:《清史编年(乾隆朝上)》,北京:中国人民大学出版社,1990。
郭伯恭:《四库全书纂修考》,上海:商务印书馆,1937。
陈正祥:《中国文化地理》,台北:木铎出版社,1993。

陈芳明,《中国史学史论文集(一)》,台北:华世出版社,1976。
陈启天,《中国政治哲学概论》,台北:华国出版社,1980。
陈登原,《国史旧闻》,香港:三联书店,1958。
针之谷钟吉著、章敬三译:《西洋造园变迁史》,台北:田园城市文化有限公司,1995。
丹纳(H. A. Taine)著、傅雷译:《艺术哲学》,北京:人民文学出版社,1986。
雅冈(G. C. Argan)、法高乐(M. Fagiolo)著,曾堉、叶刘天增译:《艺术史学的基础》,台北:东大图书公司,1992。
舒牧、申伟、贺乃贤编:《圆明园资料集》,北京:书目文献出版社,1984。
项退结:《现代中国与形上学》,台北:黎明文化事业公司,1981。
黄定国编著:《建筑史》,台北:大中国图书公司,1993。
圆明沧桑编辑委员会编:《圆明园沧桑》,北京:文化艺术出版社,1991。
新形象出版公司编辑:《西洋美术史》,台北:北星图书公司,1992。
杨辛、万依著:《故宫东方建筑的瑰宝》,北京:北京大学出版社,1991。
杨鸿勋:《圆明园资料集》,北京:书目文献出版社,1994。
万依:《故宫建筑的瑰宝》,北京:北京大学出版社,1991。
葛力:《十八世纪法国哲学》,北京:社会科学文献出版社,1991。
邹元初编:《中国皇帝要录》,北京:海潮出版社,1989。
雷梦辰:《清代各省禁书汇考》,北京:书目文献出版社,1989。
汉宝德:《中国建筑史论丛:明清建筑二论》,台北:境与象出版社,1988。
赵翼:《簷曝杂记》,清代史料笔记丛刊,北京:中华书局,1982。
刘托:《中国园林II:景物与装饰》,台北:淑馨出版社,1993。
刘京建、包仁译:《西洋现代史》,台北:五南出版社,1990。
刘敦桢主编:《中国古代建筑史》,北京:中国建筑工业出版社,1987。
刘策编:《中国古典名园》,上海:上海文化出版社,1984。
刘凤瀚:《圆明园兴亡史》,台北:文星书局,1963。
沃尔夫林(H. Woelfflin)著、潘耀昌译:《艺术风格学》,沈阳:辽宁人民出版社,1987。
邓元忠:《西洋现代文化史》,台北:五南出版社,1996。
鲁品越:《西方科学历程及其理论透视》,北京:中国人民出版社,1992。
聂崇正:《宫廷艺术的光辉》,台北:东大图书公司,1996。
罗小未、蔡琬英编:《世界建筑历史图说》,台北:斯坦出版有限公司,1996。

罗哲文主编:《中国古代建筑》,上海:上海古籍出版社,1990。
严中平:《云南铜政考》,北京:中华书局,1957。
顾长声:《传教士与近代中国》,上海:上海人民出版社,1991。
龚卓军:《文化的总谱与变奏》,台北:台湾书局印行,1997。

(四)论文

王子林:〈融合中西绘画的先河:郎世宁的新体画〉,《历史月刊》第 98 期,台北:联经出版社,1996。

王世仁:〈承德外八庙的多民族建筑形式〉,《理性与浪漫的交织:中国建筑美学论文集》,台北:淑馨出版社,1991。

王正华:〈传统中国绘画与政治权力:一个研究角度的思考〉,《新史学》第八卷第二期,台北:新史学杂志社,1997。

王崇名:〈从"阶段态度"到"个人品味"的转换:伊利亚斯与布狄厄论西方日常生活特质之比较〉,《思与言》第 33 卷第 4 期,台北:人文与社会科学杂志,1995。

王毅:〈西藏文物见闻记〉,《文物》1961 年第 6、8、9、10 期。

史理:〈甘南藏族寺院建筑〉,《文物》1961 年第 3 期。

申国羡编译:〈长春园欧式建筑图释〉,《圆明园资料集》,北京:书目文献出版社,1984。

何重义、曾昭奋:〈长春园的复兴和西洋楼遗址整修〉,《圆明园》第三册,北京:中国建筑工业出版社,1984。

何培斌:〈纸上营构——清代绘画中的建筑〉,《二十一世纪》第 33 期,香港:中文大学中国文化研究所,1995。

汪之力:〈有效保护圆明园遗址与积极开展科学研究〉,《圆明园》第一册,北京:中国建筑工业出版社,1981。

汪之力:〈开创圆明园遗址保护、整修与私用的新局面〉,《圆明园》第四册,北京:中国建筑工业出版社,1984。

汪之力:〈圆明园与圆明园遗址〉,《圆明园》第五册,北京:中国建筑工业出版社,1992。

汪之力:〈整修圆明园西洋楼遗址的基本方针之初步安排〉,《圆明园》第四册。

孟森:〈香妃考实〉,《清高宗十全武功研究》,台北:中华书局,1987。

林满红:〈世界经济与近代中国农业〉,《近代中国农村经济史论集》,台北:

中央研究院近代史研究所,1989。
金毓丰:〈圆明园西洋楼评析〉,《圆明园》第三册,北京:中国工业建筑出版社,1984。
指严:〈圆明园总管世家〉,《清代野史》(第四辑),成都:巴蜀书社,1987。
孙永林:〈圆明园西洋楼遗址整修规划方案评议及学术讨论会上代表发言摘要〉,《圆明园》第四册。
孙若怡:〈保教权的固守与教务的处理〉,《近代中国》第120期,台北:中国国民党党史会,1997。
孙若怡:〈清初中法文经关系:康雍乾三朝〉,《第二届中外关系史国际学术讨论会论文集》,台北:淡江大学历史系,1992。
张芝联:〈中法文化交流〉,《中法文化交流史》,郑州:河南人民出版社,1987。
张恩荫:〈圆明园兴建史的几个问题〉,《圆明园》第四册。
张荣:〈清宫的西洋钟表〉,《故宫文物月刊》,台北:故宫博物院,1998。
陈文波:〈圆明园残毁考〉,《清华周刊》十五周年纪念增刊,北京,1926。
陈芳明:〈宋代正统论的形成背景及其内容〉,《中国史学史论文选集》,台北:华世出版社,1976。
陈敏郎译,〈文化秩序与社会秩序:布迪厄论文化正当性的建构及其再生产〉,《思与言》第32卷第3期,台北:人文与社会科学杂志,1994。
傅清远:〈清代宫苑的乾隆建筑风格〉,《清代宫史探微》,北京:紫禁城出版社,1991。
焦雄:〈长春园园林建筑〉,《圆明园》第三册,北京:中国建筑工业出版社,1984。
童隽:〈北京长春园西洋楼建筑〉,《圆明园》第一册,北京:中国建筑工业出版社,1981。
舒牧、申伟、贺乃贤编:〈圆明园记事书札(一)〉,《圆明园资料集》,北京:书目文献出版社,1984。
石田干之助著、贺昌群译:〈郎世宁传考略〉,《国立北平图书馆馆刊》第七卷第三、四号合刊。
冯尔康:〈十七世纪中叶至十八世纪中叶江南商品经济中的几个问题〉,《清史论丛》第七辑,北京:中华书局,1986。
黄凯钧:〈圆明园记〉,《清代野史》(第八辑),成都:巴蜀书社,1987。
杨乃济:〈圆明园大事记〉,《圆明园》第四册,北京:中国建筑工业出版社,

1986。

杨启樵:〈雍正帝与郎世宁〉,《清始国际学术讨论会论文集》,沈阳:人民出版社,1990。

万依:〈试论弘历的经济政策思想〉,《清代宫史探微》,北京:紫禁城出版社,1991。

鉌提:〈记圆明园〉,《清代野史》(第八辑)。

赵光华:〈长春园建筑及园林花木之一些资料〉,《圆明园》第三册,北京:中国建筑工业出版社,1984。

刘敦桢:〈同治重修圆明园史料〉,《圆明园》第一册,北京:中国建筑工业出版社,1981。

刘敦桢:〈清皇城宫殿衙署年代考〉,《中国营造学社汇刊》第六卷第二期,北京,1936。

刘潞、刘月芳:〈清代宫中出现西方文化的原因探讨〉,《清代宫史探微》,北京:紫禁城出版社,1991。

欧阳采薇译:〈中国一位传教士陈述教士蒋友仁逝世之函〉,《教士书札》第七卷第三、四号合刊,北京:北平图书馆馆刊。

欧阳采薇译:〈西画中关于圆明园的记事〉,《圆明园》第一册。

邓元忠:〈反省史学初议〉,《国史馆馆刊》复刊第 23 期,台北:国史馆,1998。

邓元忠:〈后现代西洋史学发展的反省〉,《国史馆馆刊》复刊第 18 期,台北:国史馆,1995。

戴逸:〈乾隆帝和北京城市建设〉,《清史研究集》,北京:光明日报出版社,1988。

韩珂:〈圆明园遗址公园总体规划(提纲)〉,《圆明园》第五册,北京:中国建筑工业出版社,1992。

聂崇正:〈圆明园内的动物雕塑〉,《美术观察》第三卷第二期,北京,1986。

谭延闿:〈圆明园附记〉,《圆明园兴亡史》,台北:文星书店,1963。

严中平:〈云南铜政考〉,《清代的矿业》,北京:中华书局,1957。

〈圆明园西洋楼景区遗址整修规划方案评议及学术讨论会上代表发言摘登〉,《圆明园》第四册。

〈圆明园遗址之现状〉,《圆明园》第一册。

二、西文部分

(一) 资料档案

The World Book Encyclopedia, Chicago Book, Inc., 1987.
A Dictionary of Philosophy, New York: St. Martine Press, 1984.

(二) 专著

Baronet, George S. *An Authentic Account of an Embassy from the King of Great Britain To The Emperor of China*, Vol. I, II & III. London: Mccxcvii.

Bart, George S. *An Historical Account of The Embassy Emperor of China*. London: Piceadilly, 1797.

Bazin, Germain. *Baroque and Rococo*. London: Thames and Hudson, 1993.

Bazin, Germain. *Baroque et Rococo*. Paris: Thames and Hidson, 1994.

Braham, Allan. *The Architeture of the French Enlightnmet*. Berkeley: University of California Press, 1980.

Brenkman, John. *Culture and Domination*. Ithaca: Cornell University Press, 1992.

Burke, P. *The Fabrication of Louis XIV*. New Haven: Yale University Press, 1992.

Burke, Peter. *Popular Culture in Early Modern Europe*. Scolar Press, 1994.

Bushell, S. W. *Chinese Art*. London, 1909.

Constans, Claire. *Versailes: Château de la France et Orgueil des rois*. Paris: Réunion des Musées nationaux, 1993.

Cranmer-Byng, J. L. ed. *Lord Macartney's Journal: An Embassy To China*, 1793—1794. Hamden Connecticut: Archon Books, 1963.

Dehergne S. T., Joseph. *Répertoire des Jésuites de chine de 1552 à 1800*. Roma and Paris, 1973.

Denker, E. P. *After the Chinese Taste: China's Influence in America*,

1793—1930. Peabady Museum of Salem, 1985.

Donald M. L. *History of Bourgeois Perception*. The University of Chicago Press, 1982.

Dudley, Louis. and Faricy, Austin. *The Humanities: Applied Aesthetics*. 台北:虹桥出版公司, 1972.

Elias, Norbert. *The Civilizing Process: The History of Manners and State Formation and Civilization*. Oxford: Blackwell, 1994.

Ellul, J. *The Technological Society*, New York: Knopf, 1976.

Eneas, Anderson. *Narrative of the British Embassy To China, in the Years 1792, 1793 and 1794*. London: Piceadilly, 1796.

Esherick, Joseph W. and Backus R. *Chinese Local Elites and Patterns of Dominance*. Taipei: Smc Publishing Inc., 1990.

Friedrich, Carl J. *The Age of The Baroque: 1610—1660*. New York: Harper Torchbooks, 1962.

Geetz, C. *The Interpretation of Cultures*. New York: Basic Books, Inc., Publishers, 1973.

Gill, Stephen. *American Hegemony and the Trilateral Commission*. New-York: Cambridge, 1990.

Gombrich, Ernst H. *The story of Art*. Singapore: Phaidon, 1989.

Goudsblom, Johan. *Nihilism and Culture*. New Jerry: Rowman and Littlefield, 1980.

Henri, Cordier. L' *Expendition de Chine de* 1860. Paris, 1906.

Henry Brogham, Loch. *Personal Narrative of Occurances dwring Lord Elgin's Embassy the China in* 1860. London, 1909.

Henry, Knolly. *Incident of the China War of* 1860. London, 1875.

Herbert J. Gans, *Popular Culture and High Culture: An Analysis and Evaluation of Taste*. New York: Basic Books, Inc., Publishers, 1975.

John Barrow, F. R. S. *Travels in China: Pekin to Canton*. Taipei: Ch'eng Wen Publishing Company, 1972.

Johnson, David. Nathan, Andren J., and Rawski, Evelyn S. *Popular Culture in Late Imperial China*. Taipei: Smc Publishing Inc., 1985.

Kalnein, Wend G. and Levey, Michael. *Art and Architecture of the Eighteenth Century in France. Baltimore: Penguin Books, 1972.

Kaplan, Steven L. *Understanding Popular Culture*. New York: Mouton Publishers, 1984.

Kennedy, Emmet. *A Cultural History of The French Revolution*. New Haven: Yale University Press, 1989.

Krantz, Frederick. *History From Below: Studies in Popular Protest and Popular Ideology*. New York: Basil B;ackwell, 1988.

Kroeber, A. L. and Kluckhohn, Clyde. *Culture: A Critical Review of Concepts and Definitions*. New York, 1952.

Lang, S. *The Picturesque Garden and Its Influence Outside the British Isles*. Dumbarton Oaks, 1974.

Leavenworth, Charles S. *The Arrow War with China*, London, 1890.

Lowe, Donald M. *History of Bourgeois Perception*. Chicago: The University of Chicago Press, 1982.

McCarthy, M. *Eighteenth Century Amateur Architects and Their Gardens*. New York, 1980.

Minguet, Philippe. *France Baroque*. Paris: Hazan, 1988.

Miquel, Pierre. *Historire de la France*. Paris:Fayard, 1971.

Murry, Peter. *The Architecture of The Italian Renaissance*. London: Thames and Hudson, 1988.

Musgrave, Clifford O. B. E. *Brighton and the Royal Pavilion*. London: Pitkin Pictorials Ltd., 1963.

Naquid, Susan. and Rawski, Evelyn S. *Chinese Society in the Eighteenth Century*. Taipei: Southern Materials Center, Inc., 1987.

Naremore J., and Brantlinger P. *Modernity and Mass Culture*. Bloomington & Indianapolis: Indian University Press, 1991.

Packard, Laurence B. *The Age of Louis XIV*. New York: Rinehart and Winston, Inc., 1957.

Parsons, T. *The Intellectual: A Social Role Category*. New York, 1960.

Patts, D. C. and Charlton, D. G. *French Thought Since 1600*. Harper and Row Publishers Inc., 1974.

Peacocke, Margurite D. *Hampton Court: The Royal Palace and Gardens*.

London: Pithin Pictorials Ltd. , 1963.
Picard, Rend, *Ces Paintres Jésuites à la Cour de China*. Grenoble, Editions des 4 Seigneus, 1973.
Ranum, Patricia and Quest (ed). *A Volume in Documentary History of Western Civilization*: *The Century of Louis XIV*. New York: Harper and Row, Publishers, 1972.
Read , Herbert. *The Meaning of Art*. Richard Clay and Company Ltd. , 1954.
Redman, B. R. *The Portahle Votaire*, The Viking Press, Inc. , 1977.
Reichwein, Adolf. *China and Europe*: *Intellectual and Artistic Contacts in the Eighteenth Century*. Ed by C. K. Ogden, London: Rauledge &. Jegan Paul Ltd. , 1968.
Rennie, D. F. , *The British Arms in North China and Japan*, Peking, 1860; Kagoshima, 1862.
Roberrt, Swinhoe, *Narrative of the North China Campaign of* 1860, London, 1861.
Samoyault-Verlet, Colombe; Desroches, Jean Paul; Béguin, Gilles; Le Bonheur, Albert. *Chateau de Fontainebleau*: *Le Musée Chinois de Iimpératrice Eugénie*. Paris: Réunion des Musées Nationaux, 1994.
Sickman, L. and Soper. A. *The Art and Architecture of China*. Penguin Books, 1978.
Spitz, E. H. *Art and Psyche*: *A Study in Psychonalysis and Aesthetics*. New Haven &. London: Rale L. University Press, 1964.
Sproccati, Sandro(ed). *A Guide to Art*. Great Britain: Little, Brown and Company, 1992.
Stierlin, Henri And Charpentrat, Pierre(ed). *Architecture of the World*: *Baroque*. German: Benedikt Taschen, 1964.
Sullivan, Michael. *The Meeting of Eastern and Western Art*. London: Thames &. Hudson, 1973.
Summerson, John. *L'Architecture du XVIII Siécle*. Paris: Thames and Hudson, 1993.
Thiriez, Régine, *Visual Resources*. Gordan and Breach: Science Publishes,

Inc., 1990.

Thompson, Michael., Ellis, Richard. Wildavsky, Aaron. *Cultural Theory*. Oxford: Westview Press, 1990.

Thuoyun, Yu, *Palaces of the Forbidden City*, New York, 1984.

Wagon, Stan. *The Banach-Tarski Paradox*. Cambridge: The University of Cambridge, 1994.

Watkin, David. *A History of Western Architecture*. New York: Thames and Hudson Inc., 1986.

Wolfflin, Heinrich. *Principles of Art History*, 1929. Translated by M. D. Hottinger, Dover Publications, Inc., 1950.

(三)论文

" The Westward Influence of the Chinese Art: From the 14th. to the 18th. Century", *Colloquies on Art & Archaeology in Asia*, No. 3, University of London: Percival David Foundation of Chinese Art, 1976.

Alabiso, Alida. Castiglione and the Introduction of European Painting and Architecture in the Imperial Qing Palaces, International Conferenxe on Eighteenth Century China and The World. Beijing: The People's University of China, 1995, June. 20—24.

Chang. Chun-Shu, "Emperorship in Eighteenth-Century China", *The Journal of the Institute of Chinese Studies*, Vol. VII, No. 2, Hong Kong: The Chinese University, 1974.

Durand Antoine, "Restitution des Palais Europēen du Yuanmingyuan", *Art Asiatiques*, Tome XLIII, 1988.

Foret, Philippe. "Making an Imperial Landscape in Chengde, Jehol: The Manchu Landscape Enterprise", Ph. D. dissertation, The University of Chicago, 1992.

Friedman, Alan. "Globalization Theory Vaults into Reality", *International Herald Tribune*, Friday September 26, 1997.

Hung, Wu. "Emperor's Masquerade- 'Costume Portraits' of YongZheng and Qianlong, " in *Orientations*, Vol. 26, no. 7, July/August, 1995.

Li, Chang. " Moralist Subsistence Ethic and Commerical Agriculture: Qianlng's

Attempt to Ban Distilled Alcohol", *Papers on Chinese History*, Vol. III, 1994.

Malone C. B., History of the Peking Summer Palaces under the Ch'ing dynasty, *Illionis Studies in the Social Sciences*, Vol. XIX 1—3, 1934.

Hean, Maxwell K. "Document and Portrait: The Southern Tour Paintings of Kangxi and Qianlong", Ju-Hsi Chou and Claudia Brown, eds., *Chinese Painting under the Qianlong Emperor: The Symposium Paper*, Vol. 6, No. 1. Phoebus, 1988.

Sirèn, O. "Les Palais Impériaux de Pékin", *Van Qest*, Vol. 2, Paris, 1926.

Thiriez, Régine, "Les Palais Europèens du Yuamingyuan à Travers La Photographie: 1860—1940", *Arts Asiatiques*, Vol. XLV, Paris, 1990.

Thiriez, Régine. "Old Photography and The Yuanmingyuan", *Visual Resources*, Vol. VI, Gordon and Breach, Science Publishers, INC., 1990.

Victoria, Siu, "Castiglione and the Yuanming Yuan Collections", *Orientations* November, 1988.

后　记

本论文决定出版之际,承社会科学院近代史研究所所长张海鹏先生,大力推荐外,并建议更名为《圆明园西洋楼景区的园林建筑与精致文化》,使篇名与内文更为贴切;在此致上诚挚的感激。最后,林德威、侯奇伟、陈立樵、林怡君及任天豪诸位学友,在百忙之中为新增补稿重新打印、美编排版,完成了不可能的任务,也做了完美的努力。深表致谢。